Eugen Drewermann

„An ihren Früchten sollt ihr sie erkennen“

Antwort auf Rudolf Peschs und Gerhard Lohfinks „Tiefenpsychologie und keine Exegese“

WALTER

Eugen Drewermann
«An ihren Früchten sollt ihr sie erkennen»

W

Eugen Drewermann

«An ihren Früchten sollt ihr sie erkennen»

Antwort auf Gerhard Lohfinks und Rudolf Peschs
«Tiefenpsychologie und keine Exegese»

Mit einem Beitrag von Stefan Schmitz

Walter-Verlag
Olten und Freiburg im Breisgau

3. Auflage 1988

Alle Rechte vorbehalten
© Walter-Verlag AG, Olten 1988
Satz: Jung Satz Centrum, Lahnau
Druck und Einband:
Grafische Betriebe des Walter-Verlags
Printed in Switzerland

ISBN 3-530-16857-2

Inhalt

Ein Wort an den Leser

7

1. «Gott ist kein Gott der Toten» (Mk 12,27)
oder: Das Christentum ist keine Lehre –
Sören Kierkegaard als Vorbild

15

2. «Und gab ihnen Macht über die unreinen Geister» (Mk 6,7)
oder: Das Christentum ist nur kraft der Erlösung wahr –
Sigmund Freud als Vorbild

39

3. «Wie können die Schriftgelehrten sagen,
der Messias sei der Sohn Davids» (Mk 12,35)
oder: Archetypus und Geschichte –
C. G. Jung als Vorbild

78

4. «Und er nahm ihn vom Volke weg» (Mk 7,33)
oder: Das Christentum beginnt beim Einzelnen, nicht bei
der Gemeinde –
J. P. Sartre als Vorbild

119

Nachwort

173

Stefan Schmitz
Weder Tiefenpsychologie noch Exegese
Eine Auseinandersetzung
mit Gerhard Lohfink und Rudolf Pesch

177

*Die Buchpublikationen
von Eugen Drewermann*

203

Ein Wort an den Leser

Nichts ist mißlicher, als Bücher zu schreiben, die nur dadurch nötig werden, daß es gewisse Autoren gibt, die es nicht nötig haben, die Bücher selber wirklich zu lesen, über die zu schreiben sie sich berufen oder gar gerufen fühlen.

Die beiden Herren R. PESCH und G. LOHFINK, auf deren Buch *«Tiefenpsychologie und keine Exegese. Eine Auseinandersetzung mit Eugen Drewermann»*, Stuttgart (SB 129) 1987 ich hier zu antworten versuche, haben meine Bücher *nicht* gelesen, das läßt sich sicher sagen; sonst wäre es nicht möglich, die gesamte Perspektive der Auseinandersetzung derartig zu verzeichnen. Gewiß, es bleiben auch bei dem, was R. PESCH und G. LOHFINK in meinen beiden Bänden über *«Tiefenpsychologie und Exegese»* (Olten 1984–85) wirklich gelesen haben, noch genügend Punkte für Kontroversen und Meinungsverschiedenheiten; aber meine Kritik an der heutigen Form der Bibelexegese ist im Kern nicht tiefenpsychologisch, sondern theologisch motiviert, und sie ist weit prinzipieller, ärgerlicher und schmerzlicher, als meine beiden Kontrahenten es zu ahnen scheinen; sie ist freilich auch weit anerkennender und zustimmender, als sie denken.

Es könnte scheinen, so etwas sei nicht möglich: zwei deutsche Professoren – wo man doch weiß, was man dem Ansehen eines Professors, eines deutschen zumal, im Lande schuldig ist! – träten als Theologen des Neuen Testamentes, angetan mithin mit dem Mantel der Kompetenz, des Wissens und der Redlichkeit, zu zweit, wie es seit biblischen Tagen feierlicher und bewährter Brauch ist beim Zeugnisablegen, in der Gemeinde Jesu Christi auf, um 112 Seiten lang zu bezeugen, was sie, von Sorge ob meines religiösen Individualismus getrieben, doch selber vorbildlich getragen von dem beglückenden «Miteinander einer ganzen Gruppe von Theologen» (S. 9), in meinen Büchern gelesen haben und worüber sie, in Wahrnehmung ihrer Verantwortung und in Ausübung ihres Wächteramtes gegenüber der Wahrheit Gottes, der Öffentlichkeit endlich die Augen öffnen müssen: nämlich daß ich

1. «eine neue oder auch sehr alte Form von Selbsterlösungsreligion» verträte, «die mit der christlichen Tradition nicht übereinstimmt» (46) und «als reine Gnosis» (45) zu verstehen sei; daß ich

2. aufs «Ganze gesehen... die Theologie... zugunsten einer vagen Religiösität» verabschiede, «die sich mit der Tiefenpsychologie zu einer modernen Gnosis verbündet» (101), wie sie jener «seltsamen Literatur... von der Esoterik bis zur Lebenshilfe» (7) entspreche, die «aus dem Skandalon des Kreuzes eine ubiquitäre Religion» (108), «eine Art Universalreligion auf archetypischer Grundlage» mache, «die das Christentum in sich aufsaugt» (102); daß ich ferner

3. «den archetypischen Bildern Unfehlbarkeit» zuspräche und nicht mehr wisse, «daß auch sie erlösungsbedürftig sind» (32); ja, daß in meiner «Theologie» überhaupt «kein Platz mehr für die Heilsgeschichte» sei; «die Geschichte Israels ist überflüssig, letztlich auch Jesus, letztlich auch die Kirche» (33); statt dessen lehrte ich eine bloße «Jenseitsreligion» (32); ja, wörtlich im Stil der rhetorischen Frage und in der Pose dessen, der etwas so Unglaubliches feststellen muß, daß er sich, fragend, gar noch nicht zu sehen getraut, was er doch wider Willen in der Gestalt von Drewermann mitansehen muß: «Hat der Psychotherapeut die Stelle der Kirche eingenommen? Ist Gott nur noch als der Schöpfer begriffen, der alles in die Seele der Menschen hineingelegt hat? Gibt es für Drewermann keine Offenbarung, keine Heilsgeschichte, keine Stiftung des Gottesvolkes mehr? Und ist der Mensch nur noch von seiner Angst zu erlösen, aber nicht mehr von seiner Sünde – der Sünde des Unglaubens?» (36) – Und all dies bezeugten diese zwei «Zeugen», ohne auch nur meine Schriften wirklich zu kennen?

Nicht wahr, das sollte man für äußerst unwahrscheinlich halten! Und dennoch verhält es sich so. «Unsere Streitschrift», erklären Pesch und Lohfink am Ende ihrer Darlegungen einschränkend selber, «bezieht sich nicht auf das bisherige Gesamtwerk Eugen Drewermanns.» (101) Wieso nicht? Lehre ich in den 2 Bänden von *Tiefenpsychologie und Exegese»* (Olten 1984–85) etwas anderes als zuvor? Oder bestätigt sich darin nur der alte Verdacht? Die beiden Zeugen «beziehen» ihre «Streitschrift» nur auf die beiden Bände von *«Tiefenpsychologie und Exegese»* – der ganze Rest von 20 anderen Büchern, darunter fünf Bücher von mehr als 2000 Seiten zur Auslegung von Bibelstellen des Alten und des Neuen Testamentes, ist ihnen völlig unbekannt. Natürlich möchten sie dem Leser diese Fahrlässigkeit ihres Vorgehens nicht offen heraus mitteilen, darum diese kurz vor Ende des Buches noch nachgeholte Absicherung; doch mit Verlaub, in keinem Proseminar über irgendeinen Philosophen, Theologen oder Psychologen dürfte man eine Seminararbeit in dieser Form abgeben. Darf man es, wenn man jemanden in der Gemeinde Christi zum «Fall» machen will, um ihn und seine Lehre zu Fall zu bringen? Kein Journalist in einer Wochenzeitung dürfte so oberflächlich recherchieren, ohne beizeiten um seinen Arbeitsplatz fürchten zu müssen. Was ist das für eine Gemeinde Christi, in der man sich von Amts wegen legitimiert, ja verpflichtet glaubt, so vorzugehen?

Man sollte meinen, eine umfangreiche zweibändige Abhandlung wie meine *«Tiefenpsychologie und Exegese»* müsse auch in sich selbst verständlich sein. Meiner Meinung nach ist sie das auch; nur thematisiert diese Arbeit über die Begründung und Eigenart tiefenpsychologischer Schriftinterpretation gerade diejenigen dogmatischen Fragen nicht, mit deren Hilfe R. Pesch und G. Lohfink meine Theologie als Auflösung des Christentums «in Esoterik und Lebenshilfe» (7) darzustellen suchen: die Frage nach dem Verständnis von Sünde und Erlösung, Gottesferne und Gottesnähe, Schuld und Vergebung, Unheil und Heil. R. Pesch und G. Lohfink haben mit ihrer Problemstellung völlig recht: diese Fragen sind für das Christentum zentral; an ihnen entscheidet sich, wie man insgesamt zum Christentum steht. Doch eben deshalb habe ich gut vorgebaut und in meinem Hauptwerk über *«Strukturen des Bösen»* – Die jahwistische Urgeschichte in exegetischer, psychoanalytischer und philosophischer Sicht, 3 Bde., Paderborn (3. erweiterte Auflage 1981) – eine ausführliche Interpretation der *Erbsündenlehre* all meinen weiteren Arbeiten vorangestellt. Wohlgemerkt sind diese drei Bände einzig dem Ziel gewidmet, gestützt auf eine ausführliche historisch-kritische Exegese der Urzeiterzählungen des Jahwisten im 1. Bd. der Arbeit, mit Hilfe von Psychoanalyse und Existenzphilosophie die *Unentrinnbarkeit des Bösen im Getto der Gottesferne* zu beschreiben und zu begründen. Niemand, der diese Arbeit jemals auch nur durchgeblättert hat, wird auf die Idee verfallen können, es ginge mir um «Selbsterlösung» und «Gnosis»; ein solcher Vorwurf ist so absurd, wie wenn man ihn gegenüber dem Erz-Lutheraner SÖREN KIERKEGAARD erheben wollte, von dem ich ganz entscheidend die theologischen Grundeinsichten in das Wesen von Angst, Sünde und Schuld (in dieser Reihenfolge!) übernommen habe und dem ich auch die Grundlagen jener biblischen Hermeneutik verdanke, die ich in den zwei Bänden von *«Tiefenpsychologie und Exegese»* zu entfalten versuche.

Die Tiefenpsychologie ist für mich niemals ein «Allheilmittel» gewesen, wie Pesch und Lohfink nicht müde werden zu behaupten (20–26); sie ist für mich lediglich ein Instrument, um die Erlösungsbedürftigkeit des Menschen außerhalb der Gemeinschaft mit Gott tiefer zu verstehen. Nur weil die Psychoanalyse unser Wissen um die Hintergründe menschlicher Not und menschlicher Tragik in unserem Jahrhundert in einem Maße vertieft hat, daß, daran gemessen, das Reden der Theologen von «Sünde» und Erlösung geradezu als oberflächliches *Ge*rede erscheint – das de facto den Status eines entfremdeten Bewußtseins mit den Mitteln eines autoritär verpflichtend gemachten Sprachspiels fest tradierter Begriffe ideologisch verfestigt, statt der behaupteten «Erlösung» wirklich dienlich zu sein –, halte ich die Neurosenlehre der Psychoanalyse heute für das entscheidende Nadelöhr, um alles theologische Sprechen von Schuld und Erlösung anthropologisch richtig einzufädeln – nicht um die christliche Sündenlehre in Neurosenlehre aufzulösen, sondern um in den Zuständen aller möglichen Formen seelischer Erkrankung die eigentliche Phänomenologie dessen zu erkennen, was theologisch mit einem Leben inmitten einer Welt radikaler Gnadenlosigkeit gemeint ist. Und ebenso halte ich die therapeutischen Erfahrungen der Tiefenpsychologie für das heute wichtigste Modell zum Verständnis von Erlösung im christlichen Sinne, nicht um die Theologie zu verabschieden, sondern um ihr allererst wieder eine Zuständigkeit in den Fragen zurückzugeben, die im Leben eines Menschen über Gelingen und Mißlingen des Lebens im ganzen zu entscheiden pflegen.

Das Christentum als «Lebenshilfe» (7)? – Aber unbedingt! Die Hilflosigkeit der heutigen Theologie allen Fragen seelischen Leids gegenüber kann doch nicht im Sinne des Mannes gelegen sein, der seinen Jüngern Macht gab über die «unreinen Geister» (Mk 6,7) und sie ausdrücklich, als ihr Erkennungszeichen der einbrechenden Gottesherrschaft, beauftragte, die Kranken zu heilen und die Dämonen zu vertreiben (Mk 6,13). Um diesen Worten Jesu bei der Aussendung seiner Jünger zu entsprechen, muß die Theologie heute, ein Jahrhundert nach der Begründung der Psychoanalyse, ihrer eigenen Seelenlosigkeit endlich geständig sein, statt sie mit dem Repertoire einer erfahrungslosen Begrifflichkeit aus der Welt reden zu wollen; sie muß all ihre Begriffe noch einmal auf ihre psychische Wirkung hin überprüfen, durcharbeiten und notfalls verändern, oder sie droht selbst zum Tempel, eines «fremden» Gottes, zur Zucht- und Brutstätte entfremdeter Gedanken aller Art, zu einer Form von kollektiver Zwangsneurose zu entarten. Mit der Austreibung der «Dämonen» *begann* die Sammlung der «Gemeinde Jesu Christi»; ohne die Erlösung von dem Wahnsinn des menschlichen Daseins im Feld der Gottesferne ist alles Sprechen über eine Gemeinde von Erlösten, wie es R. Pesch und G. Lohfink als die konträre theologische Position gegenüber meiner vermeintlichen «Religion des Einzelnen» (45) geltend machen wollen, in sich selbst ein eitler Wahn. Erlöst werden Menschen nicht en gros, nicht als Gruppen, nicht als Völker, nicht als Staaten, erlöst werden kann nur jeder einzelne mit seiner Angst und seiner Not; und erst Erlöste finden zueinander in der Nähe Jesu. Nicht einmal die Beziehung auch nur zwischen zwei Menschen, nicht einmal die Liebe zwischen Mann und Frau ist jenseits von Eden frei von der Zerstörungskraft der Angst, der strukturellen Gewalt, des Unglücks und des Scheiterns – man lese, was ich in den «*Strukturen des Bösen*» (1. Bd., 87–97; 389–408) zu Gen 2,18–25 und 3,16 geschrieben habe. Um dem Christentum in seinem Anspruch, eine Erlösungsreligion zu sein, seinen Ernst und seinen Schrecken, aber auch seine therapeutische Kraft und seine Stärke zurückzugeben, bedürfen wir einer Neubesinnung, in welcher Psychotherapie und Seelsorge, Tiefenpsychologie und Theologie ihre gemeinsame Wurzel in der Seele des Menschen wiederentdecken.

Das Vernünftigste wäre es ohne Zweifel, die «endlich» erfolgte «Klarstellung» meiner individualistischen Selbsterlösungs- und Jenseitsreligion durch R. Pesch und G. Lohfink mit diesem Hinweis auf die «*Strukturen des Bösen*» oder auch auf meine drei Bände über «*Psychoanalyse und Moraltheologie*» (Mainz 1982–84) beantwortet sein zu lassen und sich im übrigen an die Devise der nach meiner Schätzung größten Persönlichkeit unseres Jahrhunderts zu halten: «Nicht sich verteidigen – weiter arbeiten», meinte SIGMUND FREUD, als man ihm vorwarf, was in der katholischen Kirche wohl auch heute noch geglaubt wird: Atheismus, Irrationalismus, Pansexualismus und: Individualismus! «Wegen ausufernder Trieblehre und anarchischer Zersetzung des Volkes übergeben wir dem Feuer...» Weiter arbeiten!

So habe ich es in der Tat in der Zwischenzeit gehalten. – Gerade erscheint der 1. Bd. meines neuen Kommentars zum «*Markusevangelium*», dessen Untertitel bereits lautet: «*Bilder von Erlösung*». Der Form nach handelt es sich um eine Sammlung von Predigten, die ich seit über 12 Jahren Sonntag für Sonntag, freilich nicht in einer «integrierten», sondern ganz normalen Stadtrandgemeinde, gehalten habe; der Sache nach ist auch dieses so entstandene Buch eine ständige Auseinandersetzung mit der historisch-kritischen Methode, vornean natürlich mit dem wichtigen Markuskommentar von R. Pesch, und so könnte diese Arbeit in sich bereits als Entgegnung auf die Ausführungen von R. Pesch und G. Lohfink genügen, zumal sie ohne Kenntnis der geplanten Veröffentlichung der beiden Exegeten entstanden ist.

Aber sie wird nicht genügen. – Denn gerade bei der dortigen Auslegung der Gestalt Jesu, bei der Schilderung seiner Auseinandersetzung mit den Schriftgelehrten, Pharisäern und Hohenpriestern, bei der tiefenpsychologischen Begründung vollends der Notwendigkeit des Todes Jesu werden sich vermutlich sogar noch verstärkt die Stimmen derer erheben, die ein Buch wie das von R. Pesch und G. Lohfink sich schon lange gewünscht und womöglich höchstselbst in Auftrag gegeben haben – stets ist es ja die erste Reaktion der römischen Glaubenskongregation auf ihr mißliebige Fragen, in der Öffentlichkeit zunächst einmal das Feld «wissenschaftlich» abmähen zu lassen, das sie hernach zu flämmen trachtet. Gerade deshalb muß ich wohl noch einmal in aller Form erklären, was mich in Wirklichkeit zu einer Kritik der historisch-kritischen Methode von seiten der Psychoanalyse veranlaßt. Zu den eigentlich dogmatischen Themen werde ich gewiß, so Gott – und seine Kirche! – mir genügend Zeit lassen, so gründlich und ausführlich wie möglich in einigen Jahren Stellung nehmen. Habilitiert habe ich schließlich in katholischer Dogmatik, und alles, was ich bisher theologisch über Moraltheologie und Exegese geschrieben habe, dient im Grunde nur dem Zweck, den mit historischem Geröll aller Art verschütteten Weg zu einer Vertiefung der dogmatischen Positionen und Traditionen der Kirche wieder zu eröffnen. Aber da man vor allem in gewissen fundamentalistischen Kreisen beliebt, mich eher für einen Zerstörer statt einen Mehrer des Glaubens zu halten – paradoxerweise nicht zuletzt deshalb, weil ich manche Ergebnisse der historisch-kritischen Methode voraussetze, die bei der hermetischen Selbstabkapselung der akademisch betriebenen Bibelauslegung die Breite der kirchlichen

Öffentlichkeit selbst nach Jahrzehnten noch nicht erreicht haben –, scheint es unerläßlich, aus gegebenem Anlaß möglichst knapp und möglichst einfach zu dem Zwischenthema «Exegese» zu sagen, was ich denke. Ich fürchte nicht die Leute, die mich wirklich lesen; ich fürchte diejenigen, die über mich schreiben (oder reden), ohne mich gelesen zu haben, und die statt dessen um so bemühter sind, im voraus zu erklären, es sei überhaupt am besten, meine Bücher gar nicht erst zu lesen. Ich habe in fast zwanzig Jahren zahlreicher persönlicher Gespräche und öffentlicher Vorträge als Priester vielen Menschen Mut gemacht zu glauben, daß sie mit ihren Schicksalen, Ausweglosigkeiten und Ratlosigkeiten in der katholischen Kirche einen Ort für ihr Leben zu finden vermöchten. Es wäre schlimm, wenn sich die von mir erstrebte Integration der Psychoanalyse in die theologischen Zentraldisziplinen: Moraltheologie, Exegese und Dogmatik, für die Gegenwart des real existierenden Katholizismus als «unzeitgemäß» und inopportun darstellen sollte. Es wäre kein Trost, daß in ein paar Jahrzehnten dieselben Fragen gewiß ganz anders «abgehandelt» werden.

Wir leben *heute*, und kein Konflikt löst sich durch Abwarten.

Im übrigen: diese kleine Schrift soll lediglich mein Anliegen verdeutlichen und die verzerrten und verzerrenden Darstellungen von R. Pesch und G. Lohfink zurechtrücken; auch dieses Büchlein enthält nicht «das theologische System» von E. Drewermann – außer, man könnte jetzt schon merken, daß ich nicht daran glaube, daß Gott sich «systematisieren» läßt. Aber so weit sind wir noch nicht.

1. «Gott ist kein Gott der Toten» (Mk 12,27) oder: Das Christentum ist keine Lehre – Sören Kierkegaard als Vorbild

Hält Drewermann die historisch-kritische Exegese für legitim? G. Lohfink und R. Pesch rätseln gleich zu Anfang ihrer Schrift an dieser Frage mit langen Zitaten ((S. 11–16) lange herum, stets in dem Glauben, daß die Widersprüche, die sie in meinen Äußerungen zu finden meinen, den Widersprüchen meines Denkens statt den religiösen Widersprüchen der Exegese selber anzulasten seien. In Wahrheit halte ich, wie klar zu lesen, die historisch-kritische Methode in der Bibelexegese für ein Kind der Aufklärung, und das Problem liegt darin, daß es von seiten der Religion nicht möglich ist, das Phänomen der Aufklärung anders als *dialektisch* zu betrachten – jedes Denken in Ja oder Nein, Dafür oder Dagegen, muß hier versagen. Genau so, als dialektische Antithese, ist jedenfalls meine Stellungnahme zu der historisch-kritischen Exegese zu verstehen: wer diese Methode *religiös* zu Ende denkt, der muß versuchen, sie zu überwinden zugunsten einer neuen Synthese (*Tiefenpsychologie und Exegese*, II 760 f.), da der religiöse Schaden dieser Auslegungsweise nach mehr als 150 Jahren offen zutage liegt.

Die geistesgeschichtliche Unausweichlichkeit der Aufklärung aufzuzeigen und ihre unwiderruflichen Wahrheiten aufzuzählen sollte im Grunde sich erübrigen. Doch da R. Pesch und G. Lohfink (11) mutmaßen, lediglich aus Furcht vor den Reaktionen der historisch-kritischen Exegeten hätte ich ihrer Methode schließlich doch, mir selber widersprechend, eine gewisse Berechtigung zuerkannt, muß ich an dieser Stelle betonen: so fürchterlich sind mir selbst die historisch-kritischen Exegeten noch nicht vorgekommen, daß ich der «Reaktion» wegen, die sie zeitigen (und verkörpern), meine Meinung ändern sollte. Die Geisteshaltung der Aufklärung war und ist ein unerläßlicher, nie mehr zu hinterschreitender Durchbruch der Vernunft, der Freiheit und der Forderung nach Wahrhaftigkeit im privaten wie im öffentlichen Leben. Mit dem Durchbruch der Aufklärung ging gerade einher, was mir essentiell unverzichtbar, den Herren Pesch und Lohfink aber höchst bedrohlich erscheint: die Entdeckung der Autonomie, der Absolutheit des Ichs, der Souveränität des Einzelnen, vor dessen kritischer Vernunft ein jeder Satz, und sei er noch so ehrwürdig tradiert, noch so autoritativ versichert, noch so allgemein beglaubigt, sich messen und bestätigen lassen muß. *Dieser* Einstellung verdankt u. a. auch die historisch-kritische Methode der Bibelexegese ihre Existenz. In ihren besten und stärksten Antrieben ist sie beseelt von dem Willen zur Wahrheit, von dem Bemühen, jede Art von subjektivem Wunschdenken, von dogmatischem Zwang und von zeitbedingtem Vorurteil abzustreifen, und von dem Bestreben, den Texten der heiligen Schrift in ihrer geschichtlichen Eigenart, in ihrer jeweiligen Form und in ihrer spezifischen Intention, so gut es geht, gerecht zu werden.

Eben darin aber liegt zugleich der Grund, warum das Lehramt der katholischen Kirche sich noch bis weit in die 50er Jahre hinein gegen diese Methode verwahrte und im sogenannten Antimodernisteneid von den Priestern vor der Weihe sogar die bindende Zusicherung verlangte, diese Methode in der Bibelauslegung weder anzuerkennen noch anzuwenden. Es sollte und durfte nicht wahr sein, daß z. B. die Weihnachtserzählungen von der jungfräulichen Geburt des Gottessohnes, die Geschichten von der Auffindung des leeren Grabes am Ostermorgen, die Berichte von der Himmelfahrt Jesu vor den Augen seiner Jünger als Legenden oder Mythen zu betrachten seien; man fürchtete um den Bestand des christlichen Glaubens, wenn man die Sonde historischer Kritik auch an diese Texte heranließe, und man unterdrückte daher die von der Aufklärung geforderte Freiheit des Denkens und Forschens mit dirigistischen Mitteln, wo immer es ging. Über viele Jahrzehnte

hin wurde die katholische Exegese somit zu einem Ort ideologie-
abhängiger Unaufrichtigkeit und opportunistischen Stellenerhalts
– es ist hoch zu rühmen, daß diese Zeiten endlich vorüber sind.
Wie aber können G. Lohfink und R. Pesch unter diesen Umstän-
den erklären, die historisch-kritische Methode sei wohl «zunächst» sehr stark von antidogmatischen, oft sogar antikirchlichen
Tendenzen bestimmt gewesen, doch gehörten diese Tendenzen
nicht zum Wesen dieser Methode (107)? Die historisch-kritische
Methode der Textauslegung ist *prinzipiell* von jeder dogmatischen
Vorgabe unabhängig; sie eignet sich, redlich gehandhabt, durchaus nicht dazu, irgendeiner gruppeninternen Apologetik zu dienen; sie kann und darf auch auf die Erwartungen eines wie immer
gearteten kirchlichen Lehramtes nicht die geringste Rücksicht
nehmen – oder sie bleibt unterhalb des wissenschaftlichen Ethos,
dem historisch-kritische Forschung seit der Aufklärung (d. h. im
Grunde bereits seit dem Beginn der Renaissance) sich verpflichtet
sieht. Mit Hilfe von Gruppen mag man Wahrheiten «durchset-
zen», aber man kann nicht irgendwelchen Gruppen zuliebe Wahrheiten finden wollen. «Wo der *Rationalismus*», schreiben Pesch
und Lohfink (108), «die Theologie der Mythologie bezichtigte,
konnte die historisch-kritische Methode die Geschichte und die
Geschichtlichkeit der Offenbarung herausarbeiten.» So wären
denn die Erzählungen vom Seewandel Jesu oder von der Auferweckung des Lazarus «geschichtlich» zu verstehen? Das nun auch
nicht. Denn: «Wo der *Fideismus* die Spannung zwischen Text
und Wirklichkeit, Faktum und deutender Überlieferung in einer
falschen Geschichts- und Wundergläubigkeit aufheben wollte,
konnte die historisch-kritische Methode auf die biblischen Rede-
gattungen und auf die Funktion der Geschichtsdeutung im Offen-
barungsprozeß hinweisen» (108). Aber ist nicht eben dies «Mythologie»: die «Wirklichkeit, das «Faktum», in gültiger Weise
durch bildhafte Erzählungen zu deuten? Die Theologie ist nicht
der Mythologie zu «bezichtigen», es kommt lediglich darauf an zu
begreifen, daß man den Begriff des Mythos als Deutung statt als
Leugnung von Geschichte verstehen muß.

Dann aber gilt es, den konkreten Symbolismus auch und gerade des biblischen Sprechens in sich selber zu verstehen, indem man mit *Hilfe der Tiefenpsychologie* zeigt, welche Bildvorstellungen *objektiv* in der Psyche des Menschen vorgegeben sind und auf welche Erfahrungen hin die entsprechenden Bilder auszulegen sind. Anderenfalls wird der «garstige Graben» zwischen Geschichte und Glaube, auf den G. E. LESSING bereits vor 200 Jahren hinwies, sich niemals schließen lassen, und es wird zwischen Rationalismus und Fideismus keine wahre Vermittlung geben. Es wird vor allem nicht möglich sein, die Ebene der *Erfahrungen* wiederzuentdecken, die allererst bestimmte symbolische Bilder und Sprechweisen von innen her auf den Plan rufen und notwendig machen. Unabhängig von bestimmten Erfahrungen dieser Art aber bliebe das Christentum nichts weiter als eine *Lehre* von gewissen historisch nicht weiter begründbaren Erfahrungen *anderer*, etwas von außen zu Lernendes, ein katechismusartiges «Glauben, daß».

Die Spannung zwischen «Fideismus» und «Rationalismus», die G. Lohfink und R. Pesch zu Recht bemerken, ergibt sich notwendig aus der Spaltung zwischen Fühlen und Denken, Unbewußtem und Bewußtsein, Subjekt und Objekt, die dem gesamten neuzeitlichen Wissenschaftsideal zugrunde liegt; solange die Bibelauslegung als historisch-kritische diesem Wissenschaftsideal folgt, wird sie das bestehende Problem nicht lösen, sondern vertiefen. Sie hat ihr unbezweifelbares Verdienst darin, gezeigt zu haben, daß man die Erzählweisen der Bibel nicht in falscher Weise «wörtlich» nehmen kann, sondern sie je nach ihrer formgeschichtlichen Zugehörigkeit als Ausdruck des Glaubens und als Mittel der Glaubensverkündigung verstehen muß; aber sie vermag nicht zu zeigen, in welcher Weise der jeweilige Symbolismus der biblischen Erzählungen sich aus dem Glauben selbst ergibt. Die Verbindung zwischen Glauben und Glaubenssymbol bleibt innerhalb der historisch-kritischen Bibelauslegung mithin selber nur historisch; man kann sie aus den religionsgeschichtlichen und religionssoziologischen Gegebenheiten der damaligen Zeit zu verstehen suchen, uns Heutigen aber tritt der Inhalt des Glaubens unter diesen Voraussetzungen stets nur als etwas rein äußerlich Gegebenes, als etwas positiv Gesetztes, als eine rein external vermittelte, fremde Botschaft entgegen, die in sich selber sich nicht beglaubigen kann und daher auch keinen Glauben mehr zu wecken vermag.

Das ist der Grund, warum ich in den zwei Bänden der «*Tiefenpsychologie und Exegese*» von seiten der Anthropologie zu zeigen versucht habe, welch eine unverzichtbare menschheitliche Wahrheit in den biblischen Erzählweisen selber enthalten ist – nicht um einer neuen oder alten «Gnosis» das Wort zu reden, wie G. Lohfink und R. Pesch beharrlich unterstellen, sondern um einen Anknüpfungspunkt zu finden, der es erlaubt, die biblischen Texte von innen her zu verstehen, statt sie von außen als fremde Offenbarung eines fremden Gottes in der falschen Synthese eines fideistischen Rationalismus (in der Dogmatik) und eines rationalistischen Fideismus (in der Exegese) sich aufzwingen zu lassen.

Die historisch-kritische Exegese hat ihre wertvollsten Ergebnisse erzielt, indem sie der Bibelauslegung im Sinne der Aufklärung ihre Freiheit gegenüber dem kirchlichen Dogmatismus zurückgab; sie hat mit großem Mut, notfalls unter Inkaufnahme des äußersten Widerspruches gegenüber dem kirchlichen Lehramt, ohne Rücksicht auf die Mehrheitsmeinung der Christgläubigen, versucht, der historischen Wahrheit der biblischen Botschaft von Abraham bis Moses, von Elias bis Jesus, von Paulus bis zum 2. Petrusbrief näherzukommen; aber an jeder Stelle, die religiös relevant ist, verhüllt ein Schleier aus Mythos, Legende, Wunder und Vision die historische Wirklichkeit, die niemals anders als in dem Symbolismus der menschlichen Seele erscheinen kann, wenn sie als göttliche Offenbarung sich mitteilen soll. Kein Rekurs auf «die Jesus nachfolgende Gemeinde» (111) vermag das Problem zu lösen, daß die Bibel ihren Glauben an Gott mit Erzählungen zu verkündigen sucht, die der historischen Kritik an zentralen Stellen nicht standhalten. *Deshalb* gilt es, den verlorenen Außenhalt der biblischen

Erzählungen *innerlich* wiederherzustellen (*Tiefenpsychologie und Exegese*, II 762).

Es war G. W.F. HEGEL, der erkannte, daß die Kritik der Aufklärung an den biblischen Grundlagen der christlichen Religion den Inhalt des Christentums selbst notwendig zerstören müßte, wenn weiterhin die Historizität bestimmter Ereignisse für die Ursache und den Grund der christlichen Glaubensinhalte ausgegeben würde. Wie wenig dieses Problem bis heute in der katholischen Theologie wirklich gelöst ist, dürfte gerade ein Mann wie R. Pesch wissen.

In Mk 6,3 z.B. erwähnt der Evangelist die Existenz von «Brüdern» und «Schwestern» Jesu, und R. Pesch erlaubte sich vor Jahren, diese «Brüder» und «Schwestern» Jesu, entsprechend dem unverstellten Wortsinn der Stelle, als leibliche Geschwister zu verstehen; eine solche Vorstellung aber verträgt sich natürlich nicht mit dem kirchlichen Dogma von der Jungfräulichkeit Mariens vor, in und nach der Geburt, solange man den Inhalt dieser Lehre äußerlich, historisch, biologisch interpretiert; also wurde R. Pesch vom kirchlichen Lehramt gerügt – und trat von seiner historisch-kritischen Meinung kleinlaut zurück. Es liegt mir sehr daran zu betonen, daß der Konflikt zwischen historischer Wahrheit und der Wahrheit des Glaubens, wie er durch die historisch-kritische Exegese notwendigerweise Stelle für Stelle sichtbar werden muß und mußte, natürlich nicht wirklich bewußt werden, geschweige denn gelöst werden kann, solange die historisch-kritische Exegese derartig timide, inkonsequent, autoritätsabhängig und eben nicht wirklich «historisch-kritisch» gehandhabt wird.

Es zeigt sich an diesem kleinen Beispiel auch bereits, daß R. Pesch und G. Lohfink die bestehenden Probleme mit schön klingenden Formeln einfachhin vom Tisch zu reden versuchen, wenn sie immer wieder betonen, daß man Exegese nicht betreiben könne «ohne den Boden neutestamentlich verfaßter Gemeinden» (109). Die Standpunktbedingtheit und die geschichtliche Gebundenheit eines Gruppenkonsenses (wie der Kirche) bietet historisch-kritisch gesehen die denkbar schlechteste Voraussetzung zu der vorurteilsfreien Objektivität des Forschens, der der Historiker, will er wirklich kritisch sein, sich verschreiben muß. Wie viele unliebsame Wahrheiten hat die historisch-kritische Exegese finden müssen *gegen* den Willen der Kirche und in Erschütterung kirchlicher Lehrmeinungen, und noch einmal: man muß ihr für diesen Mut zur Freiheit und zur Wahrheit dankbar sein! Aber gerade wenn man die historisch-kritische Methode ohne falsche Kompromisse und halbherzige Arrangements betreibt, merkt man, daß man mit ihr den (christlichen) Glauben zerstört, wenn man bei ihr stehen bleibt. In *diesem* Sinne ist es zu verstehen, daß ich die historisch-kritische Exegese auf Schritt und Tritt voraussetze (*Tiefenpsychologie und Exegese*, II 760), und dennoch diese Methode bekämpfe, um sie zu überwinden. Ist es so schwierig, dialektisch zu denken? G. W. F. HEGEL hatte in diesem Punkte völlig recht: es ist nicht möglich, eine göttliche Wahrheit, eine Erkenntnis, die über Heil und Unheil, Himmel und Hölle entscheiden soll, auf historische Tatsachen zu gründen; die Wahrheit einer geschichtlichen Begebenheit kann nicht in den Tatsachen selber, sondern nur in den geistigen Antrieben ihrer Hervorbringung sowie in den geistigen Kräften ihrer Weitergabe gelegen sein. Als bestünde hier *religiös gesehen* überhaupt kein Problem, erklären R. Pesch und G. Lohfink von «der Meinungsvielfalt, wie sie in der exegetischen Literatur anzutreffen ist»: «Jeder Rezipient (sc. der Ergebnisse historisch-kritischer Forschung, d. V.) ist darauf angewiesen, sich einer bestimmten Meinung anzuschließen oder sich ein selbständiges Urteil zu bilden.» (16)

In der Tat, so ist es, solange man sich damit begnügt, historische Sachverhalte zu ermitteln; aber so kann es nicht bleiben, wenn es darum gehen soll, Wahrheiten zu finden, an denen das ganze menschliche Dasein sich entscheidet. Kein Mensch, der wissen will, wie er sein Leben einrichten soll, kann seine Existenz auf Hypothesen gründen und zuwarten, bis in einem neu erschienenen Kommentar eine bestimmte Bibelstelle bis zur nächsten Auflage desselben Buches als vorerst mit einiger Wahrscheinlichkeit «geklärt» ausgegeben wird. Es ist nicht allein die prinzipielle Fragwürdigkeit *jedes* historischen Urteils bzgl. eines historischen Gegenstandes, es ist vor allem die Unverhältnismäßigkeit der religiösen Frage bzgl. der Möglichkeiten ihrer Beantwortung mit historischen Mitteln, die den Glauben als grotesk erscheinen läßt, man könnte den religiösen Inhalt der Bibel mit den Mitteln historischer Kritik erforschen. Einer *historischen* Wahrheit kann man stets nur annäherungsweise auf die Spur kommen, und zwar um so besser, als man sie möglichst objektiv, losgelöst von der eigenen Existenz, zu erforschen sucht. Gerade umgekehrt die *religiöse* Wahrheit. *Sie* verlangt, daß man sie mit der ganzen Existenz ergreift, denn sie tritt mit dem Anspruch auf, die ganze Existenz des Menschen zu umgreifen.

Eben daran liegt es, daß die spezifische Ausdrucksform der Religion auch und gerade bei der Interpretation und Tradition historischer Gegebenheiten in der Verwendung bestimmter «unhistorischer», *symbolischer* Chiffren besteht. Das Symbol selber verlangt, die Subjekt-Objekt-Spaltung des neuzeitlichen Wissenschaftsideals, dem auch die historisch-kritische Methode der Bibelexegese uneingeschränkt folgt, grundsätzlich aufzugeben und die Negativität des historischen Befundes, mithin das oft beste Ergebnis der historischen Kritik, als Anstoß zu nehmen, um das eigene Denken, die eigene Fragestellung, die Wahl des eigenen Ausgangspunktes neu zu bestimmen.

Für HEGEL war die gesamte Blickrichtung der Aufklärung identisch mit einer Verunendlichung des Reflexionsurteils, mit einer ständigen Suche nach einer Vergewisserung, die in sich selber niemals einen Halt oder einen Inhalt gewinnen könne, mit einem In-sich-Gehen verständiger Gründe, aus deren Scheitern erst die Kraft zu einem neuen, mit sich versöhnten, wahren Denken erwachsen könne, in welchem Begriff und Wirklichkeit, Innen und Außen, Subjekt und Objekt, Geschichte und Glaube nicht länger mehr als unvereinbar gegeneinander stünden. Ich brauche offenbar nur zu sagen, daß ich diese Ansicht HEGELS bzgl. der Rolle der historisch-kritischen Methode der Bibelauslegung teile, und es scheint wohl unausweichlich, daß das Getöse gleich von neuem anhebt: also Gnosis! Selbsterlösung! Aufhebung der Geschichtlichkeit der Offenbarung! Allerdings: Worte wie «Jenseitsreligion» und «Individualismus» könnten R. Pesch und G. Lohfink mir bereits an dieser Stelle wohl schon nicht mehr entgegenhalten, wenn sie die philosophische Problemstellung wenigstens ansatzweise mitvollzögen, auf die ich zu antworten versuche. «Die Absage Drewermanns an die historisch-kritische Methode», erklären sie, «stützt sich ... nicht auf deren Mängel ... Er verwirft die historisch-kritische Exegese, weil sie sein Programm einer tiefenpsychologischen Hermeneutik stört» (16). Unsinniger kann man mein Anliegen nicht verzeichnen. Ich bin zur Psychoanalyse als Theologe gekommen, nicht umgekehrt (obwohl auch dieser Weg möglich und in gewissem Sinne nötig ist), und es waren die Begrenztheiten der gegenwärtigen Form der Theologie, die mich zur Tiefenpsychologie förmlich getrieben haben. Aber R. Pesch und G. Lohfink nehmen die philosophischen Fragen meiner Arbeiten im Hintergrund der Psychoanalyse gar nicht erst zur Kenntnis – sie sind ja nur Exegeten! –, und so schwadronieren sie munter davon, daß «meine» Hermeneutik einen riesigen Magen habe, der alle Texte verschlinge, «die ihr in den Weg kommen, seien es ... Märchen oder Geschichtswerke, seien es Kierkegaard oder Gandhi» (102). Wer nicht einmal begriffen hat, wie radikal ich mich mit dem gesamten Programm meines theologischen Entwurfes von der Position HEGELS abzusetzen suche, wer weder inhaltlich noch formal bemerkt, wie zentral mir im Gegenüber HEGELS die Gedanken S. KIERKEGAARDS zur Auslegung religiöser, spezifisch christlicher Texte geworden sind, wer schließlich auch den Begriff der «Gleichzeitigkeit» des Auslegers nur verwendet, um ihn *en passant,* als hinge überhaupt nichts davon ab, direkt gegen seinen ursprünglichen Sinn zu interpretieren, wie R. Pesch und G. Lohfink dies (111) tun, von dem behaupte ich, daß er aus meinen Büchern zitieren kann, was er will, er hat buchstäblich nichts davon verstanden.

Denn der Kernpunkt meiner Auseinandersetzung mit der historisch-kritischen Exegese deckt sich ganz und gar mit der Kritik

KIERKEGAARDS an dem objektiv dozierten und amtlich verwalteten «Christentum». HEGEL versuchte die Frage der scheinbar mangelnden historischen Begründbarkeit des Christentums zu lösen, indem er in gewissem Sinne den theologischen Intellektualismus der bestehenden christlichen Dogmatik angesichts der Herausforderung der Aufklärungsphilosophie auf die Spitze trieb: um das Christentum *als Lehre* zu verteidigen, sah er keinen anderen Weg, als es insgesamt zu einem Teilmoment der Philosophie zu erklären und es als die Weise zu verstehen, in welcher die Wahrheit, die man nach der Aufklärung *denken* müsse, zu ihrer Zeit dem Volke habe *anschaulich* werden können. Dieser Standpunkt HEGELS ist in sich selber völlig konsequent, und er scheint mir rein logisch unwiderlegbar. Beruht der christliche Glaube wesentlich auf einer Lehre und besteht diese Lehre wesentlich in einem Wissen um historische Tatsachen, so ist es nicht anders möglich, als das Christentum selber gegenüber der historischen Kritik als einen philosophischen Mythos zu interpretieren, als eine Form der Selbstanschauung des menschlichen Geistes auf dem Wege zu sich selbst. So der Stand der Dinge bei D. F. STRAUSS bereits vor 150 Jahren.

Die heutigen historisch-kritischen Exegeten kümmern sich, im Unterschied zu ihren Vorgängern im 19. Jh., um Fragen der Philosophie so gut wie nicht. Sie sind Spezialisten im Bereich der Philologie; und allein dieser Status erlaubt es ihnen offenbar, «Theologie» in einer Form zu treiben, als wenn es die radikale Infragestellung *aller* theologischen Aussagen durch die Kritik der Aufklärung bis heute nicht gäbe. Sie sprechen von der Offenbarung Gottes, von der Auserwählung seines Volkes, von der Erlösung der Sünden durch das Kreuz Christi, von dem Anbruch der eschatologischen Heilszeit in der Sichtbarkeit der Zeichen und Wunder des Lebens Jesu – sie sprechen das gesamte Sprachspiel der Bibel unverändert nach, als wenn auch nur ein einziger dieser Begriffe heute nicht *übersetzt* werden müßte, um 200 Jahre nach der Aufklärung seine Lebendigkeit, seinen Sinn und seinen Wert gerade in seiner Übersetzbarkeit zu erweisen. Indem sie die Sprache Kanaans nachreden, verhindern sie indessen gerade das, was sie den Worten nach als die entscheidende Bedeutung der meisten Wundererzählungen der Evangelien hinzustellen suchen: die «Verkündigung» des «anbrechenden Heils», der «Gottesherrschaft» an die «Heiden».

Wir leben in einer Zeit, in der selbst der Begriff «Gott» eher ein Phantom der frühen Kindheit beschreibt, als das Gegenüber menschlicher Personalität und Freiheit zu bezeichnen. Auf die Kirchen Westeuropas kommt unausweichlich eine Jugend zu, in deren Ohren das Reden unserer Bibelexegeten heute schon durchaus nicht mehr zu unterscheiden ist von der Sprache irgendeiner Sekte – ein Vokabular, das nur noch die Konventikelangehörigen selbst mit bestimmten Erinnerungen und Gefühlen ihrer eigenen, zumeist sehr autoritär strengen Sozialisationsgeschichte zu assoziieren vermögen, während für «die draußen» die Frage sich kaum noch stellt, welch einen Sinn über die Befriedigung dieser «Gemeindemitglieder» hinaus ein derartiges Reden von «Gott» eigentlich macht.

Dieses Problem war es, das HEGEL bereits vor 200 Jahren völlig richtig mit logischer Unerbittlichkeit über Europa heraufziehen sah. Er wollte mit seiner philosophischen Ehrenrettung der christlichen Religion verhindern, daß die Weltreligion des Christentums in ihrer humanen Vision zur Sekte entarte. Um so erschreckender, daß auch er den Gang der offiziellen Theologie in die gesellschaftliche Belanglosigkeit nicht aufhalten konnte.

Wo in den theologischen Traktaten katholischer Exegeten eigentlich spürt man wenigstens etwas von der Beunruhigung darüber, daß bereits in der Mitte des 19. Jh.s die Position HEGELs durch die psychologische Umdeutung FEUERBACHs und die soziologische Umkehrung des MARXismus bis in die Gegenwart hinein nachhaltig desavouiert wurde? Wer heute als Student der Archäologie, der Ethnologie, der Kunstgeschichte, der Philosophie von «Gott» reden hört, wird mit System dazu erzogen, bei diesem Wort als erstes an den Reflex bestimmter gesellschaftlicher Verhältnisse, an gewisse Formen der Ideologie der Macht oder, im Kontrast dazu, an gewisse Hoffnungen zur Überwindung faktischer Ohnmacht zu denken, an die verinnerlichte Form psychischer Zwänge in der frühkindlichen Erziehung, an eine psychiatrische Wahnidee oder an einen Archetyp des Selbst – wie auch immer: «Gott» ist ein Gegenstand gelehrter Theorien geworden, die lediglich mit anderen Mitteln ersetzen und fortsetzen, was die Theologie unserer Zeit immer noch in beruhigter Selbstgewißheit glaubt tun zu dürfen: in objektiver Distanz Gott zu «lehren» und in fertigen Begriffen seine «Lehre» zu tradieren.

Man kann der dialektischen Logik HEGELS gegenüber der Aufklärung nicht widersprechen, ohne die Form und Aufgabe der Theologie insgesamt neu zu bestimmen, und das ist, so weit ich sehe, der Grund des eigentlichen Anstoßes, den meine Schriften – Gott sei Dank! – an manchen Orten inzwischen auslösen: es ist spürbar, daß hier der gesamten Theologie als einer objektiven Lehre, die sich mit einigem Fleiß und einem bißchen Verstand erlernen ließe wie beispielsweise die Zoologie oder die Mineralogie, der Kampf angesagt werden soll. Dabei knüpfe ich dankbar an den leidenschaftlichen Protest an, den SÖREN KIERKEGAARD mit seiner Person und mit seinem Denken gegenüber dem Dozieren in der Religion eingeleitet hat. Es war einzig SÖREN KIERKEGAARD, der es in *christlichem Sinne* einen Betrug, eine Falschmünzerei, einen treulosen Verrat, einen hinterhältigen Kriminalfall nannte, das Christentum mit Hilfe theologischer Geschwätzigkeit *in eine Lehre* verwandelt und damit um seinen Ernst gebracht zu haben.

KIERKEGAARDS Geschichte von dem Kandidaten der Theologie Ludwig Fromm will mir nicht aus dem Sinn, seit ich sie mit 17 Jahren zum erstenmal in einem kleinen Reclam-Heftchen las; wer sie versteht, wird allem «Beamteten» im Tempel Gottes, allem Gerede von der «lieben Gemeinde» im Namen Christi, allem Stellenerwerb und Titelgeprotze in den Rängen der «akademischen» Theologie ein für allemal mit instinktivem Mißtrauen gegenüberstehen.

Es ist die Geschichte eines Theologiestudenten, den das Wort Jesu nicht losläßt: «Suchet zuerst das Reich Gottes...» und der sich denn auch bemüht, mit seinem ganzen Leben diesem Wort zu entsprechen. Aber wie könnte ein junger Theologiestudent so anmaßend sein zu glauben, er vermöchte naiv und unmittelbar, einfach wie es seiner Person entspricht, etwas so Erhabenes wie das Reich Gottes zu verstehen und *zu suchen* – ohne die sachgerechte Anleitung und Unterweisung von Männern, die schließlich ihr ganzes Leben dem Ziel gewidmet haben, das Wort Gottes immer besser, immer gemäßer dem eigentlichen Wortsinn und immer gemäßigter, d. h. immer «angemessener» dem Wort der Gemeinde der Glaubenden auszulegen? In jedem Falle muß er *zuerst* auf der Suche nach dem Reich Gottes auf die Suche nach einem Studienplatz gehen, und alsdann muß er *zuerst* sich bemühen, die nötigen Sprachkenntnisse zu erwerben, um das Jesuswort möglichst angenähert dem ursprünglichen Wortlaut in Hebräisch, Aramäisch, Griechisch und Koptisch aufnehmen zu können; er muß *zuerst* die verschiedenen Verfahren kennenlernen, mit denen es möglich ist herauszufinden, ob Jesus ein solches Wort wie das vom Reich Gottes überhaupt gesagt haben kann und, wenn ja, in welch einer Situation, zu welchen Leuten usw. er es gesagt haben könnte; und dann muß er *zuerst* die Begriffsgeschichte des Wortes von der Gottesherrschaft, die altorientalischen Vorstellungen von der Königsherrschaft, ihre Wirkungsgeschichte bis hin zu dem Nomadenideal mancher Bewegungen noch im heutigen Islam, desgleichen die Rolle der Reich-Gottes-Verheißung im Kontext der Gemeinde Israels nach dem Ende des Babylonischen Exils und zur Zeit Jesu selber möglichst sorgfältig studieren, um dann seine wachsenden Kenntnisse in einer Vielzahl entsprechender Prüfungen nach und nach unter Beweis zu stellen, wobei ihm fortschreitend die Berechtigung zuteil wird, Stufe für Stufe den Fortschritt seiner durchlaufenen Studien durch Inbesitznahme eines jeweils neuen Titels zu markieren.

Endlich ist es dann soweit: er ist mit allen nötigen Kenntnissen der theologischen Wissenschaften versehen, das Kollegium der Professoren der Fakultät zeigt sich von seinen Leistungen befriedigt, im Namen der Gemeinde Jesu Christi spricht der bischöfliche Ordinarius in einer eigenen Weihehandlung ihm sein Vertrauen aus, fortan als rechter Zeuge der Wahrheit unseres Erlösers segensreich für das Reich Gottes zu wirken – da entsteht einen Moment lang eine kleine Verwirrung: wann ist er, der auszog, das Reich Gottes zu suchen, eigentlich dahin gelangt, es wirklich zu finden?

Jedoch, mein Lieber, das sind jetzt nichtige Fragen, das sind in diesem Augenblick versucherische Fragen, das sind Gedanken, die von Gott gar nicht sein *können;* denn gerade jetzt, wo Du ausgesandt wirst, das Reich Gottes der Gemeinde Gottes zu verkünden, ist es doch ganz klar, daß Du es selbst bereits gefunden haben mußt, und der Beweis liegt offen zutage: Dein ganzes jahrelanges Studium, all das aufgewandte Geld, Deine nunmehr erworbene gelehrte Gewandtheit – sie alle beweisen klar, daß es Dir *zuerst* und vor allem wirklich darum ging, das Reich Gottes zu suchen.

Insofern kann es keine Bedenken erwecken, daß Ludwig Fromm jetzt, bevor sein Verkündigen vom Reich Gottes recht eigentlich beginnt, *zuerst* noch auf die Suche nach einer rechten Pfarre gehen muß; und da er gedenkt, mit seiner Frau, die er inzwischen gefunden, einen ansehnlichen Hausstand zu gründen, muß er natürlich *zuerst* eine Gemeinde suchen, die ihm als erstes ein ansehnliches Gehalt zu zahlen verspricht. Indes: alles das findet sich, dank Gottes Gnade, wie es verheißen ward: «alles wird euch dazu gegeben werden» – wenn ihr zuerst das Reich Gottes sucht. Und auch so zeigt es sich nunmehr, daß Ludwig Fromm das Reich Gottes nicht nur gesucht, sondern wirklich gefunden hat, und zwar wohlgemerkt kein überirdisches, kein jenseitiges, kein privates Reich Gottes, sondern ein irdisches, ein häusliches, ein gemeinschaftliches Reich, wie es die wahre Gemeinde Christi liebt, die angesehene Leute, tüchtige und vernünftige Köpfe, zu schätzen und von Schwarmgeistern und Träumern wohl zu unterscheiden weiß.

So naht sich denn der Augenblick, an dem eines schönen Sonntagsvormittags der wohlbestellte, neu gewählte Pfarrer Ludwig Fromm unter dem volltönenden und wohltönenden Gebraus einer vielregistrigen Orgel, unter den freudigen Augen einer vielköpfigen Menge in das Gotteshaus Einzug hält und in feierlichem

Ornat mit ergriffener Stimme von der fein verzierten Kanzel, einem Meisterstück gotischer Schnitzkunst, herab jene Worte zu sprechen anhebt, die ihm all sein Leben lang die wichtigsten waren und immer sein werden: «Suchet *zuerst* das Reich Gottes.» «Wirklich», schrieb anerkennend in der nächsten Nummer der «Christliche Bote», «es war erbaulich und ergreifend, wie Pfarrer L. Fromm uns die Schrift auslegte, und besonders zu Herzen gehend war die Art, wie er jenes *Zuerst* betonte: Suchet *zuerst* das Reich Gottes.»

Mit Hunderten solcher «Geschichten» suchte KIERKEGAARD vor 150 Jahren die Christenheit aufzurütteln, indem er das Wort Jesu beim Wort nahm: «Hütet euch vor denen in langen Gewändern!» «Wehe euch, ihr Schriftgelehrten!», rief er warnend und mahnend zur Beendigung der gottseligen Geschwätzigkeit auf. – In meinem Kommentar zum *«Markusevangelium»* (1. Bd., S. 180–202) habe ich uneingeschränkt versucht, in die Fußstapfen dieses letzten wirklichen Propheten im christlichen Abendland zu treten und zu zeigen, wie recht der dänische Religionsphilosoph hatte, als er *im Namen Jesu* das *Dozieren* des Christlichen für prinzipiell unchristlich erklärte. Sein Hauptargument: *Das Christentum ist keine Lehre.* Ich teile diesen Standpunkt vollkommen, und *er* ist es, der recht eigentlich danach drängt, die schriftgelehrte Art der Bibelauslegung heute in Gestalt der historisch-kritischen Exegese als das hinzustellen, was sie religiös ist: als einen einzigen Widerspruch zu den eigenen Worten, als die vollkommene Widerlegung der selbst gefundenen Ergebnisse und als ein groteskes Mißverhältnis zu ihrem eigenen «Objekt», das sie bei ihrem Bemühen um ein «objektives» Verstehen niemals erreichen kann, da dieses «Objekt», Gott, nur als «Subjekt» verstehbar ist, nicht als *Gegen*stand der Forschung, sondern nur als *Bei*stand der eigenen Existenz.

R. Pesch und G. Lohfink erheben in ihrem Traktat den Vorwurf, ich verträte eine «Universalreligion», «die das Christentum in sich aufsaugt» und «die dogmatische Tradition» der Kirche auflöst (102). In Wahrheit aber steht es gerade umgekehrt. Wer das Christentum *wesentlich* als eine Lehre betrachtet, die lediglich im Unterschied zu allen anderen religiösen Lehren behauptet, die einzige «eschatologisch» geoffenbarte Wahrheit Gottes zu besitzen, der wird nicht nur erleben, daß auch die anderen Religionen von sich in ähnlichem Sinne und mit guten Gründen behaupten, wahre Offenbarungen Gottes zu sein, er wird vor allem sogleich zu spüren bekommen, daß jedes schriftgelehrte Verständnis des Christlichen zur ideologischen Kampfansage, zum missionarischen Terror, zur Gewaltsamkeit des Vorgehens nach innen und nach außen anleiten muß und Jesus Christus dabei in Wort und Tat immer mehr verdunkelt, statt ihn zu offenbaren.

Als Jesus, jenseits des tödlichen Widerspruchs seiner Kreuzigung, seinen Jüngern auf dem Berg ihrer Sendung zwischen Zweifel und Glauben, zwischen Ungewißheit und Wagnis den Auftrag gab, sie sollten auf Heil und Unheil zu allen Völkern gehen und sie «taufen» im Namen Gottes, da hat er damit gewiß nicht gemeint, was in der Kirche aus diesem «Befehl» in langen Zeiten der Kirchengeschichte geworden ist und unvermeidbar werden mußte, eben *weil* man spätestens vom 4. Jh. n. Chr. an die Botschaft Jesu als *«Lehre»* zu bestimmen suchte: Rüstet euch mit Macht, um das Bildungsmonopol der Gesellschaft, der jeweiligen Kultur, des jeweiligen Staates oder Stammes zu erobern; zwingt mit der Macht, die ihr als von Gott verliehen glauben sollt, jede andere Lehre durch wirksame Propaganda und notfalls mit Gewalt in die Knie; zerschlagt, wo ihr könnt, die religiösen, moralischen und künstlerischen Grundlagen und Ausdrucksformen aller fremden Kulturen – zerstört, wenn es nottut, die Seele der Menschen – *acabar con el alma del Indio* – das Programm des kulturellen Pogroms der Spanier unter HERNANDO CORTEZ! – und schafft euch durch Wirtschaft und Technik eine solche zivilisatorische Überlegenheit, daß ihr mit Glasperlen und Taschenmessern, mit Kühlschränken und Traktoren, mit Tiefbrunnen und Antibiotika jeder fremden Kultur so sehr an Geld und Gewalt überlegen seid, daß es im Gefälle der Macht wie von selber zum gefälligen Vorteil jener fremden Kulturmitglieder gereicht, sich euch anzuschließen.

Wer das Christentum als eine *Lehre* definiert, der etabliert, ob er will oder nicht, ganz wie von selber den Stand der Lehrer, der rechtfertigt notwendig den *Lehrbetrieb* in Sachen Religion und der kehrt Jesu Wort auf den Kopf, der seine Jünger nötigte, ohne alles, ohne doppeltes Gewand, ohne Geld, ohne jeden «Vorrat», einfach als Menschen, in die Dörfer Galiläas zu gehen, um etwas zu verkündigen, das die «Großen» und «Weisen» niemals, die «Kleinen» aber ohne weiteres verstehen könnten: die einfache Botschaft davon, wie nahe Gott unserem Leben sein kann, wenn wir es in seiner Armut, seiner Ohnmacht, seiner Tragik und seiner Gebrochenheit ernst nehmen. *Das Christentum ist keine Lehre.* Und *hier* liegt sein erster entscheidender Unterschied zu allen anderen religiösen Anschauungen, auf den sich Rezensenten wie G. Lohfink und R. Pesch derart erpicht zeigen, ohne aber den eigentlichen Differenzpunkt selbst anders als äußerlich-lehrhaft bestimmen zu können.

Wer dem BUDDHA folgen will, braucht nicht den Buddha. «Ihr selber seid euere Leuchte», sprach der Erleuchtete in Kusinara sterbend zu seinem Lieblingsschüler Ananda. Wer MOHAMMED folgen will, beleidigt den Propheten, wenn er sich einen Mohammedaner nennen wollte. Wer KARL MARX für die entscheidende Person in der gegenwärtigen Epoche der menschlichen Geschichte hält, mag sich zu Recht als Marxisten bezeichnen, aber wichtig für ihn ist nicht die Person von KARL MARX, sondern seine Theorie über den «Mehrwert» und die Kenntnis der Gesetze der Geld-Waren-Zirkulation im Kapitalismus. Einzig in der Gestalt Jesu ist die Person des Christus selber das Entscheidende. *Wäre* das Christentum eine Lehre, so bliebe unser Verhältnis zu Christus notwendig «sokratisch»: wir verhielten uns wesentlich zu seiner Lehre, seine Person selber aber bildete lediglich den Anlaß, um eine Wahrheit zu begreifen, die wir an sich auch von uns selber her erkennen könnten. Wenn irgend das Wort «Gnosis» religionsgeschichtlich einen Sinn macht, so hat es diese Bedeutung: das Christentum als eine Lehre zu begreifen, die als Gegenstand vernünftiger Erkenntnis lernbar und lehrbar wäre. Es ist gerade diese Auffassung des Christlichen, die ich am meisten zu überwinden suche; daß R. Pesch und G. Lohfink mir zentral den Vorwurf machen, ich lehrte nichts als eben eine solche neue (oder alte) Gnosis, zeigt nur, daß sie nicht einmal das Anliegen begriffen haben, weswegen ich der heutigen Form der historisch-kritischen Exegese auf den theologischen Kathedern kategorisch den Kampf ansage: ich verlange nicht mehr und nicht weniger als ein Ende des objektiven Dozierens in Sachen Christentum, ein Ende des existentiell unbeteiligten, erfahrungslosen Redens über die «Geheimnisse» Gottes, ein Ende des neurotisierenden, weil in sich selber desintegrierten Sprechens über die «Heilsereignisse» der «eschatologischen» «Basileia-Verkündigung» des «prophetisch verkündigten», in paradoxaler Weise in Knechtsgestalt erschienenen Gottgesandten und Gottessohnes Jesus von Nazareth. Ich könnte mit dem Messiastitel überhaupt nichts anfangen, ich interessierte mich überhaupt nicht dafür, behaupten R. Pesch und G. Lohfink (104). Ich halte im Gegenteil die «Verkündigung» des «Christus» für etwas viel zu Wichtiges, als sie einem derart uninteressierten und uninteressanten Gerede zu überlassen; ich glaube, sie *übersetzen* zu müssen, und ich möchte, daß sie sich wieder verknüpft mit Erfahrungen, die wie bei dem Besessenen von Gerasa von Wahnsinn und Tod zu Gesundheit und Leben hinüberführen. Wer Erfahrungen dieser Art nicht mitvermittelt, mag «Herr, Herr», sagen, so viel er will, ich behaupte, daß er am Ende nur Menschen beherrschen, statt Menschen zu heilen imstande ist.

Sage ich hier zu viel? Wenn zu viel, dann viel zu wenig! – Es gehe jemand in irgendeine beliebige Bibliothek auf der Suche nach exegetischer Literatur, die ihm zu lebendiger Erfahrung, zu religiöser Erkenntnis, zu einem zentralen Ereignis seines Lebens werden könnte, während, daß Bücher zur Erläuterung *des* Buches selber zum Verständnis göttlicher Weisheit zu erheben und zu läutern bestimmt sein sollten. Doch weit gefehlt. Er kann in einem exegetischen Institut, in einer Seminarbibliothek, in einem Lesesaal in die Regale greifen, wo immer er will, er kann in Kommentaren lesen, was immer er möchte oder glaubt zu müssen – er findet eine

Literatur vor, deren Sprache das Wort «ich» nicht kennt, deren Sätze nicht ein einziges Gefühl beschreiben, deren Texte buchstäblich bilderlos, traumlos, phantasielos, emotionslos – einfachhin tot sind. In diesen Texten ist jede Zeile grau wie Blei, schwer wie Blei, giftig wie Blei: die «Bibliothek» UMBERTO ECOS, in der das Lachen unter Todesstrafe verboten ist, denn es würde unfehlbar die ganze gestelzte Ernsthaftigkeit dieser «Kommentare» ihrer tödlichen Lächerlichkeit preisgeben.

Freilich ist es äußerst schwer, dem bleiernen Tod lachend entgegenzutreten. – Man muß die Generationen von Lehrern, von Priestern, von Eltern vor Augen haben, die zu Büchern dieser Art greifen, um sich selbst, ihren Schülern, ihren Gemeinden das Wort Gottes begreifbar machen zu können, und die Sonntag für Sonntag, Stelle für Stelle mit einem Haufen von Analysen, Mutmaßungen, Informationen und Daten abgespeist werden, aus denen kein einziger wirklicher Gedanke, nicht ein einziger lebendiger Impuls, allenfalls ein paar dürre Imperative, ein paar knöcherne, weisheitslose Hinweise, Verweise und Anweisungen hervorgehen – Steine statt Brot. Es gibt Lehrer und Priester, die sich dieser Art der Schrifterklärung verpflichtet fühlen; sie werden über die Befriedigung einer gewissen intellektuellen Neugier im Umkreis existentieller Nichtigkeit und Langeweile nie hinauskommen, und Schulklasse um Schulklasse wird von dieser schleichenden Umwandlung von Religion in Religionskunde leergelassen und enttäuscht sich abwenden oder recht früh schon den Zynismus erlernen, daß all dieses Reden von Gott seinen eigentlichen Zweck darin erreicht, gute Examina zugunsten guter Berufsaussichten abzulegen. Ein anderer Teil dieser jahrelang ausgebildeten «Verkündiger» Gottes, dieser «Zeugen» der Wahrheit Christi, zieht aus der Abstraktion der historisch-kritischen Bibelauslegung gegenüber den Fragen des Lebens den umgekehrten Schluß und versucht, unmittelbar, so als hätten sie niemals Exegese studiert, an gewisse Erfahrungen des wirklichen Lebens anzuknüpfen und diese in irgendeiner Weise, so gut es geht, mit gewissen Bibeltexten zu assoziieren. In beiden Fällen manifestiert sich die Ambivalenz jeder nur «schriftgelehrten» Schriftauslegung: sie erreicht nicht die Wirklichkeit, von der sie redet; sie verwandelt die Worte Gottes – und Gott selber – durch ihr subjektloses Reden selber in einen Gegenstand des Geredes; und wenn man von einer Auslegungsmethode erwarten kann, daß sie dem angemessen ist, was sie verstehen und vermitteln will, so muß man von der historisch-kritischen Methode eindeutig sagen, daß sie zu der Gestalt Jesu, ja insgesamt zu der Wesensart und dem Wirken der eigentlichen «Offenbarungsträger» der Bibel: der Propheten, der Wundertäter, der Visionäre, der Dichter und der «Richter», in einem geradezu grotesken Mißverhältnis steht.

Gerade mit den Mitteln historischer Kritik läßt sich die These plausibel machen, daß Jesus *nicht,* wie R. BULTMANN noch glaubte, ein Schriftgelehrter, ein Rabbi war; seinem ganzen Auftreten, seiner Statur nach, war er ein «Prophet», ein Mann, dem die Fülle innerer Bilder die Sprache einer «magischen» Poesie eingab, in welcher Himmel und Erde miteinander verschmolzen und das Dasein der Menschen durchsichtig wurde bis auf den Grund. Es war eine einfache, volksnahe, ungekünstelte Sprache ohne gelehrte Arabesken und schriftgelehrte Tüfteleien; es war eine Sprache, getragen von dem Vertrauen, daß Gott heller aus dem Mund einer Dirne, aus den Händen eines Bettlers oder aus den Augen eines Kindes hervorleuchten könne als aus den geschriebenen Gesetzen Israels und den geschriebenen Kommentaren der Gesetzeslehrer nebst den mündlichen Interpretationen dieser geschriebenen Kommentare. Man vergleiche die machtvolle Poesie der Worte Jesu mit dem ohnmächtigen, wortwörtlich ungeistigen Reden der Schrifterklärer, und man wird deutlich sehen, wie sehr die historisch-kritische Methode in ihrer objektivierenden Distanz sich den Zugang zu einem wirklichen Verstehen der Worte und der Taten Jesu selbst versperrt.

Vor Jahren betrat ich in Agra den Taj Mahal, dieses wunderbare Mausoleum aus Marmor, das an den Ufern der Jamuna der Mogulherrscher Shah Dschahan seiner verstorbenen Gemahlin Mumtaz Mahal, der «Perle des Palastes», errichtet hat – der gesamte Schatz seines riesigen Reiches wurde verbraucht, um dieses Zeugnis einer todüberdauernden Liebe zu errichten, und das Fenster im Palast des Roten Forts von Agra schaute in den mondhellen Nächten unverwandt hinüber auf das silbrige Weiß dieses Kleinods aus Ebenmaß und Edelstein –, als just zu diesem Zeitpunkt Tontechniker damit beschäftigt waren, die Schallschwingungen in dem unterirdischen Gewölbe, das den Sarkophag der verstorbenen Kaiserin barg, zu vermessen. Man mißverstehe mich nicht: ich halte Fragen der Akustostatik für «legitim»; was aber sagen sie aus von dem Geheimnis der Liebe, wie sie vor 300 Jahren der Herrscher eines der mächtigsten Reiche der Welt in den Ebenen von Rajastan im Angesicht von Tod und Vergänglichkeit zu *fühlen* vermochte?

Deshalb unter anderem halte ich die Psychoanalyse heute für unerläßlich, um die gefühlsunterdrückende, subjektferne, entfremdete Einseitigkeit der historisch-kritischen Bibelexegese zu überwinden. Man vergißt nur allzu leicht, daß auch die Psychoanalyse ein Kind des 19. Jh.s ist, nicht anders als die historisch-kritische Exegese auch; auch die Psychoanalyse begann mit einem Theoriekonzept und einer Begriffssprache, die sich an dem Objektivitätsideal der Naturwissenschaften, insbesondere der Elektrophysik, orientierte. So sprach Freud von «Besetzungsenergie», von «Libidoobjekt» und von «Objektlibido» u. ä. m., um dem Verdacht einer zu subjektiven Auslegung psychischer Phänomene nach Möglichkeit zu wehren. Gott Lob, sah die Psychoanalyse sich allerdings recht bald schon gezwungen, die außerordentlich starke Rolle gerade des subjektiven Faktors im Verlauf jeder psychischen Behandlung einzugestehen, und während sie anfangs noch geneigt war, die Dynamik der «Gegenübertragung», also der subjektiven Gefühlsbeteiligung des Therapeuten an dem Verlauf einer Analyse, als etwas Störendes und Hinderliches zu betrachten, setzte sich doch immer mehr die Einsicht durch, daß die Gefühle und Empfindungen des Therapeuten, ja sogar seine eigenen Identifikationen und Projektionen, bei genügender Reflexion und Diskretheit, die unerläßliche Voraussetzung für ein wirkliches Verstehen des anderen bildeten. Es ist nicht möglich, ein fremdes Du zu verstehen, ohne das eigene Ich dabei ins Spiel zu bringen und aufs Spiel zu setzen; und gerade weil die Psychoanalyse es im Umgang mit Menschen lernen mußte, die übernommenen Aufspaltungen ihres theoretischen Ansatzes zu revidieren, ist sie heute am besten geeignet, die derzeit vorherrschende Form der Bibelauslegung von der bloßen Textanalyse weg in ein Instrument persönlicher Begegnung umzuformen; sie entwickelte im Unterschied zur Universitätspsychologie nicht nur ein neues Wissenschaftsmodell, das die Sterilität der Subjekt-Objekt-Spaltung überwindet, sie lernte auch, den objektivierenden Jargon zur Beschreibung psychologischer Sachverhalte auf ein Minimum einzuschränken.

Vor allem bringt die psychoanalytische Interpretationsmethode es mit sich, weit mehr die *Gefühlsbedeutung* menschlicher Mitteilungen zu berücksichtigen. Wie radikal dieser im Grunde sehr einfache, menschlich wie selbstverständlich wirkende Wechsel der Interessenausrichtung beim Hören sich auf die Interpretationseinstellung auch in der Bibelarbeit auswirken muß, kann man leicht an den Veränderungen ermessen, die in jedem privaten Gespräch bereits einzutreten pflegen, wenn man einmal nicht so sehr auf die äußeren Mitteilungen, Informationen und Gedanken, sondern vielmehr auf die inneren, emotionalen Inhalte des Mitgeteilten das Augenmerk richtet. Kaum ein Symptom des psychischen Zustandes unserer Gesellschaft, unserer «Kultur», unserer Art zu «denken», der Weise auch, «Theologie» zu treiben, dürfte so sprechend sein wie die Sprachlosigkeit unseres Umgangs mit uns selbst, mit den Menschen ringsum, mit der Natur, die uns umgibt, in allen Belangen, die unsere Gefühle und Grundeinstellungen betreffen. Man muß nur einmal im Verlauf einer Psychotherapie beobachten, wie hilflos und stumm auch und gerade Akademiker, gebildete, hochstehende Persönlichkeiten in Kirche und Gesellschaft, ihren eigenen Gefühlen gegenüberstehen, wie sie beim besten Willen nicht eine einzige emotionale Regung zu bezeichnen vermögen und wie es oft monatelanger Wortfindungsübungen und Aufmerksamkeitslenkungen bedarf, um festzustellen, daß es so etwas wie Gefühle überhaupt gibt und daß es sich lohnt, sie

ernst zu nehmen. Man kann generell sagen, daß ein gewisses Maß
an zwangsneurotischer Charakterpanzerung jeder Versuchung
einer Gefühlsschwäche gegenüber grundsätzlich widerstehen
wird; doch eben diese zwangsneurotische Grundstruktur, dieses
ständige Ausweichen vor den eigenen Gefühlen in Richtung vermeintlich logischer Gedanken und scheinbar «richtiger», objektiver Gedankeninhalte war es, was S. FREUD generell in der psychischen Konstitution der Religion (seiner Zeit) verwirklicht sah.

Von seiten der Psychoanalyse zeigt sich zudem, daß die systematisch betriebene Gefühlsverdrängung in der gegenwärtigen Form
von Theologie nur ein Pendant zu dem unverhohlenen Willen zu
Machtgewinn und Machterhalt darstellt. Es herrscht eine direkte
Wechselwirkung zwischen dem Maß der Gefühlsunterdrückung
bzw. der Subjektflucht in Richtung objektivierender Rationalisierungen und dem Ausmaß an ideologischer Intoleranz und fanati-
scher Gewalttätigkeit in allen Fragen des Glaubens. Solange der
methodische Intellektualismus in der Theologie andauert, so lange
wird *die Ketzermacherei* nicht aufhören, so lange wird man
Menschen als Irr- und Ungläubige verstoßen, nur weil sie gewisse
Geheimnisse des Nicaenoconstantinopolitanischen Glaubensbekenntnisses vermeintlich nicht richtig verstanden, weil sie das gerade neu erschienene Buch eines wahrhaft «rechtgläubigen» Kol-
legen anscheinend nicht gebührend berücksichtigt oder weil sie
die Form der gerade herrschenden Lehrmeinung offenbar nicht
mit hinreichender Unterwürfigkeit gewürdigt haben, während
man umgekehrt Theologen und Priestern als wahren «Zeugen»
des Glaubens glaubt den Rücken stärken zu müssen, die es fertig
bekommen, den hinterbliebenen Angehörigen eines Selbstmör-
ders das kirchliche Begräbnis ihres Vaters, Gatten oder Bruders zu
verweigern oder ungerührt Ehepartner, die vor 20 Jahren als damals geschiedene zueinander gefunden haben, von den Sakramenten der Kirche auszuschließen.

Dem Objektivitätsideal der Theologie als Wissenschaft entspricht
die neurotisierende Aufspaltung von Person und Amt in der Seelsorge sowie die neurotische Aufspaltung von Gefühl und Denken

im Individuum – eine Dissoziation auf allen Ebenen, die den verbalen Beteuerungen von der «Menschwerdung» in der Religion des Christentums vollkommen zuwiderläuft. In dieser Trennung von Form und Inhalt, von Lehre und Leben, von Subjekt und Objekt, von Denken und Fühlen muß die Exegese als nur historisch-kritische offensichtlich so sein, wie sie sich heute präsentiert: als aufwendig und teuer finanziell, als belanglos und langweilig existentiell, als machtbesessen und ideologieabhängig strukturell, als repressiv und gewalttätig funktionell. Sie ist in jedem Sinne menschlich schädigend, religiös schädlich und christlich schändlich zu nennen, und dies, fürwahr, ist erst der Anfang unserer Bilanz. Nicht weil die Tiefenpsychologie ein Allheilmittel wäre, aber weil sie spezifisch gegen neurotische Seelenaufspaltungen heilsam ist, bedarf die historisch-kritische Exegese heute ihrer antithetischen Ergänzung und qualitativen Umwandlung durch die Psychoanalyse. «An ihren Früchten sollt ihr sie erkennen.'»

2. «Und gab ihnen Macht über die unreinen Geister» (Mk 6,7) oder: Das Christentum ist nur kraft der Erlösung wahr – Sigmund Freud als Vorbild

Eben weil der Glaube im Sinne des Christentums wesentlich keine Lehre, sondern ein persönliches Verhältnis des Vertrauens zu Gott darstellt, wie Jesus es in seiner Person lebte und ermöglichte, läuft jeder Intellektualismus, jeder Objektivismus, jeder katechismusartige Formalismus in der Formulierung des christlichen Glaubensbegriffs auf eine gefährliche Veräußerlichung des Anliegens Jesu hinaus, und es läßt sich nicht übersehen, daß die «prophetische» Einstellung Jesu gerade in diesem Punkte zu einer kompromißlosen Entscheidung nötigt.

Als Jesus seine Jünger aussendet, damit sie in den Dörfern Galiläas die Ankunft des «Gottesreiches» verkündigten, befiehlt er ihnen, Kranke zu heilen und Dämonen auszutreiben. Diese Wirkung des «Sprechens» von Gott ist in den Augen Jesu das entscheidende Erkennungszeichen dafür, ob von Gott, den er unseren «Vater» nannte, wirklich so gütig, freiheitlich und vertrauensvoll die Rede ist, daß es Gott nicht beleidigt und die Menschen den «Dämonen» ausliefert. «An ihren Früchten sollt ihr sie erkennen.» Jesus wollte, daß auch und gerade seine Schüler sich an dem einfachen und praktischen Maßstab ihrer Menschlichkeit messen ließen. Schauen wir uns also um!

In dem Buch von R. Pesch und G. Lohfink gibt es für mich keinen absurderen Vorwurf als den Hinweis, Drewermann verwandle, «obwohl er es sicher gar nicht will, die Exegese... in... Lebenshilfe» (7). Doch genau das will ich: daß Theologie, Exegese zumal, endlich wieder «Lebenshilfe» sei! Ist dieses Bestreben in Theologenkreisen inzwischen so unglaublich, daß man es mir «freundlicherweise» gar nicht erst zutraut, wie um mich vor dem Leibhaftigen zu schützen? Manchmal höre ich sagen, manche Passagen in meinen Büchern seien «zu aggressiv» formuliert; aber auf diese offenbar «aggressivste» aller Ideen bin selbst ich bisher nicht gekommen – auf den Gedanken, die historisch-kritische Exegese könnte als «Lebenshilfe» mißverstanden werden. Meine Bücher *sollen* als «Lebenshilfe» verstanden werden, und ich denke, so hat Jesus es gewollt, denn was wollte er anderes als einen Glauben an Gott, der zum Leben hilft?

Wie um zu beleuchten, auf welche Weise Exegese sicher *nicht* in den Verdacht gerät, zum Leben zu verhelfen, greifen R. Pesch und G. Lohfink speziell meine Auslegung der Heilung des Besessenen von Gerasa (Mk 5,1 ff.) auf und an (S. 56–70), um kategorisch zu verkünden: «Das, ‹was in den Menschen, von denen die Erzählungen berichten, vor sich geht›, kann … nicht ‹die eigentliche Ebene der Aussage› sein, weil es nicht ausgesagt ist.» (58) Statt sich «für die in der Geschichte vorgestellten Personen» (hier z. B. besonders für die Person des Besessenen, die der Text ausführlich, ein Drittel der ganzen Geschichte lang, schildert) zu interessieren, geht es nach R. Pesch und G. Lohfink an dieser Stelle um die «apostolische Verkündigung», «die an Umkehr und Nachfolge und kirchlichen Glauben gebunden bleibt» (59). Das hindert diese beiden «Zeugen» freilich nicht, wenig später ein seitenlanges Lamento anzustimmen, wenn ich sage, daß gerade die Bitte des Geheilten, sich Jesus anschließen zu dürfen, im Neuen Testament üblich sei (67), und ich es deshalb um so bemerkenswerter finde, daß diese Bitte an dieser Stelle (völlig singulär!) dem Besessenen *nicht* erfüllt werde. Doch dafür zeigen R. Pesch und G. Lohfink kein Interesse. Weit wichtiger als die Person des Besessenen ist in gerade der schriftgelehrten Manier, der ich in der Tat den Kampf ansage, für sie ein Schriftzitat aus Jes 65,14, aus dem ihnen hervorgeht, daß die, welche «schreien vor Schmerz und heulen vor Verzweiflung», diejenigen sind, «die ‹trotzig und eigensinnig› ihren Weg gingen, obwohl *Jahwe* seine Arme nach seinem Volk den ganzen Tag ausstreckte» (60). Wohlgemerkt, dieser Besessene *im*

Heidenland steht ganz sicher nicht für das «Volk Jahwes», aber Pesch und Lohfink folgern aus dem Jesaja-Zitat: «Besessenheit, Tobsucht, ein ‹Leben im Grab› hat mit Verweigerung, mit Unglaube, mit Götzendienst zu tun.» M. a. W.: in der Schilderung des Besessenen von Gerasa (Mk 5,3–5) wird nach Pesch und Lohfink überhaupt nur «die zerstörerisch-chaotische Macht heidnischen Unwesens symbolisch-polemisch vorgestellt», und wer dieser Einsicht nicht folgt, «verbaut... sich den Zugang zur theologischen Interpretation von Krankheit und Heilung – vielleicht weil man keinen Zugang zur Realität des Heilsraumes der neutestamentlichen Gemeinde gefunden hat, sondern nur einen solchen zur Heilkraft der Bilder der Seele». (60)

Bizarrer kann man einen Text nicht auf den Kopf stellen. – Gerade dieser Besessene von Gerasa ist ein Mensch, der die Nähe aller anderen durchaus nur als bedrohlich für seine «Freiheit» empfindet – alle kommen zu ihm nur mit Ketten und Fesseln, so erlebt er sie! Was soll da das fabelhafte Gerede von dem «Heilsraum der neutestamentlichen Gemeinde»? Deutlicher, als es hier geschieht, läßt sich überhaupt nicht zeigen, wie kurzschlüssig und unbiblisch es ist, mit Hilfe einer voreiligen Gemeindetheologie oder -ideologie die Frage einfach zu eskamotieren, wie Menschen allererst dazu kommen, das Getto ihrer Einsamkeit zu verlassen und den Weg zurück zu anderen Menschen zu finden. Indem R. Pesch und G. Lohfink die psychische Seite im Erleben dieses Mannes mit methodischer Konsequenz ausklammern, tun sie genau das, was ich der historisch-kritischen Exegese im Umgang mit menschlichem Leid allerorten vorwerfe: sie lösen die Not und Verzweiflung des Daseins auf in ein «Symbol» der «Sünde» im allgemeinen. Und nun sage ich: wer auf solche Weise Theologie treibt, wird zu all den Menschen, die so fühlen wie der Besessene von Gerasa, immer wieder *nur* mit Ketten und mit Fesseln kommen – mit den Anweisungen einer verordneten Terrorbrüderlichkeit, die schon deshalb alle «Dämonen» auf den Plan rufen muß, weil sie sich in ihrer abstrakten Gefühlskälte um die Psychodynamik der Angst im menschlichen Herzen mit keinem Wort bekümmert.

Und so wie an dieser Stelle an jeder beliebigen anderen! – Bei der
Erzählung von der blutflüssigen Frau und der Tochter des Jairus
(Mk 5,21–43) verwahren R. Pesch und G. Lohfink sich dagegen,
«in welchem Maße diese gesamte Auslegung (sc. die ich in «Tiefenpsychologie und Exegese», II 277 ff. vortrage, d. V.) auf einer
rein humanistischen Ebene verbleibt.» (73) Statt dessen betonen
sie als «richtige» Auslegung nach Peschs Kommentar zum Markusevangelium: «Der Glaube von Geheilten … ist an Jesus gebunden, an seine Offenbarerqualität.» «Jesus erlöst die magische Fähigkeit des Menschen, indem er sie streng auf Gottes Allmacht bezieht; sie wird zum heilenden Glauben» (74). In Wahrheit erzählt
die Geschichte von der blutflüssigen Frau gerade, daß die Heilung
wirklich eintritt durch eine «magische» Berührung, und wer diese
heilende Kraft eines ganz und gar menschlichen Vertrauens, wie
diese Frau in ihrer Not es Jesus gegenüber mitbringt, aus dogmatischen Gründen zugunsten einer christologischen Exklusivität
glaubt leugnen zu müssen, der versperrt mit der Art seiner Gottes-
gelehrtheit all den Menschen, denen es ähnlich ergeht wie dieser
blutflüssigen Frau, von vornherein den Zugang zu Jesus. Das
Evangelium schildert an dieser Stelle ausdrücklich, daß diese Frau
geheilt wird, einfach weil sie daran glaubt, daß der Blutfluß ver-
siegt, wenn sie auch nur den Saum des Gewandes Jesu berührt.
Gewiß ist das «Magie»; aber diese «Magie» ist wirksam, und
sie wird durchaus nicht «streng» auf «Gottes Allmacht» bezogen. Hätte ich in *Tiefenpsychologie und Exegese* (I 116–132;
II 74–141) nicht ausführlich gezeigt, wie apologetisch verengt und
ethnologisch blind unser christlich-abendländisches «Verständnis» der «heidnischen» «Magie» ist, so wäre es vielleicht noch zu
verstehen, daß Pesch und Lohfink diskussionslos ihre Theorie von
der christologischen «Reinigung» der «Magie» an dieser Stelle ins
Spiel bringen; so aber muß ich vermuten, was sich mir auch sonst
als Eindruck aufdrängt: daß sie auch die zwei Bde. von *Tiefenpsychologie und Exegese*, auf die sie sich beziehen, in den ethno-
logischen Passagen gar nicht wirklich gelesen haben; derlei «Heidnisches» degoutiert sie offenbar, und so stürzen sie sich schnell auf

die ausgewählten Beispiele in meiner Arbeit, für die sie sich als
«Neutestamentler» zuständig fühlen, um an diesen Texten un-
beirrbar ihre Vorurteile zu bestätigen.

Gerade an einer Erzählung wie der Geschichte von der blutflüssigen Frau kann man indessen sehen, wie gegenfinal eine bestimmte
Art von Theologie in ihrer Verleugnung von Tiefenpsychologie
und Ethnologie sich auswirken muß.

Tagaus, tagein wenden sich heute Menschen mit allen möglichen
seelischen Nöten an die «Seelsorger» der Kirche, und sie wissen
inmitten der Widersprüche und Zerrissenheiten, in denen sie leben, nichts anderes mitzubringen als eine bestimmte diffuse Hoffnung auf Hilfe und Heilung; wer nicht imstande ist, gestützt auf
die Einsichten der Tiefenpsychologie, die eingefrorenen Angstzu-
stände der Seele in der Psychosomatik des Körpergeschehens
wahrzunehmen und allererst wieder dem bewußten Erleben zurückzugeben, der wird niemals eine menschliche Krankheit auf
Fragen des Glaubens hin zu öffnen vermögen, der wird vielmehr,
ganz wie es in der gegenwärtigen Theologie üblich geworden ist,
von der «Allmacht» Gottes auf eine Weise sprechen, die im konkreten gerade verhindert, daß irgend etwas von der «Botschaft»
des «Glaubens» im Leben von Menschen wirksam werden und
«Macht» gewinnen kann; und an die Stelle des Bemühens, Menschen in ihrem Leid und in ihrer Hilflosigkeit zu *verstehen,* wird
er die psychologisch gewaltsame, weil von außen kommende,
doktrinäre Sprache von der «Offenbarerqualität» des «Christus»
setzen.

Um es ganz klar zu sagen: so ist Jesus selber niemals aufgetreten!
Er hat niemals verlangt, daß Menschen ein fertiges Glaubensbe-
kenntnis ablegen müßten, ehe sie sich in seine Nähe getrauen dürften; ihm war jenes Vertrauen der Menschen vollauf genug, das
überall auf der Welt, wenn irgend es die Angst in der Tiefe der
menschlichen Seele besiegt, von «Dämonen» (im Sinne von Neurosen und Psychosen) und von (psychosomatischen) Krankheiten
zu heilen imstande ist. Man mag sagen, die blutflüssige Frau z. B.
berühre wirklich nur die Außenseite der Person Jesu, sie sei durch-

aus nicht eingeführt in die Mysterien von Tod und Auferstehung Jesu, sie sei nicht eingeweiht in die Geheimnisse der Messiastheologie, angefangen von dem Propheten Nathan bis hin zu Johannes dem Täufer; dennoch genügt diese tastende, verstohlene Berührung des Kleidersaumes Jesu, um *geheilt* zu werden.

Haben die Millionen Menschen, denen wir Theologen mit unseren schriftgelehrten Tiraden Gott und die Bibel in Jahrhunderten förmlich aus dem Herzen geredet haben, nicht ein göttliches Recht, daß wir *als Theologen* ihr seelisches und körperliches Leid endlich als ein zentral religiöses Thema wiederentdecken?

Es kann ja sein, daß im Verlauf einer Psychotherapie wirklich nicht mehr passiert als ein solches Berühren des Zipfels vom Gewand Jesu, eine erste Ahnung nur von der Gnädigkeit des Daseins, wie Jesus sie vermitteln wollte; wie aber sonst will man den «Heiden» «Christus» «verkünden», wenn man nicht durch die einfache Menschlichkeit des Vertrauens einen Raum vorbehaltloser Akzeptation eröffnet, in dem sich die steinernen Wände der Welt zu den wärmeren Strahlen des Himmels hin öffnen? Es geht nicht darum, Christus zu «lehren», es geht darum, ihn zu leben, und eben deshalb ist es von zentraler Bedeutung, die allgemeinmenschliche Seite der Haltung des Vertrauens gerade bei der Auslegung der Wundererzählungen des Neues Testaments in den Vordergrund der Betrachtung zu rücken.

Auch R. Pesch und G. Lohfink wissen natürlich darum, wie verbreitet die «Gattung» der Wundererzählung in der Literatur der Spätantike ist, ja, es stellt in ihren Augen sogar einen ernstgemeinten Einwand gegen mein Auslegungsverfahren dar, daß beispielsweise die bösen Geister *typischerweise* in analogen Erzählungen dem Wundertäter widersprechen (62) oder daß ebenso häufig der «Exorzist» einen Besessenen, ähnlich dem Märchen vom *«Rumpelstilzchen»*, nach dem Namen befragt. Als hätte ich nicht immer wieder darauf hingewiesen, daß man diese *typischen* Züge der Wundererzählungen in ihrer menschheitlichen Psychologie *begründen* und *verstehen* müsse, gilt für Pesch und Lohfink die bloße Feststellung von «Ritus» und «Exorzismus» als das Ende der Betrachtung, wie denn die Auslegungskünste der historisch-kritischen Methode mit großer Regelmäßigkeit ihr Ende stets an gerade der Stelle finden, an welcher das Nachdenken erst richtig beginnen müßte. «Ritus» und «Ritual», deren Grundlagen ich im 1. Bd. von *Tiefenpsychologie und Exegese* (I 298–313) mit den Mitteln der Verhaltensforschung ausführlich von der Tierpsychologie her zu begründen versuche, sind für Exegeten wie R. Pesch und G. Lohfink lediglich literarische Größen, auf die kein weiterer Wert zu legen ist. Statt gerade aus den menschheitlichen Zügen der Wundererzählungen das Maß an Menschlichkeit zu lernen, das offensichtlich unerläßlich ist, um «Wunder» der Heilung im Sinne Jesu zu wirken, glauben Pesch und Lohfink sich in der Auslegung der biblischen Erzählungen mit der Äußerlichkeit von «Exorzismus» und «Ritual» beruhigen zu können.

Ich weise etwa darauf hin, daß allein bereits das *«Fragen nach dem Namen»* einen Vorgang darstellt, der im wirklichen Leben Jahre dauern kann; immer wieder drängt sich in den Wundererzählungen auf einen kurzen Augenblick zusammen, was sich in der alltäglichen Erfahrung in die Länge ganzer Lebensphasen zerdehnt – das *«Zeitraffergesetz»* der Darstellung habe ich diese Eigentümlichkeit symbolischer Erzählungen genannt (*Tiefenpsychologie und Exegese*, I 218–230). Die historisch-kritische Exegese von Pesch und Lohfink hingegen, die bei der einfachen Feststellung «Exorzismus» stehenbleibt, untermauert geradezu die öde Sterilität des rituellen Formalismus, mit dem wir in der Kirche die persönliche Begegnung des Menschen mit Gott in der Tat fast auf ein «magisches Ritual» in schlechtem Sinne reduziert haben.

Die Gestalt Jesu unterscheidet sich demgegenüber von den Wunderärzten der Antike oder von den Schamanen der Stammeskulturen durchaus nicht durch das religiöse Verständnis von «Besessenheit» und «Krankheit» oder durch den Symbolismus seiner Heilverfahren selbst, wohl aber durch die Vertiefung der persönlichen Beziehung, die Jesus z. B. nach erfolgter Heilung zu der blutflüssigen Frau aufnimmt. Hier wird keine «heidnische» Magie «gereinigt», sondern es wird im persönlichen Kontakt noch einmal durchgearbeitet, was sich objektiv bereits vollzogen hat. Und statt die Gestalt Jesu dadurch erhöhen zu wollen, daß man immer wieder die Religionen der «Heiden» als «magische» «Selbsterlösung» diffamiert, sollte man ehrlicherweise anerkennen, wieviel an Pietät und Frömmigkeit wir von einem Schamanen wie Schwarzer Hirsch, dem letzten großen Seher der Ogalalla-Indianer, *als Christen* zu lernen haben. Wer die «heidnischen» Religionen «dämonisiert», verteufelt doch nur die Menschen, die in diesen Religionen leben, und er dämonisiert unausweichlich auch den Gott Jesu Christi, indem man ihn in liebloser Unmenschlichkeit als Gegenstand einer «richtigen» Lehre statt als Quellgrund einer heilenden und helfenden Art zu leben betrachtet.

An dieser Stelle zeigt sich insbesondere, daß *alles* nur historische Interpretieren religiöser Texte *strukturell gewalttätig* ist und unter dem Vorwand einer besonders «frommen», bibeltreuen Sprache auf eine ebenso sture wie starre Ideologie der Unterdrückung hinausläuft. Es trifft historisch gesehen natürlich zu, daß schon im Alten Testament die Religion der «Völker» als Widerspruch gegen Jahwe begriffen wird und daß ähnliche Vorstellungen auch im Neuen Testament eine beträchtliche Rolle spielen; bleibt man indessen bei dieser Perspektive stehen, indem man lediglich das Faktum eines solchen Denkens auf dem Boden der Bibel konstatiert und exegetisch selbst gegen Ende des 20. Jh.s unverändert konstituiert, so übernimmt die Gestalt Christi ohne weiteres den militanten Kampf des alttestamentlichen Jahwe gegen die «Götter» der «Heiden», und die Folge einer solchen «Missionstheologie» ist einem christlichen «Zionismus» nicht unähnlich: man braucht von den fremden Religionen überhaupt nichts zu kennen – wenn man nur «Christus kennt», so ist man schon in seiner Wahrheit und hat augenblicklich das Recht und die Pflicht, alle anderen Menschen, die keine Christen sind, «bekehren» zu müssen. Gegenüber einer solchen neokolonialistischen Christologie der Arroganz und der Ignoranz behaupte ich allerdings, daß man weder die Person noch das Anliegen Jesu zu verstehen vermag, solange man glaubt, im Namen Jesu irgend etwas verleugnen, verteufeln, verdrängen oder gar nicht erst zur Kenntnis nehmen zu müssen. Es scheint, als sei die anthropologische Wende in der systematischen Theologie, K. RAHNERS Lehre z. B. vom anonymen Christentum, bis zu gewissen Kreisen der katholischen Exegese immer noch nicht vorgedrungen und als herrsche dort immer noch die Erlaubnis, in herrlicher Reflexionslosigkeit, wenn man nur die Sprache der Bibel historisch korrekt weiterspricht, de facto einer «Theologie» das Wort zu reden, die bereits in den 5oer Jahren als überholt gelten durfte. Die emphatische Ketzermacherei, die R. Pesch und G. Lohfink in ihrer «Arbeit» mir gegenüber in Szene setzen, trägt wohl nicht zufällig eben diese atavistischen Züge.

Insbesondere bestehen R. Pesch und G. Lohfink auf einer supranaturalistischen Trennung zwischen Psychologie und Theologie, und sie verstehen nicht entfernt die Argumentationsfigur einer möglichen Verbindung beider Ebenen, wie ich sie in den drei Bänden der *«Strukturen des Bösen»* entlang den Texten der jahwistischen Urgeschichte ausführlich entwickelt habe. Penetrant unterstellen sie, «daß es Drewermann nicht um die *theologische,* sondern um die *psychologische* Wahrheit biblischer Texte geht». (77). Denn: «Drewermann rührt keinen Finger, die Real-Symbolik der Glaubenserfahrung von der Symbolik der Tiefenpsychologie zu unterscheiden» (83). In Wahrheit liegt mir daran, die religionshistorische Auseinandersetzung zwischen «Israel» und den «Völkern», zwischen «Jahwe» und den «Götzen» als eine Auseinandersetzung zu begreifen, die ihre Berechtigung und Bestätigung in der christlichen Erbsündenlehre gefunden hat. Es geht also darum, die historisch zuerst als Gegensatz zwischen Israel und den Religionen der «Heiden» in Erscheinung getretene Spannung als ein wesentliches Moment innerhalb des Vollzugs des menschlichen Daseins selbst zu interpretieren, und *dazu* bedarf es nun freilich einer psychologischen Auslegung menschlicher *Angst* im Sinne SÖREN KIERKEGAARDS. Wie wenig R. Pesch und G. Lohfink auch nur ahnen, was hier auf dem Spiel steht, zeigt schon ihre saloppe Art, mit der sie das ganze Thema wie nebenbei abhandeln. «Nähme man Drewermann beim Wort, so hätte uns Jesus durch seine Angst erlöst!» (37) Es ist immer richtig, «Drewermann» beim Wort zu nehmen; denn genau das will ich sagen, und zwar mit großem Nachdruck.

Die Art und Weise, wie man die Erlösungs*bedürftigkeit* des Menschen versteht, entscheidet naturgemäß darüber, was man unter «Erlösung» selbst sich vorstellt; es handelt sich um nichts Geringeres als um die Kernfrage des ganzen Christentums als einer Erlösungsreligion. Hören wir dazu also R. Pesch und G. Lohfink: «Das zentrale Problem des Verstehens und damit der biblischen Hermeneutik ist weder historischer noch psychologischer, sondern theologischer Art; es ist das Problem der Verstockung, das aus der Geschichte des Unglaubens der Menschheit und insbesondere des Gottesvolkes resultiert» (41). «Verstockung» ist in der Tat die Formel, mit der besonders in Jes 6,9 (und von daher in Mk 4,12; 8,18) die Haltung des Widerspruchs zu Gott gekennzeichnet wird; und die Frage muß natürlich lauten, was den Menschen, jeden einzelnen, zu allen Zeiten und zu allen Zonen der menschlichen Geschichte, *wesentlich* dazu bestimmt, auf Gott nicht zu hören und wie mutwillig die Grundlagen des eigenen Lebens zu zerstören. Wie kommen Menschen, alle Menschen, immer wieder dazu, sich gegen ihr eigenes Glück zu stellen und lieber jede Art von Qual und Unheil über sich und ihresgleichen zu bringen, als im Sinne Jesu das Allereinfachste zu tun: sich in einem grenzenlosen Vertrauen Gott zu überlassen und wie neugeborene Kinder die Worte der Güte noch einmal zu lernen, die in unseren Herzen nur darauf warten, gesagt und gewagt zu werden? Auf dieses tiefste Geheimnis des menschlichen Daseins geben R. Pesch und G. Lohfink wie aus der Pistole geschossen die Antwort: «Ohren, die hören und doch nicht hören, und Augen, die sehen und doch nicht sehen, d. h. die Verstellungen der Eigensucht, hindern Einsicht und Verständnis» (41).

Also wäre die «Eigensucht» der Kern des Bösen, das Grundübel der Menschheit? Dann bestünde die «Erlösung» darin, den Menschen diese «Eigensucht» zu nehmen, und es wäre dann gerade das

«Skandalon des Kreuzes» Christi (108) die rechte Art, ihnen diese Haltung der «Eigensucht» auszutreiben: während Christus den Weg des «Leidensgehorsams» ging, wollen «die Menschen» sich selbst bestimmen und egoistisch ihr eigenes Ich entfalten; *dagegen*, gegen die ausufernde Selbstsucht des Menschen, müßte sich dann die erlösende «Heilsbotschaft» des Christentums richten.

Aber eine «Heilsbotschaft», die sich so verstünde, wäre nicht erlösend, sondern versklavend, und sie wäre nicht christlich, sondern masochistisch, – eine asketische Ideologie des «Opfers» und der «Hingabe», wie sie selbst im Munde Johannes des Täufers kaum vorstellbar wäre.

Mir liegt nicht an Ketzermacherei; aber da R. Pesch und G. Lohfink sich so stolz geben auf das, was sie schon «als Kinder im Katechismus» gelernt haben (37), sei es doch gesagt: wer über die abgründige Tragik des menschlichen Daseins im Felde der Gottesferne nichts anderes zu sagen weiß als die Trivialvokabel «Eigensucht», der nimmt die christliche Erbsündenlehre nicht wirklich ernst und der begründet eine «Erlösungslehre», die im Sinne der christlichen Dogmatik als *Pelagianismus* zu bezeichnen ist.

So paradox nämlich verhält es sich: wer in dieser wichtigsten aller menschlichen Fragen nicht den *ganzen* Menschen sieht, sondern meint, sich mit theologischen Allerweltsfloskeln an der Psychologie vorbeimogeln zu können, der bleibt notgedrungen an der Oberfläche, und der mag vom Kreuz Christi so viel reden, als er will – er versteht weder, wieso es eines solch furchtbaren Weges der Erlösung überhaupt bedarf, noch kann er es vermeiden, am Ende gerade bei dem Ergebnis anzulangen, das R. Pesch und G. Lohfink in völliger Verdrehung meiner wirklichen Meinung mir vorhalten: (gnostische) Selbsterlösung! Gerade weil ich die Tiefenpsychologie zentral zur Interpretation der christlichen Erbsündenlehre benutze, weiß ich (und habe ich in den *«Strukturen des Bösen»* zu beweisen versucht), daß es eine «Selbsterlösung» nicht geben kann.

Pesch und Lohfink indessen glauben «deutlich» zu sehen: «Die theologische Wahrheit biblischer Texte deckt sich für ihn (sc. für Drewermann, d. V.) mit deren psychologischer Wahrheit» (77); und dies, versichern sie, sei «tatsächlich eines der ärgerlichsten Defizite seiner Hermeneutik» (78). Aber wenn die beiden «Zeugen» auf das Vergnügen ihres «Ärgers» verzichtet und statt dessen ihre eklatanten Defizite in der Lektüre meiner Arbeiten ausgeräumt hätten, so wäre ihnen aufgegangen, daß für mich an keiner Stelle die «theologische» und die «psychologische» Wahrheit der Bibel ein und dasselbe sind.

Allerdings: es gibt für mich keine theologischen Wahrheiten ohne psychische Hintergründe und Auswirkungen, und umgekehrt: es gibt in meinen Augen keine psychologischen Gestimmtheiten, die theologisch als bedeutungslos gelten dürften – das Verhältnis ist ähnlich dem Wechselspiel zwischen den Gedanken eines Menschen und den neuronalen Aktivitätsmustern der Großhirnrinde: es ist, wie wenn die Seele des Menschen auf dem komplizierten Instrument von ca. 13 Milliarden hochvernetzter Nervenzellen ihre eigene Melodie spielen müßte, um sich selber «hören» zu können. Ganz analog ist die psychische Ebene des menschlichen Lebens der Ort, an dem die existentielle Bedeutung religiöser Ideen sichtbar wird, so wie umgekehrt die psychischen Erlebnisinhalte die Fragen, Hoffnungen und Erwartungen artikulieren, als deren Antworten und Erfüllungen die geistigen Inhalte der Religion zu verstehen sind. Die psychische und die religiöse Ebene der Wirklichkeit sind keinesfalls identisch; aber zwischen ihnen besteht ein ständiger Energieaustausch, so wie Wolken über dem Meer aufsteigen, daß der Wind sie über das Land treibt und sie sich ausregnen an den Gebirgshängen, bis sie in den Flußläufen zurückfließen in die Weite des Ozeans.

Gerade der Begriff, den R. Pesch und G. Lohfink offenbar als recht nebensächlich für ihr Verständnis des Christentums halten («ist der Mensch nur noch von seiner Angst zu erlösen, aber nicht mehr von seiner Sünde – der Sünde des Unglaubens?», S. 36), bildet in meinem Denken den Schlüssel zur Lösung der Frage, in welch einem Verhältnis Psychologie und Theologie zueinander stehen. «*Der Begriff Angst*» (S. KIERKEGAARD) ist der einzige Begriff, der das Erleben der Tiere mit dem Erleben der Menschen verbindet; er bildet das Terrain der intensivsten Begegnung von Verhaltensforschung und Tiefenpsychologie; und er ist zugleich der Zentralbegriff der Existenzphilosophie, entsprechend der Einsicht, daß nichts dem Menschen eine solche Angst einjagt wie die «Notwendigkeit», frei zu sein und in der Unendlichkeit seines Bewußtseins Fragen an die ihn umgebende Welt richten zu müssen, auf die es in der Endlichkeit niemals eine Antwort gibt. Einzig in der Psychodynamik der Angst zeigt sich (und zeige ich in den «*Strukturen des Bösen*»), daß Psychologie und Theologie gerade nicht ein und dasselbe sind noch sein können, da nur die Religion auf die Fragen der menschlichen Angst eine sinnvolle Antwort zu geben vermag. Die «Sünde» des Menschen *ist* «Unglauben»; aber dieser «Unglaube» hat durchaus nichts zu tun mit der Annahme oder Ablehnung gewisser Lehrsätze; «Unglaube» ist vielmehr jener Zustand, in den der Mensch gerät, wenn zu ihm, wie in Gen 3,1–7, nur noch die Schlange des Nichtseins redet und er im Getriebe der Angst in eine radikal gnadenlose Welt hinausgetrieben wird, in der kein Teil seiner Existenz mehr von der Umwandlungskraft der Angst verschont bleibt. Wenn das gesamte Dasein des Menschen nur noch aus Angst besteht, verwandeln sich alle Strukturen seiner kreatürlichen Existenz von Segen in Fluch, von Heil in Unheil, von Glück in Unglück – das Paradies der Welt verwandelt sich in das Elend der verbannten Kinder Evas, in die Welt unserer irdischen Geschichte, wenn Menschen *aus Angst* Gott aus den Augen verlieren und am Ende nur noch *in Angst* zu leben verurteilt sind.

Alle Selbstrettungsversuche des Menschen, diesem Getto der Angst zu entrinnen, können den Teufelskreis des ständig sich auswachsenden Terrors, der verinnerlichten und rückentäußerten Gewalt, der Umkehrung von Ziel und Ergebnis auf allen Ebenen nur verstärken und endgültig festschreiben. Gerade weil der entscheidende Grund der Entfremdung des Menschen von Gott, von sich selbst und von der Einheit mit der Welt ringsum in der *Angst* der Freiheit bzw. in der Entdeckung der radikalen Kontingenz und Nichtigkeit des Daseins besteht, wird es überhaupt erst verständlich, warum es aus dem Zustand der Gottesferne vom Menschen selbst her kein Entkommen gibt, während jede Theologie, die hochmütig glaubt, die Psychologie der Angst ignorieren zu können, die «Sünde» in den sog. *freien Willen* (statt in die Dynamik der Angst in der Freiheit des Willens) verlegen muß und demgemäß die Unmöglichkeit der Selbsterlösung nur als dogmatische Lehre von außen herunterdozieren kann: läge die «Sünde» allein in der Freiheit des menschlichen Willens, so müßte der Mensch jederzeit die Möglichkeit besitzen, seinen Willensentschluß auch wieder zu ändern; aus der Lehre von der «Sünde» würde somit ein Seitenzweig der Ethik, und man brauchte durchaus keinen Christus und kein «Kreuz».

Auch an dieser Stelle zeigt sich die außerordentliche Bedeutung, die heute der Tiefenpsychologie zukommt, um die christliche Theologie von ihrer intellektualistischen Äußerlichkeit und von ihrer positivistischen Rechthaberei zu befreien.

Wer von der «Sünde» keine weitere Ahnung zu vermitteln vermag als die oberflächliche Sprache vom «Unglauben» und von der «Eigensucht», wie R. Pesch und G. Lohfink sie als entscheidenden Einwand gegenüber meiner tiefenpsychologisch orientierten Exegese geltend machen, der weigert sich, die konkrete Not der Menschen mit seiner «Sündendoktrin» in Verbindung zu bringen, und dem wird ineins damit das Streben nach persönlichem Glück und nach Selbstentfaltung stets als christlich suspekt erscheinen. Ja, er versteht am Ende auch das «Skandalon des Kreuzes Christi» nicht wirklich – er versteht nicht, *warum* das Sterben Jesu zur Erlösung nötig ist, und eben dieser Mangel an innerem Verständnis gestaltet sich notwendig zu einem Zwangssystem äußerer Glaubens-«Aneignung» aus: aus einem Zeichen der Erlösung wird ein masochistisches Instrument zur Zerstörung des Einzelnen, und es scheint, als liege hier der eigentliche Grund für die Unterdrückung der (Tiefen-)Psychologie speziell in der heutigen Form katholischer Theologie: wer sich auf die Psychologie einläßt, der muß sich für die Wahrheit des Einzelnen interessieren, und der macht augenblicklich allen Tendenzen kollektivistischer Gleichschaltung im Sinne einer bestimmten Volk-Gottes-Ideologie einen Strich durch die Rechnung. – An dieser Stelle glaube ich in der Tat, den Interessen von R. Pesch und G. Lohfink (bzw. den Interessen ihrer Auftraggeber) diametral im Wege zu stehen.

Über die «Theologie des Kreuzes» *an sich* brauchte indessen gerade aufgrund einer vertieften Einsicht in die Dynamik menschlicher Angst durchaus kein dogmatischer Streit zu entbrennen; ganz im Gegenteil: erst wer den ungeheuren Widerstand bei jedem Schritt zur Wahrheit und Freiheit des eigenen Lebens vor Augen hat, wird verstehen, warum es wirklich «typisch» ist, wenn z. B. der Besessene von Gerasa zwar auf Jesus von weitem zuläuft, ihn dann aber doch nur anschreit, er solle ihn in Ruhe lassen. Einzig von der Psychologie der Angst her versteht man den erbitterten Kampf des Menschen gegen seine eigene Erlösung, und gerade wenn man die furchtbare Zerstörung als psychologisch notwendig begreift, mit der die «Dämonen» aus dem Besessenen in die 2000 Schweine an dem Steilhang von «Gerasa» hineinfahren, gewinnt man die rechte Vorahnung von dem Schicksal, das auch auf Jesus unweigerlich zukommt, eben weil er «Dämonen» austreibt und «Kranke» heilt.

Nein, die Tiefenpsychologie, so wie ich sie auf dem Hintergrund der Existenzphilosophie verstehe, leugnet nicht das «Skandalon» des Kreuzes Christi, sondern macht überhaupt erst den Sinn der mörderischen Dramaturgie des Karfreitags verständlich. – Im 1. Band meines Kommentars zum «Markusevangelium» (I, 45–80) findet man dazu einen eigenen Exkurs; er enthält der Sache nach nichts anderes, als was R. Pesch und G. Lohfink bei einiger Sorgfalt in den *Strukturen des Bösen* (III 497–514) bereits vor 10 Jahren hätten lesen können.

Bis hierhin könnten mir R. Pesch und G. Lohfink nach dem Gesagten allenfalls den Vorwurf machen, nicht daß ich die historisch-kritische Exegese für «illegitim» hielte, sondern daß ich sie «nur» im Sinne der existentialen Hermeneutik R. BULTMANNS gelten ließe; auch dieser Vorwurf träfe nicht zu, aber er hätte gewiß eine größere Berechtigung als die völlig absurde, durch keinerlei Kenntnis getrübte Unterstellung, ich identifizierte die Theologie mit der Psychologie: – «die Theologie (ist) verabschiedet; ... sie hat ... sich mit der Tiefenpsychologie zu einer modernen Gnosis verbündet» (101). Ich benutze ganz im Gegenteil die Tiefenpsychologie einzig dazu, der Theologie in ihrem Sprechen von Sünde und Erlösung allererst ihre Verbindlichkeit und Kompetenz zurückzugeben, indem ich immer wieder anhand der entsprechenden Bibeltexte zeige, daß alles, buchstäblich *alles*, in der Psyche eines Menschen sich ändert, je nachdem, wie er zu Gott steht. In diesem Sinne habe ich entlang den Erzählungen der jahwistischen Urgeschichte die Neurosenlehre der Tiefenpsychologie als Phänomenologie der Gottesferne darzustellen versucht, gerade um eindeutig zu zeigen, wie beide Ebenen, die Psychologie und die Theologie, sich miteinander verbinden und sich voneinander unterscheiden. Von «Gnosis» keine Spur!

Allerdings halte ich es für unerläßlich, in gewisser Weise auch über S. KIERKEGAARD (und damit über BULTMANN!) hinauszugehen. KIERKEGAARDS unschätzbares Verdienst besteht u. a. darin, die ebenso dogmatisch pompösen wie existentiell ruinösen Redensarten der heutigen Theologie im Sprechen von «Sünde» und «Schuld» durch die Begriffe «Angst» und «Verzweiflung» ersetzt zu haben, indem er den Leser der Beschreibungen der entsprechenden Seelenzustände durch alle möglichen Abgründe der Hölle gejagt hat – ein für allemal bleibt dieser Sturmvogel über der Brandung der Zeit (im Verein mit F. NIETZSCHE und F. M. DOSTOJEWSKI) das Wetterzeichen des Gerichtes über der Meterware «theologischer» Produktionen der existentiellen Nonchalance und Süffisance. Aber gerade jene masochistische Perversion einer «christlichen» Erlösungslehre, die sich scheut, mit Hilfe einer vertieften Psychologie sich selber zu vermenschlichen, hinderte schließlich sogar S. KIERKEGAARD selbst, die Botschaft vom «Kreuz» Christi noch anders verstehen zu können denn als den göttlichen Widerspruch zu allen natürlichen Formen des menschlichen Glücksstrebens. Diese Entgegensetzung von Gott und Mensch scheint mir in der gesamten dialektischen Theologie nicht wirklich überwunden zu sein, und das ist der Punkt, an dem ich in der Tat fordere, daß die existentiale Hermeneutik (bzw. die dialektische Theologie insgesamt) ergänzt, überwunden und verwandelt werden muß von seiten der Tiefenpsychologie.

KIERKEGAARD selber war bei all seinem überragenden religiösen Genie unzweifelhaft eine durch und durch neurotische Persönlichkeit, und ich liebe und verehre diesen Mann viel zu sehr, um nicht über ihn hinausgehen zu müssen bzw. um ihn in gewisser Weise vor sich selbst in Schutz nehmen zu wollen. Freilich kann ich das nicht, ohne mit Macht auf die immanente Grausamkeit jedes Redens von dem «Skandalon» des Kreuzes hinzuweisen, das sich außerhalb der Psychodynamik der Angst stellt. KIERKEGAARD hat im Zusammenhang seiner treffsicheren Analyse der Formen menschlicher Verzweiflung den «Glauben» definiert als ein Verhältnis der menschlichen Existenz zu sich selbst, das sich selbst gegenüber durchsichtig wird, indem es sich zu seinem eigenen Ursprung hin verhält; umgekehrt bestimmte er die Verzweiflung als ein Mißverhältnis des Menschen zu sich selbst aufgrund eines Mißverhältnisses gegenüber dem Absoluten, dem es sich verdankt. Wie aber ist es möglich, einen Menschen aus der Verzweiflung seines Daseins gegen den Widerstand der Angst durch ein tieferes Vertrauen in die Grundlagen seines Daseins zu sich selbst zurückzuführen? *Das* ist die entscheidende Frage, der die analytische Psychotherapie sich zugewandt hat.

Es stellt in meinen Augen ein unerhörtes Bubenstück dar, daß Exegeten wie R. Pesch und G. Lohfink sich im Rahmen der historisch-kritischen Exegese immer noch eine theologische Kompetenz in der Interpretation der biblischen Wundererzählungen zusprechen, ohne auch nur die geringste Kenntnis in Fragen der Neurosenlehre, der Psychiatrie und der psychosomatischen Medizin zu besitzen, ja, daß sie jemandem, der die Unerläßlichkeit solcher Kenntnisse einklagt, eher die «Rechtgläubigkeit» abzu-

sprechen geneigt sind, als das enge Raster der eigenen Methode zu
erweitern, indem sie ganz einfach die Gelegenheit nutzten, dazuzulernen. Um es so klar wie möglich zu sagen: unabhängig von der
Tiefenpsychologie der Angst versteht man nicht einmal, wieso die
Heilung von «Krankheiten» und die Austreibung von «Dämonen» überhaupt ein theologisches Thema sein können, und noch
weniger versteht man, warum Jesus glaubt, daß man die «Nähe»
Gottes nicht anders «verkündigen» könne, als indem man derartige *Wunder der Heilung* vollbringt.
Wie wichtig diese Thematik an sich ist, hat insbesondere
G. Lohfink in früheren Zeiten einmal gewußt, wenngleich er dieses Wissen alsbald in supranaturalistischen Erklärungen vertan
hat. In seinem Buch *«Wie hat Jesus Gemeinde gewollt?»* (Freiburg
1982, 23) schrieb er ausdrücklich, in der eschatologischen Heilszeit dürfe es überhaupt gar keine Kranken geben; inzwischen
dürfte auch G. Lohfink wohl bemerkt haben, daß eine solche Behauptung in Anbetracht der nüchternen Wirklichkeit vollkommen phantastisch anmuten muß; jedenfalls ist in seinem Anti-
Drewermann-Buch jetzt nur noch die Rede davon, daß es in der
Kirche «keine Armen mehr geben» dürfe (112); auch diese Ansicht ist phantastisch, aber sie scheint, als Ideal betrachtet, immerhin noch «machbarer» zu sein, als alle «Krankheiten» auf der Welt
zu beseitigen. Was, so muß man jedoch fragen, hat diese theologische Überschwenglichkeit mit der erschütternden Mitteilung des
Markus-Evangeliums zu tun, daß es ganze Dörfer in Galiläa gab,
in denen Jesus selber nicht ein einziges Wunder wirken konnte,
weil er keinen «Glauben» fand (Mk 6,5)? Niemand, der sich ernsthaft darauf einläßt, irgendeiner (seelisch-bedingten!) Krankheit
mit den Mitteln der «Heilung durch den Geist» (St. Zweig) zu
Leibe zu rücken, wird einem illusionären Heilsoptimismus huldi-
gen – oft genug bleibt die Erkrankung bestehen, ohne daß sich
auch nur irgend etwas dagegen «machen» ließe. Immerhin aber
gibt es unzweifelhaft eine enge Verbindung zwischen einem Über-
handnehmen seelischer Angst und einem Anwachsen seelischer
Erkrankungen, und *insofern* lassen sich manche Befreiungen von

seelischer Krankheit und Not theologisch sehr zu Recht als Zeichen wachsenden «Glaubens» interpretieren. Die Voraussetzung dafür aber liegt in der geistigen und praktischen Durchdringung des breiten Feldes der vielfältigen Formen neurotischer, psychosomatischer und psychotischer Erkrankungen, und davon kann in der gegenwärtigen Theologie durchaus keine Rede sein.

Nach dem, was ich von Literarkritik verstehe, ist es G. Lohfink selbst, der am Ende seiner «Auseinandersetzung» (112) erklärt: «Wenn... die Kirche an ihrem Maßstab festhält, ... daß in ihr die Taten des Messias weitergehen müssen, dann hat sie den richtigen Ort der Schriftauslegung wiedergefunden, dann besteht Strukturkongruenz zwischen den Erfahrungen, welche die biblischen Texte voraussetzen, und den Erfahrungen der heutigen Kirche – und dann braucht man um die rechte Schriftauslegung keine Angst zu haben.» Wie schön! Gerade R. Pesch und G. Lohfink finden offensichtlich nichts dabei, wenn bei ihrer historisch-kritischen Exegese in der Auslegung der Wundererzählungen Stelle um Stelle nichts weiter herauskommt, als daß die urkirchliche Gemeinde mit bestimmten, teils nach alttestamentlichen Vorbildern erfundenen, teils den «heidnischen» Erzählungen nachempfundenen Geschichten die Wunderüberlieferungen der «Juden» und «Griechen» zugunsten der eigenen Missionspropaganda habe «überbieten» wollen – «Erfahrungen» kommen dabei in keiner Weise zur Sprache, allenfalls, daß die Erfahrungslosigkeit der historisch-kritischen Exegese sich geradewegs auch in den Zustand der «Urgemeinde» zurückprojiziert, so als sei auch dort bereits das Erleben wirklicher Heilungen unter einem großartigen «christologischen» Verkündigungsaufwand abhanden gekommen. Eine Exegese, die in den Wundererzählungen des Neuen Testamentes statt wirklicher Menschen nichts als Schriftzitate, Stilfiguren, Kompositionsschemata und gewisse «bedeutsame» Abweichungen davon entdecken kann, wem hilft eine solche Schrifterklärung außer der «Bedeutsamkeit» der Schrifterklärer selber? «‹Was in den Menschen, von denen die Erzählungen berichten, vor sich geht›, kann nicht ‹die eigentliche Ebene der Aussage› sein, weil es nicht ausge-

sagt ist» (58)? Krasser läßt sich der Standpunkt der Bewußt-
seinseinseitigkeit der historisch-kritischen Exegese nicht formu-
lieren; krasser läßt sich zugleich auch die ideologisch verfestigte
und mutwillig betriebene Blindheit gegenüber allen Ausdrucksformen des Unbewußten im Zusammenhang mit den biblischen
Erzählungen von Krankheit und Heilung nicht zementieren.
R. Pesch und G. Lohfink (und mit ihnen heute noch die überwie-
gende Mehrzahl der Theologen) merken nicht einmal, daß sie mit
dieser Einstellung das Wachsen der Seelenwüstenei, in welcher so
viele seelische Krankheiten wie Kakteengewächse gedeihen, nicht
nur fördern, sondern geradewegs fordern. Die Psychoanalyse ist
durchaus nichts, was ihr Denken oder gar ihre eigene Person in
Frage stellen könnte; sie bleiben eisern in den Kerkermauern ihrer
Selbstabschnürungen, die sie als «Selbstlosigkeit» bezeichnen, indem sie es konsequent vermeiden, zu sehen, wie ihre Art von
«Theologie» viele Krankheiten nicht nur unheilbar macht, sondern geradewegs erzeugt.
Immer, sobald die Rede davon ist, daß es *Angst* sei, welche die
Menschen dazu bringe, in ihrem ganzen Daseinsentwurf sich selber zu verfehlen, muß man nach meinen Erfahrungen in Theologenkreisen ein betuliches Kopfschütteln gewärtigen; sie verstehen
einfach nicht, was Angst im Sinne der Existentialphilosophie und
der Psychoanalyse ist, und es hilft wenig, daß KIERKEGAARD die
Fühllosigkeit gegenüber der Angst für das sicherste Indiz manife-
ster Geistlosigkeit hielt. Unsere Theologen vermeiden mit Sorgfalt die Entdeckung, daß sie sich mit ihrer reduzierten, «vernünftig» scheinenden Welt all die Erschütterungen systematisch
ersparen, die man durchlitten haben muß, um andere Menschen
aus dem Grab ihrer Verzweiflung herausführen zu können. Speziell den Exegeten der historisch-kritischen Methode entgeht vollkommen, daß sie es gerade bei den vielfältigen Krankheitssympto-
men in den Wundergeschichten des Neuen Testamentes mit Arti-
kulationen einer buchstäblich *unaussprechlichen Angst* zu tun haben, und da sie vollkommen unfähig sind, den Zusammenhang
von Angst und Sünde (Entfremdung, Neurose) zu begreifen, kön-

nen sie auch nicht wirklich verstehen, in welcher Weise Jesus auf die somatisierten, in der Ersatzsprache bestimmter Körpersymptome eingefrorenen Formen der Angst mit der Haltung seines Vertrauens zu Gott zu antworten versuchte. De facto haben wir heute eine Theologie vor uns, die in ihrer Verstandeseinseitigkeit all die Abspaltungen und Neurotisierungen förmlich zur Pflicht erhebt, ja, sogar selber zur Voraussetzung hat, die Jesus mit der Macht seines Glaubens zu lindern kam.

Wie aber kann man es wagen, als Theologe vom Katheder herab Semester für Semester, einer Generation nach der anderen, Menschen, die im biblischen Sinne unbedingt als «arme» und «kranke» zu betrachten sind, mit Erklärungen zum Neuen Testament zum besten zu halten, indem man erläutert, wie Jesus seinerzeit im «Heidenland» Wunder wirkte oder, besser, wie die frühe Kirche mit konstruierten Geschichten dieser Art ihre eigene «Missionstätigkeit» im «Heidenland» legitimierte – und völlig blind zu sein für all die seelischen Nöte und Ängste, mit denen junge Menschen heute in die Hörsäle drängen! Selbst wenn sie als Kinder getauft und im üblichen Sinne als «Christen» zur «Gemeinde Christi» erzogen wurden, so sind sie doch «Heiden» in psychischem Sinne. Bereits vor 50 Jahren sah SIGMUND FREUD Formen von Angst und Schuldgefühlen voraus, die aus den strukturellen Konflikten der westlichen (der christlich-abendländischen!) Kultur eine Sturzflut individueller Neurosen erzeugen müßten. Seine Weissagung ist zwischenzeitlich offenbar in Erfüllung gegangen – 70 % der Bevölkerung unserer Großstädte, sagen manche Schätzungen, sind heute seelisch krank. Was soll da unser Theologengerede, Christus, «johanneisch» gesprochen, sei der «Weg», das «Brot», das «Licht», der «Weinstock», wenn wir mit der Äußerlichkeit im Verständnis eben dieser Sprache geradezu verhindern, daß es im Leben der Menschen religiös so etwas geben könnte wie eine innere Führung, wie einen wirklichen Lebensinhalt, wie eine begeisternde Erleuchtung, wie eine rauschhafte Entdeckung? Wie in den Tagen Jesu drängen die Menschen immer noch zu uns, den «Abgesandten Christi», in der Hoffnung, daß wir ihre Ängste, die sie selber verdrängen und fliehen, verstehen und mit ihnen durcharbeiten könnten, ja, daß wir ihre Krankheiten als die verschollenen Wahrheiten ihrer Seele zu enthüllen vermöchten, die es gilt, mutiger und vertrauensvoller zu leben – oft genug gegen den äußeren und inneren Zwang aller sozialen Bezugspersonen in Kirche und Gesellschaft. Aber was folgt für uns daraus?

R. Pesch und G. Lohfink haben es nach wie vor nötig, sich theologisch entrüstet zu zeigen, wenn ich in *«Tiefenpsychologie und Exegese»* (I 484–502) z. B. die Geschichte vom Auszug aus Ägypten, dem Ort der Knechtschaft, entlang den archetypischen Bildern der menschlichen Psyche in allen Details als einen in sich notwendigen Weg der Selbstfindung deute (29–30) oder das Bild von der göttlichen Geburt mit dem gesamten Szenarium des göttlichen Kindes, von Flucht und Verfolgung und endlicher Rückkehr, an gleicher Stelle (I 502–528) als den langen Weg interpretiere, den Menschen gehen müssen, um aus einer Welt der Angst und der Abhängigkeit «wiedergeboren» zu werden aus dem «Geiste» (17–18). Grundsätzlich gilt für sie, daß die Wahrheit Gottes nicht die Wahrheit des menschlichen Herzens sein könne, und sie wollen nicht sehen, daß jede Äußerlichkeit im Verständnis von Religion Menschen zerstört statt heilt, sie entfremdet statt befreit, sie zur Lüge statt zur Wahrheit führt. Es gibt für uns Menschen keine andere Form von Wahrheit als die Wahrheit unseres Herzens – *sie* hat Gott uns gegeben, als er uns erschuf, und es kommt einzig darauf an, gegen alle Verstellungen der Angst zu dieser Wahrheit, in der Gott uns gemeint hat, als er uns ins Dasein rief, zurückzufinden.

Eben deshalb ist mir *die Person Jesu Christi* absolut zentral, weil er der einzige ist, der durch die Angst von Gethsemane unsere Angst auf Gott hin geöffnet hat. Gerade weil ich die Angst als die eigentliche Kraft der Entfremdung des Menschen von Gott, von sich selbst und von der Welt, die uns umgibt, betrachte, zeige ich in all meinen Schriften, daß es für uns Menschen einer *absoluten* Person bedarf, um uns aus dem Kerker unserer selbst im Getto der Angst herauszuführen. Einzig in dieser Perspektive scheint mir *alles*, inklusive des «Skandalons des Kreuzes», notwendig und unerläßlich, was die Bibel von Christus berichtet; und nur wer Theologie in der existentiellen Selbstberuhigtheit einer «objektiven» Wissenschaft betreibt, kann auf die Idee kommen, man könne Christus gegen den Buddha oder Laotse oder gegen was man will eintauschen. In keiner Gestalt der Religionsgeschichte findet man diesen absoluten Gegensatz von Angst und Vertrauen derart zugespitzt wie in der Person Jesu; einzig bezogen auf *dieses* Thema ist Jesus wirklich «der Heiland der Welt» (Joh 4,41).

Bestünde das Problem des menschlichen Daseins in Unwissenheit, könnte Sokrates genügen; bestünde es in Ungehorsam oder Selbstsucht, genügten uns Jesaja oder Jeremia; einzig weil das Problem des menschlichen Daseins die Angst ist, genügt uns keine Lehre, keine Anstrengung des guten Willens, sondern nur das Gegenüber einer Person, die uns von Gott her zeigt, wie wir mitten im Sturm trockenen Fußes über das Wasser gehen können. – Ich denke, daß mit Worten, die in unserer Zeit üblich und allgemein verständlich sind, sich nicht besser wiedergeben läßt, was in der Bibel als die Königswürde Jesu als des Messias Israels und aller Völker vor Augen gestellt wird. Daß ich mit dem Begriff «Messias» nichts anzufangen wüßte, wie R. Pesch und G. Lohfink (104) behaupten, kann ich durchaus nicht finden; ich möchte es allerdings mit einiger Sorgfalt vermeiden, meine Leser oder Hörer mit Begriffen zu überfremden, die nicht ihre eigenen sind und die sie von sich her nie gebrauchen würden, wenn man sie ihnen nicht mit erheblichem Druck und unter Erzeugung enormer Ängste in Kindertagen schon beigebracht hätte.

Um es noch einmal von einer anderen Seite her zu sagen: Wäre der Glaube eine Lehre zum Auswendiglernen bestimmter Begriffe, so vermöchte er gewiß nicht von Krankheit zu heilen; da er aber aus der Beziehung zu einer absoluten Person entsteht, in deren Nähe wir die Angst des Daseins zu überwinden vermögen, ist er so etwas wie die Erzeugung einer echten *Resonanz:* jeder Körper besitzt eine Eigenschwingung bestimmter Frequenz, und es ist möglich, durch eine Anregungsschwingung der gleichen Frequenz im

Körper Oberschwingungen verschieden hoher Stufe zu erzeugen. Wenn die «Energie» des Vertrauens und der Liebe, die von einer anderen Person ausgeht, uns so ergreift, daß sie uns wie im Rhythmus des eigenen Seins durchfließt und alles in uns verstärkt, anregt und auf ein Niveau hebt, zu dem wir von uns selbst her niemals imstande gewesen wären, so hat man in etwa ein Modell, um zu verstehen, was bei dem Vorgang geschieht, der theologisch als «Glauben» bezeichnet wird: ein Ergriffenwerden und Einschwingen in die pulsierende Kraft, die das gesamte Weltall durchströmt und die dennoch unendlich mehr ist als nur eine «Kraft», da nur eine Person auf uns als Personen mit jener unvergleichlichen Energie zu wirken vermag, die wir «Liebe» nennen. Als die menschliche Verkörperung *dieser Kraft* ist den Menschen *Christus* erschienen, als Ursprung eines Vertrauens, das die gesamte Existenz in ihrer Angst und in ihrer Not zu heilen vermag.

Wie aber vollzieht sich die Form der Aneignung bzw. der Auswirkung eines solchen wachsenden Vertrauens? – Es ist eine Einsicht, die für sich allein schon die gegenwärtige Theologie von Grund auf verändern müßte (und irgendwann trotz aller ideologischen Abwehr unausweichlich verändern wird), daß sich im Verlauf einer analytischen Psychotherapie mit großer Regelmäßigkeit bestimmte *Traumbilder* einzustellen pflegen, die auf ihre Weise die Wandlung der Grundeinstellung des Daseins von Angst zu Vertrauen, von Verdrängung zu Erneuerung, von Tod zu Leben anzeigen. So wie die Erkrankung der Psyche an der Angst sich auf vorgebahnten Wegen in einer Reihe spezifischer *Symptome* des Charakters, des Verhaltens bzw. des Körpers niederschlägt, so bedarf es offenbar bestimmter vorgegebener *Symbole,* um den Weg der Heilung zu markieren und zu ermöglichen. Unabhängig vom Auftauchen solcher Bilder aus den Tiefenschichten der menschlichen Psyche vermag «Glauben» sich offenbar nicht zu vollziehen. Gerade weil die Haltung des Glaubens die *ganze* menschliche Existenz umgreift, bedarf es zusätzlich zu der personalen Bindung des Vertrauens derartiger *arche-*

typischer Symbole, um die Regeneration der menschlichen Psyche bis in ihr Unbewußtes hinein zu ermöglichen.

Schaut man genau hin, so ist es immer wieder *ein vorgegebenes Ensemble* von Bildern, die in (fast) allen Religionen der Welt eine überragende Rolle spielen. Auch und gerade die christliche Glaubenslehre macht von diesen Bildern umfangreichen Gebrauch. Doch statt in diesen Bildern die Formen und Vorstellungen zu erkennen, mit denen Gott die Menschen ausgestattet hat, um ihnen den Weg durch die Welt und die Rückkehr zu ihrer ewigen Heimat zu erleichtern, führt die stereotype Verleugnung des Unbewußten in der abendländischen Theologiegeschichte immer wieder dazu, die Grundlage dieser Bilder in der äußeren Historie zu suchen und ihre Auslegung vornehmlich mit den Mitteln der Ratio zu versuchen. Offenbar ist es wesentlich diese falsche Frontstellung, die nicht nur zwischen Theologie und Psychologie unüberwindliche Hindernisse aufrichtet, sondern die jene objektiv vorgegebenen Symbole der Erlösung in Formen (und Instrumente!) der Außenlenkung und Unterdrückung pervertiert. Entscheidend in diesem Zusammenhang ist das absolute Postulat jeder anthropologisch sinnvollen Erlösungslehre, daß es keinen Weg zu Gott gibt, der nicht wenigstens der Tendenz nach die *ganze* menschliche Existenz umfaßt. Wenn das oberste «Gebot» bzw. Gesetz eines wahren Lebens im Alten wie im Neuen Testament verlangt, «den Herrn, unseren Gott, zu lieben aus ganzem Herzen, aus ganzer Seele, aus ganzem Denken und ganzer Kraft» (Mk 12,30; Dtn 6,4.5), so kann es im Sinne der Bibel nicht gottwohlgefällig sein, im Namen der Religion oder, wie R. Pesch und G. Lohfink eigens betont sehen möchten, im Namen der «Offenbarung» immer größere Teile der menschlichen Psyche in das Unbewußte zu verbannen.

Am allerunglaublichsten aber ist es, wenn diese beiden Exegeten ihre gewissermaßen berufsspezifische Angst vor dem Unbewußten der eigenen Psyche, insbesondere vor der Welt der Archetypen, in die absurde Behauptung kleiden, ich rechnete nicht «ernsthaft genug damit...», daß auch die Bilder der Seele unheilvoll entstellt sein können» (60). Ich rechne im Gegenteil auf Schritt und Tritt mit der Entstellung der seelischen Bilder durch die Angst; ich beschreibe seitenlang und kapitellang, daß die archetypischen Bilder in sich *ambivalent* sind und, je nach dem Ausmaß von Angst oder Vertrauen, Wahnsinn wie Gesundheit, Psychose wie Heilung, Zerstörung wie Rettung bewirken können. R. Pesch und G. Lohfink hätten nur in den Stichwortregistern unter *Ambivalenz*, *Archetyp* und *Psychose* nachzuschlagen brauchen, um in den zwei Bänden von «*Tiefenpsychologie und Exegese*» die entsprechenden Seiten (I 230–250; 251–262) zu finden. Sie haben diese Seiten überhaupt nicht gelesen! Die Thematik der Progression und der Regression der psychischen Energie, in welcher ich die Psychodynamik der Archetypen schildere, interessiert sie einfach nicht! Die seelischen Hintergründe speziell der apokalyptischen Vorstellungen nehmen sie einfach nicht zur Kenntnis (*Tiefenpsychologie und Exegese*, II 473–430.473–485)! Daß ich mich in den *Strukturen des Bösen* (II 417–430) immer wieder mit der Gefahr der Archetypen auseinandergesetzt habe, wissen sie nicht! Ja sogar, daß ich wesentlich auf dem Hintergrund der *Gefahr* des Versinkens in der Welt der Archetypen die Bedeutung und den Vorrang des *Einzelnen* zur Assimilation dieser Bilder hervorhebe (*Tiefenpsychologie und Exegese*, I 251 ff.), entgeht ihnen vollkommen. Nur diese Tatsache erlaubt es ihnen, ungehemmt gegen meine vermeintliche «Individualreligion» zu Felde zu ziehen. «Drewermann spricht den archetypischen Bildern Unfehlbarkeit zu; er weiß nicht mehr, daß auch sie erlösungsbedürftig sind. Seine Konzeption gerät unweigerlich in die Nähe einer christlichen Gnosis, einer neuen – durch die Tiefenpsychologie geprägten – alten Religion» (32). *Das* machen diese Herren aus einer Bemerkung in «*Tiefenpsychologie und Exegese*» II *319 f.*, in der ich von den Visionen und heiligen Geschichten der Bibel sage, diese wunderbaren Bilder führten den Menschen, wenn er ihnen folge, «unfehlbar zurück in eine andere Welt». Wer in einer solchen Weise Texte, die er lesen könnte, unterschlägt oder verfälscht, ihre Inhalte willkürlich isoliert und manipuliert und am Ende den Autor, gestützt auf nichts als auf das eigene Vorurteil, der *Irrlehre* denunziert, wird seine Gründe haben, warum er so verfährt. Sie liegen bei Leuten, die wie R. Pesch und G. Lohfink in vielen Arbeiten gezeigt haben, daß sie wissenschaftlich arbeiten können, ganz gewiß *außerhalb* der Wissenschaft.

Eben deshalb kann ich nur wiederholen, was ich an vielen Stellen meiner Bücher immer wieder betont habe: gerade *die Verdrängung* des Unbewußten *aus Angst* verleiht der Welt der Archetypen eine verheerende und unheilvolle Eigengesetzlichkeit, die erst durch eben das Vertrauen geheilt wird, das Jesus mit seiner Person in diese Welt bringen wollte. Es kann mir in gewissem Sinne egal sein, daß R. Pesch und G. Lohfink, obwohl es mir gerade bei ihnen besonders leid tut, versuchen, meine Gedanken auf eine Weise darzustellen, die den Tatbestand der Verleumdung erfüllt, denn es geht dabei «nur» um mich selber. Aber überhaupt nicht gleichgültig kann es mir als Priester der katholischen Kirche sein, daß eben die Art von Theologie und Exegese, für die diese beiden «Zeugen» firmieren, das System der Unterdrückungen und Abspaltungen der Tiefenschichten der menschlichen Psyche selbst am Ende des 20. Jh.s noch festzuschreiben unternimmt.

Ich beschreibe z. B. ausführlich, wie, ergänzend zu den Methoden psychoanalytischer Symboldeutung, die Verfahren der *Gesprächspsychotherapie* und der *Transaktionsanalyse* für die Interpretation biblischer Texte nutzbar gemacht werden könnten (*Tiefenpsychologie und Exegese*, I 443–482); und dann versuche ich, entsprechend diesen Regeln die Szene zu erläutern, wie die «Sünderin» in das Haus eines Pharisäers zu Jesus kommt (Lk 7,36 ff.); da sie «von hinten» an Jesus herantritt, sage ich, daß sie «scheu wie ein Tier» zu Jesus kommt – das steht nicht da, erklären R. Pesch und G. Lohfink (79). Wirklich nicht?

Oder: Ich beschreibe, wie aus lauter Angst in diesem Moment alles mißrät, was die Frau sich vorgenommen hat. Statt Jesus, wie sie ursprünglich wollte, das Haupt zu salben, fällt sie ihm weinend zu Füßen; es ist eine Szene, die für mein Begreifen erschütternd verdichtet, wie es Menschen ergeht, die verzweifelt mit ihrem verlorenen Leben nicht mehr ein noch aus wissen – es ist nicht möglich, diesen Text zu verstehen, ohne an all diejenigen zu denken, deren Leben so zerbrochen ist und ausfließt wie das Gefäß mit Nardenöl in den Händen dieser Frau; selbst noch als sie mit aufgelösten Haaren ihre Tränen zu trocknen sucht, macht sie nur alles falsch in den Augen der immer Richtigen, der fehlerlosen Gerechten, dieser (un-)menschlichen Ungeheuer in den Augen Jesu. Es ist eine bewegende Szene – diese ewige Geschichte von Schuld und Vergebung und von der verzweifelten Hoffnung, trotz allem dennoch berechtigt und zugelassen zu sein. *Dazu*, zu Inhalten solcher Bedeutung, bemerken R. Pesch und G. Lohfink: die Sünderin könne Jesus gar nicht zu Füßen gefallen sein, «weil man in der Antike bei Tisch auf recht hohen Polstern lag» (79) – wirklich, man muß schon ein historisch-kritischer Exeget sein, um diese «entscheidende» Nuance des Textes zu bemerken.

Oder: ich sage, daß Jesus der Frau die Vergebung ihrer Sünden «zusichert». Nein!, erklären Pesch und Lohfink, der Frau wird die Vergebung der Sünden im Hier und Jetzt «zugesprochen» (79), und das beweist natürlich die «Unfähigkeit» Drewermanns, «einen Text genau zu lesen» (79). – Ich denke, diese Art von Rechthaberei beweist viel eher die Unfähigkeit der Herren Pesch und Lohfink, irgend etwas in meinen Schriften so zu lesen, wie es gemeint ist.

Der eigentliche Kernpunkt der Auseinandersetzung aber liegt in der ständigen Entgegensetzung von Selbstfindung und Gottesbegegnung, an welcher diese beiden «Zeugen» gegen meine häretische «Verpsychologisierung» der Theologie konsequent festhalten: «In der neutestamentlichen Theologie meint der Friede, den Gott durch Christus schenkt, bei weitem mehr als nur die ‹innere Einheit und Versöhntheit mit sich selber›...; er meint die Versöhntheit mit Gott» (81). «Sieht man (sc. bei Drewermann, d. V.) genau zu, dann ist... Glaube der Akt, in welchem man sich selbst annimmt als einen, der von Gott angenommen ist.» In der Tat: genau so meine ich es bezüglich jenes Glaubens, dem die Frau ihre Sündenvergebung durch Jesus verdankt und der sie als Mensch wieder leben läßt: sie ist mit sich versöhnt, weil sie durch das Wort Jesu versöhnt ist mit Gott.

Für R. Pesch und G. Lohfink indessen geht es nicht und niemals um Menschen, es geht für sie um «Theologie», um «Verkündigung», um «Glauben, daß»; und so richtet sich für sie «in den synoptischen Evangelien der Glaube darauf, daß Gott jetzt, in diesem geschichtlichen Kairos, durch den Messias Jesus an Israel, seinem Volk, handelt» (80). Schon einen Satz weiter geht es denn auch schon gar nicht mehr darum, was Jesus mit dieser Frau macht; sie dient für R. Pesch und G. Lohfink nur noch als Beispiel für das zu fordernde christologische Bekenntnis: «Die Machttaten Jesu, in deren Kontext bei den Synoptikern vorwiegend vom Glauben gesprochen wird, zielen nicht nur auf die Heilung einzelner, sondern auf die eschatologische Heilung des Gottesvolkes..., auf die ‹Herrlichkeit des Volkes Israel›..., das so den Heiden den Zugang zu Gott ermöglichen soll.»

Diese beiden Streiter für die Wahrheit Christi kommen mithin gar nicht erst auf die Idee, es könnte auf der Ebene des Einzelnen das «eschatologische Heil» eben dies bedeuten, daß ein Mensch in dem Vertrauen, das er in der Nähe Jesu zu seinem Ursprung zurückgewinnt, endlich zu leben wagt, was Gott mit ihm gemeint hat, und noch weniger wollen sie akzeptieren, daß die «Heilung des Gottesvolkes» womöglich gerade darin bestehe, Gott in den Ärmsten der Armen zu finden. Wie denn soll «den Heiden» «Zugang zu Gott» werden, wenn man in den Kreisen der Theologen nicht endlich aufhört, von Christus feierlich zu reden, nur um es sich zu ersparen, zu tun, was Jesus tat: Jesus bestand gerade nicht darauf, daß jemand ein Bekenntnis zu ihm als dem Messias ablegte; er machte ganz einfach durch sein Vertrauen zu Gott die Wände der theologischen Grenzziehungen der «Pharisäer» seiner Zeit durchlässig für all diejenigen, die nicht einmal hätten sagen können, wie sie von sich her ihr Leben «bessern» sollten.

Es ist mithin einzig die Frage, was man aus einem Bibeltext lernen will. – Folgt man der Auslegung der historisch-kritischen Methode, wie R. Pesch und G. Lohfink sie vertreten und verteidigen, so lernt man zeitbedingte Vokabeln der neutestamentlichen «Christologie» auf eine Weise nachzureden, daß man damit inzwischen bereits die meisten Christen aus der Kirche hinausgepredigt hat, geschweige, daß man irgendeinem «Heiden» den «Kairos» der «eschatologischen Heilung des Gottesvolkes» begreifbar machen wird. Folgt man der tiefenpsychologischen Auslegung, die ich vorschlage, so lernt man z. B. an dieser kleinen Erzählung von der «Sünderin» wesentlich, den Umgang mit sich selbst und mit anderen Menschen zu *ändern*. Auch so entsteht ein «Bekenntnis» zu dem «Heil», das in der Gestalt Jesu möglich geworden ist; aber es ist nicht länger mehr ein Lippenbekenntnis, sondern es besteht in der Erfahrung, wie das Dasein des Menschen durch die Macht des Vertrauens und durch die Gnade der Vergebung bis in die Tiefen geheilt zu werden vermag.

Der Unterschied ist eklatant. – Während historisch-kritische Interpreten wie R. Pesch und G. Lohfink mit ihrer Exegese der Gefühlsvermeidung und ihrer Theologie der gemeindebezogenen «objektiven», christologischen «Heilsverkündigung» in der Tat niemals irgendeinen Konflikt mit der Institution Kirche, mit dem Lehramt, mit der bürgerlichen Moral, mit der gesellschaftlichen Meinung oder gar mit sich selber zu gewärtigen haben, wird jemand, der den Wegen der von mir empfohlenen tiefenpsychologischen Deutung folgt, z. B. bei der Geschichte von der «Sünderin» sogleich merken, welche inneren Widerstände in ihm selber sich regen, wenn er sich vorstellt, er sollte in eigener Person (z. B. als ein renommierter Dozent der Theologie, als ein ernsthafter, allseits geachteter Mensch) während eines Banketts von einer Dirne in aller Öffentlichkeit sich umarmen lassen. Und sollte er darüber hinaus gar von der Kirche seiner Zeit im Namen all der Unglücklichen und Leidenden, mit denen er zu tun bekommt, sobald er sich auf Jesus einläßt, jene grenzenlose Güte des Verstehens und des Erbarmens einfordern, die wir Gott zutrauen müssen, um nach den Maßstäben Jesu zu leben, so wird er sehr bald merken, daß er zunehmend aller Menschen Feind wird und auch in der «Gemeinde Christi», in der real existierenden Kirche heute, beizeiten die größten Schwierigkeiten bekommen wird: Wie! Die Geschiedenen, die Homosexuellen, die verheirateten Priester u. a. m. sollten in der Kirche eine Chance bekommen? Es sollte möglich sein, eine Moral ohne Angst zu leben, die nicht immer wieder der Verurteilung der anderen bedarf, um sich der eigenen «Tugend» zu versichern?

Wer in der Bibelexegese einer Auslegungsmethode folgt, die sich im Unterschied zur historisch-kritischen Exegese für wirkliche Menschen, für die Art ihrer Beziehungen, für ihre Leiden und Konflikte, für ihre Hoffnungen und Verzweiflungen interessiert, der wird die Gestalt Jesu wohl kaum als den Gegenstand eines theologischen Bekenntnisses zu dem im «Kairos» erschienenen eschatologischen, messianischen Heilbringer entdecken, aber er wird Jesus von Nazareth möglicherweise als den Grund und den Anfang eines neuen Seins erfahren; er wird «gleichzeitig» nicht mit der bekennenden Urgemeinde, wohl aber mit Jesus selber, indem er augenblicklich mit seiner eigenen Existenz in dieselben Spannungen, Ärgernisse, Anfeindungen und Verfolgungen eintritt, der die wahre Gemeinde Christi immer wieder ihre eigene Entstehung verdankt. «O du nicht umsonst so gepriesene Objektivität», meinte zu Recht schon vor 150 Jahren SÖREN KIERKEGAARD mit bitterer Ironie.

Schlimmer als die ständige Produktion einer existentiell bedeutungslosen Formelsprache theologischer Bedeutsamkeiten für die Religion des Christentums selbst ist in gewissem Sinne jedoch der *psychologische* Schaden einer solchen Exegese der Subjektlosigkeit und der Gefühlsabsperrung; sie ist der Ausdruck und die Ursache einer Religion, die sich ihrer eigenen emotionalen und existentiellen Grundlage beraubt und ihrerseits die Gesellschaft, in der sie lebt, um die letzten Rückzugsräume menschlicher Selbstentfaltung bringt. Gerade mit Bezug zu den äußerst gefühlsintensiven Wundererzählungen des Neuen Testamentes kommt eine solche Form der Bibelauslegung einem Verrat nicht nur an Gott, sondern vor allem am Menschen gleich. Woher eigentlich wollen wir Theologen noch den Mut nehmen, mit Joh 1,14 zu lehren: «Und das Wort ist Fleisch geworden», wenn wir uns in der Auslegung des Wortes Gottes in der Bibel gewissermaßen standesgemäß einer Sprache befleißigen, die nichts ist als eine ehrwürdige Mumie? Keine Krankheit der Seele läßt sich heilen ohne den Gebrauch von Worten, die einer magischen Beschwörung ähneln und die ganz wörtlich die «Geister der Toten» aus der «Unterwelt» ans Tageslicht zu rufen vermögen.

Eben darin liegt gewiß eine der größten (Wieder)Entdeckungen SIGMUND FREUDS: daß Worte zu heilen vermögen, *wenn* sie in einem Feld des Vertrauens das seit Kindertagen verdrängte Material der Psyche wieder zum Leben erwecken. In gewissem Sinne ist die Psychoanalyse nichts weiter als der Versuch, von Sitzung zu Sitzung das Epos eines fremden Lebens aufzuzeichnen – seine nie gesungenen Hymnen und Lieder, seine verschwiegenen Abenteuer und Heldentaten, seine verborgene Größe und Tapferkeit – und sein stilles Flehen um Erhörung und Gnade. Was eigentlich versucht die Bibel anderes, als die Schicksale lebender Menschen so zu erzählen, daß ihr Dasein uns etwas von Gott zu zeigen vermag? Wer nicht die Gefühle der Menschen teilt, von denen die Bibel berichtet, kann von dem «Volk Gottes» in so großartigen Worten sprechen, als er mag, er wird all die Leute nicht wiederfinden, die nach Jesu Meinung das «Volk Gottes» bilden. Ein solcher Exeget wird die Einsamkeit Thamars, die Eifersucht Rachels, die Verheißungen Josephs oder die Verzweiflungen Sauls gemäß den Verfahren einer objektivistischen Exegese in den Texten der Bibel durchaus nicht wiedererkennen *dürfen*.

So läuft es auf einen reinen Mystizismus, auf eine kollektivistische Ideologie hinaus, wenn R. Pesch und G. Lohfink nach der systematischen Zerstörung der Gefühle in der Bibelauslegung den Ausfall einer konkreten Poesie der Menschlichkeit im Umgang miteinander durch eine stereotype Anmahnung der «Gemeinde Christi» zu kompensieren suchen. Man lese SIGMUND FREUDS *«Massenpsychologie»*, um zu wissen, wie eine Kirche aussieht, die immer wieder versucht, die Gefühle der Zärtlichkeit und der Zuneigung im privaten Bereich mit eben den Formeln zu zerstören, die den Herren Pesch und Lohfink so recht gläubig von den Lippen kommen: «Privatreligion», «Selbstverwirklichung», «Leugnung des Skandalons Christi» usw. Es ist für die Mehrheit der Bevölkerung inzwischen durchaus kein Trost mehr, daß dieselbe Kirche, die als erstes die individuellen Gefühle zerstört, sich hernach die größte Mühe gibt, mit Hilfe der *verdrängten* Gefühle ihre eigene Gemeinschaft als stellvertretendes «Libidoobjekt» anzuempfehlen, indem sie aus der Liebe zu einzelnen Menschen eine Selbstaufopferung zugunsten der Großgruppe Kirche herauszupressen trachtet.

Man könnte vielleicht denken, dies alles seien halt die Probleme, die heute offenbar eine bestimmte Gruppe unserer Gesellschaft wie die katholische Kirche mit sich selber hat oder die sie aufgrund einer merkwürdigen Mischung aus Bigotterie und Machtinstinkt sich selber nach wie vor zu schaffen beliebt. In Wahrheit aber bleibt es für niemanden ohne Folgen, wenn die tragenden Religionsformen einer Gesellschaft sich in neurotisierender Weise von den emotionalen Grundlagen ihrer selbst abspalten, und insofern besitzen Fragen der Religionspsychologie immer auch eine große öffentliche Bedeutung.

Ein beträchtlicher Schaden entsteht bereits dadurch, daß immer größere Menschengruppen in einer derart kalt gewordenen Kirche zu erfrieren drohen, sich von ihr zurückziehen oder den Kontakt zu ihr von vornherein meiden. Hinzu kommt der Ausfall an heilender, angstlindernder Kraft, zu dem die christliche Religion, wenn sie derart äußerlich, rationalistisch und objektivistisch interpretiert wird, sich selber verurteilt. Am schwersten aber wiegt, daß diese Art von Theologie gerade mit Berufung auf die Wundererzählungen des Neuen Testamentes sich weigert, unsere Sprache und unsere Verständnisbereitschaft so umzugestalten, daß es dem heilsamen Beispiel und dem Auftrag Jesu, zu heilen, wirklich entspricht. Bis in die Psychiatrie hinein herrscht heute die gleiche Seelenlosigkeit des «objektiven», «wissenschaftlichen» Denkens, das inzwischen auch die Theologie durchzieht. Diese Geisteshaltung kann Menschen stets nur als «Fälle», als «Gegenstände», als Objekte sozialer Anpassung wahrnehmen, und gerade dagegen versucht *die Psychoanalyse* sich zu wenden. Das Maß unserer Menschlichkeit bestimmt sich wesentlich danach, inwieweit wir über Worte verfügen, die das Erleben und die Gefühlswelt von Menschen auszudrücken vermögen, und eine Theologie, die sich, wie R. Pesch und G. Lohfink, einfachhin weigert, diese einfache Form der Menschlichkeit von der Bibel und an der Bibel wieder zu erlernen, wird notwendigerweise sogar mit Berufung auf den «eschatologischen Heilbringer Israels» nur jene Art von Dämonen vermehren, die stumm macht.

SIGMUND FREUD hat neben dieser großen Bedeutung des Wortes vor allem die Macht der *Symbole* erkannt: mehr noch als Worte sagen *Bilder* von Menschen aus. Vieles wagen wir am Tage nicht zu sehen, was des Nachts in Traumgesichten über uns hereinfällt, als hinge ein Ungeheueres in unsere kleine Welt hinein; vieles ahnen wir nur erst, was uns bereits wie Warnung und Mahnung aus einer anderen Welt, der wir doch zugehören, zugesandt wird; vieles, was auf den Grund des Sees unserer Seele versunken ist, steigt in den Träumen der Nacht wie der Engel Jakobs am Jabbok empor, um mit uns zu kämpfen, bis es uns segnet (Gen 32,22 ff.). Diese Bilder der Seele nicht zu verstehen bedeutet *ipso facto*, die einzige Sprache nicht zu verstehen, in der Göttliches wirksam sich mitteilen kann – als Symbol und Zeichen, als Sakrament und Wegmarke des Heils. *Deswegen* sage ich, die historisch-kritische Exegese wende sich den Erzählungen der Bibel, den religiösen Überlieferungen der Menschheit *vom falschen Ausgangspunkt* zu: nicht die Welt der Fakten und Gedanken, sondern die Welt der Träume sei der Ausgangspunkt des Religiösen. Es ist infam, wenn R. Pesch und G. Lohfink daraus den Vorwurf zu konstruieren suchen, weil Drewermann keine Gemeinde (wie z. B. die integrierte Gemeinde, München) erlebt habe, wende er sich *seinen* Träumen zu (112); ich betone vielmehr immer wieder, daß ich die (arche)typischen Träume der Menschheit als die «Träume Gottes» betrachte, die in unsere Seele gelegt wurden, um uns in Ahnung und Verheißung zu zeigen, wozu wir wesenhaft bestimmt sind. Weil die Träume wesentlich Gottes Sprache sind, verlange ich heute, 87 Jahre nach dem Erscheinen von SIGMUND FREUDS «*Traumdeutung*», daß die Theologie, die Exegese insbesondere, endlich die Wege wiedererlernt, auf denen mittels göttlicher Träume (im Vorgriff auf das, was heute Psychoanalyse heißt) die Ärzte des Asklepios damals, die Schamanen der Völker noch heute, Menschen zu heilen vermochten und vermögen.

Auch an dieser Stelle ist die Widersprüchlichkeit, ja Schädlichkeit der Exegese historisch-kritischer Provenienz in ihrer Einseitigkeit leicht aufzuklären. Man gebe Theologen wie R. Pesch und G. Lohfink einen Traumtext, den einer ihrer Studenten in der letzten Nacht geträumt hat; man gebe ihnen auch nur ein beliebiges Märchen der Brüder Grimm; man trage ihnen irgendeinen indianischen Mythos oder, warum nicht, eine christliche Legende wie die Erzählung vom heiligen Georg oder von der heiligen Barbara vor – sobald sie sich mit einer rein symbolischen Erzählung konfrontiert sehen, die ihnen den beliebten Ausweg in die Erklärungen von außen, in die Gefilde der «geschichtlichen Hintergründe» oder in die weitschweifigen Analysen der Überlieferungsgeschichte nicht erlauben, werden sie offen den Offenbarungseid der Unzuständigkeit der historisch-kritischen Methode leisten müssen, indem sie, die sonst so Redseligen, nicht ein einziges gescheites Wort zu Texten dieser Art zu sagen wissen. Welch ein Aberglaube aber dann, man könnte mit einer Methode, die im Zentralbereich des religiösen Ausdrucks, im Umgang mit Symbolen, komplett versagt, in unveränderter Äußerlichkeit der Grundeinstellung um so «sachgemäßer» die Botschaft der Bibel verstehen!

Speziell R. Pesch und G. Lohfink, die sich so verärgert über meine theologischen «Träumereien» zeigen, geben selbst die Probe, daß sie trotz langer Ausführungen über die Eigenart *subjektaler Deutungsverfahren* in meinen Büchern (*Strukturen des Bösen*, I S. XXXI–XLV; *Tiefenpsychologie und Exegese*, I 156–158) bis heute nicht die geringste Ahnung haben, wie man traumnahe Bilder interpretieren kann und muß.

In der bereits mehrfach erwähnten Geschichte von dem Besessenen von Gerasa z. B. vergleiche ich den Aufenthalt des von Dämonen in Legionsstärke Heimgesuchten *in den Gräbern* mit der Verkrochenheit des Propheten *Jona,* der auf der Flucht vor Gott in den Schiffsbauch hinabgestiegen ist und dort den Schlaf der Verzweiflung schläft, während die Mannschaft an Deck mit einem furchtbaren Sturm kämpft, den Gott auf das Meer fallen läßt; natürlich sehe ich dabei beides als Einheit: gerade weil Jona von dem Auftrag Gottes aus Angst nichts mehr hören und sehen will, geht in seinem Leben objektiv alles drunter und drüber. Dazu R. Pesch und G. Lohfink: «Das Jonasbüchlein stellt doch gerade dar, wie *die heidnischen Seeleute* (hervorgehoben v. V.) in panische Angst gerieten, während Jona schlief» (63). Man kann nur sagen: Dann also gute Nacht, Ihr Herren! Aber mit schlimmen Träumen, das kann man vorhersehen!

Gegenüber meiner tiefenpsychologischen Zentrierung in der Auslegung der Heilungsgeschichten, etwa dieser Erzählung des Besessenen von Gerasa, betonen R. Pesch und G. Lohfink immer wieder mit wichtiger Miene: «daß die Besessenheit sich mit heidnischen Riten verbindet und so erkennbar wird (sc. was Pesch in seinem Mk-Kommentar geschrieben hat, d. V.): ‹Der Besessene verkörpert also heidnisches Unwesen›» (61). In *meiner* Sprache zeigt sich in der Gestalt dieses Mannes in seiner Qual und Zerrissenheit, was aus Menschen *im Feld des Gottesferne* wird – mit «heidnischen Riten» und «heidnischem Unwesen», das im Text nirgendwo erwähnt wird, hat das nichts zu tun. Wohl aber mit der Zerstörung der menschlichen Person! *Sie* wird *in extenso* geschildert. Gefragt nach seinem Namen, kann dieser Mann nur sagen, daß es kein Ich gibt, mit dem Jesus redet: «Legion ist mein Name, denn viele sind wir.» F. M. DOSTOJEWSKI hat sehr zu Recht diese Episode seinem großen Roman *«Die Dämonen»* als Motto vorangestellt, in dem er die Entpersönlichung des Menschen durch das System kollektivistischen Zwangs mit beklemmender Eindringlichkeit schildert. Für R. Pesch und G. Lohfink indessen geht es (natürlich) auch bei der Heilung dieses wohl einsamsten Menschen des ganzen Evangeliums um «die Realität des Heilsraumes der neutestamentlichen Gemeinde» (60), und wer *den* nicht erfahren habe, müsse halt die «Heilkraft der Bilder der Seele» (60) auf «naive» Weise (69) verabsolutieren.

Die einzige Feststellung, die ich in diesem Zusammenhang bedingt als zutreffend gelten lasse, ist der «Vorwurf» von R. Pesch und G. Lohfink, ich verstünde das Phänomen der «Besessenheit» «nur noch psychopathologisch, nicht mehr theologisch» (65). Das «nur noch» stimmt nicht, aber daß ich die neutestamentlichen Schilderungen der «Besessenheit» als Beispiele schwerer Neurosen und Psychosen interpretiere, ist wahr, wofern man hinzufügt, daß ich die vielfältigen Formen seelischer Erkrankung mit den Mitteln der Tiefenpsychologie gerade auf die Frage nach Gott hin öffnen möchte. Die «bösen Geister» betrachte ich in der Tat wesentlich als verdrängte Inhalte der Seele bzw. als verselbständigte, in sich widersprüchliche, mit der Realität unvereinbare Gedanken im Überich. Dies vorausgesetzt, ergibt sich freilich zugleich eine «theologische» Betrachtung der «Besessenheit», die wie nichts sonst dazu geeignet ist, aus dem Gerede von den «Dämonen» im «Heidentum» mitten im Christentum den existentiellen Ernstfall zu machen.

Besonders das Markusevangelium weist immer wieder darauf hin, daß Jesus bei seinen Heilungen keinesfalls nur mit den «bösen Geistern» sich auseinandersetzen muß, sondern Schritt für Schritt den Widerstand der *Schriftgelehrten* auf den Plan ruft. In meinem Kommentar *«Das Markusevangelium»* (I 180–202) habe ich gezeigt, daß es gerade die Kreise der Schriftgelehrten sind, die mit der Äußerlichkeit ihres Denkens über Gott und mit der Außenlenkung ihrer «objektiven» Lehre die eigentliche Ursache für die Seelenzerstörung der Menschen in Neurose und Psychose bilden. Mit ihrer Flucht in die Objektivität ersparen sie sich all die Angst, die es kostet, aus Liebe zu einem Menschen ein göttliches Gebot wie die Sabbatordnung zu brechen; aber indem sie ihre Angst selber als ein objektives System rationalisieren, hindern sie die Menschen am Leben, spalten sie ab, was zusammengehört, und unterdrücken sie, was sich entfalten möchte. Die Gefühle, die sie im eigenen Leben nicht zulassen, ersticken sie bei den Menschen, die sie zu Gott führen möchten; die Träume, die sie sich selbst nicht erlauben, töten sie in den Herzen ihrer Anhänger; und das Stück Persönlichkeit, dessen sie selber sich nicht getrauen, bekämpfen sie in den anderen, wo immer sie es finden. Eine solche Schriftgelehrsamkeit fürchtet alles «zu» Emotionale, «zu» Persönliche, «zu» Subjektive, aus Angst, darüber wahnsinnig zu werden, und wirklich besteht ja der Wahnsinn darin, geistige Inhalte zu kennen, die einem selber unendlich wichtig sind, während sie in Wahrheit keinen Menschen etwas angehen. Gleichwohl fügt diese Art des Wahnsinns gewissermaßen nur sich selber Schaden zu. Weit gefährlicher ist die umgekehrte Form von Wahnsinn, die ich als die spezifisch *schriftgelehrte* Form des Wahnsinns bezeichnen möchte: über Wahrheiten zu verfügen, die aller Welt das «eschatologische Heil» bringen sollen, während sie gerade denjenigen, der sie «verkündet», selber durchaus nichts angehen. Man kann diese Art des Dämonischen, *die Dämonie der schriftgelehrten Unpersönlichkeit*, untrüglich daran erkennen, wie starr sie an bestimmten ideologisch verfestigten Sprachspielen festhält; wie schwer sie sich tut, hinter der Deckung der Redensarten eine eigene Existenz zum Vorschein zu bringen; wie intolerant sie auf jede «Beunruhigung» reagiert, die in den Kanon der selbstgeschaffenen Lebensabschnürung nicht hineinpaßt; wie unfähig sie ist, die Enge der eigenen Begrifflichkeit zu bemerken und unter der selbstgeschaffenen Abstraktion des Lebens mindestens noch zu leiden; und vor allem daran, wie ausschließlich die Fragen des Lebens nicht von *den* Problemen her entschieden werden, die das Leben selber aufgibt, sondern durch Anpassung des Lebens an bestimmte vorgegebene, historisch geheiligte Standardantworten gelöst werden sollen.

Eine Exegese, die mit System die Ebene der individuellen Existenz mit ihren Träumen und Sehnsüchten, ihren Ängsten und Hoffnungen, ihrem Suchen und Scheitern, ihrem Glück und ihrem Wagnis nicht heilend und segnend, wie Jesus es wollte, sich selber zurückgibt und damit zu Gott führt, mag von Gott und Christus alle Formeln des Neuen Testamentes so historisch korrekt nachsprechen, wie sie kann, sie zerspaltet die Seele der Menschen, sie unterdrückt ihre wahren Gefühle, sie zersetzt den Raum der Persönlichkeit durch den verinnerlichten Terror angstbesetzter Phrasen, und so wirkt sie bei allem Sprechen von Heil Unheil, von Freiheit Unfreiheit, von Göttlichem Dämonisches. Wahrlich: «An ihren Früchten sollt ihr sie erkennen.»

3. «Wie können die Schriftgelehrten sagen, der Messias sei der Sohn Davids?» (Mk 12,35) oder: Archetypus und Geschichte – C. G. Jung als Vorbild

Zu den stereotypen Vorwürfen, die R. Pesch und G. Lohfink gegenüber meiner tiefenpsychologischen Exegese geltend machen, gehört die offenbar unvermeidliche Behauptung, mir sei die Geschichte nicht wichtig, ja, ich löste «alles» in Psychologie auf. Inzwischen versichert sogar der Verlag Katholisches Bibelwerk, es sei wesentlich dieser Tatbestand, um dessentwillen er selber den Bischöfen Handreichungen habe zur Verfügung stellen müssen, um «endlich», wie die Banderole der «Streitschrift» triumphierend verheißt, in den Gemeinden über die Gefahren meiner Theologie aufzuklären (Publik Forum, 23. Oktober 87, 10).

Da nun aber die Herren Pesch und Lohfink auch in der Frage der «Geschichtlichkeit» der «Offenbarung» offensichtlich nicht gelesen haben, was sie «klären» sollten, muß ich an dieser Stelle zunächst diesen beiden «Zeugen» selbst erklären, was ich meine. Das scheint um so wichtiger, als der Verlag Katholisches Bibelwerk natürlich ganz freiwillig, von sich aus, in heiliger Sorge einzig um die Wahrheit des katholischen Glaubens, die bis dahin ahnungslosen Bischöfe auf den verderblichen Einfluß meiner Gedanken hat hinweisen *müssen*. Man soll nicht denken, daß das «Bibelwerk» gewissermaßen auf Wink «von oben» dazu beauftragt wurde, jenes «Werk» zu bewerkstelligen, das den Oberhirten der Kirche jetzt so wohlfeil zur Hand gehen soll; weitab auch die Idee, es könnten etwa Kreise der Integrierten Gemeinde in München die Gelegenheit für günstig gehalten haben, «endlich» den nicht unbegründeten Anschein, eine lokale Sekte zu sein, vor den Augen des ehemaligen Bischofs von München, des Kardinals Josef Ratzinger, dadurch zu beseitigen, daß sie gewissermaßen ersatzweise einen wirklichen Ketzer auftrieben, an dessen Irrlehren gemessen die eigenen Ansichten in ihrer kirchenerbauenden Rechtgläubigkeit nunmehr als über jeden Zweifel erhaben sich darbieten könnten. Schon bei solchen Mutmaßungen zeigt sich: ich verstehe von der wirklichen Geschichte wirklich nicht genug, und es ist einzig meine ausufernde Psychologie, die mich auf derlei schlimme und böswillige Gedanken bringt. Auch erfahre ich offenbar «Gemeinde, so wie Lukas sie schildert» (112), wirklich so wenig, daß mir schon von daher der Zugang zu den heiligen Schriften der Kirche Christi versperrt sein muß. Statt dessen wird es tatsächlich wohl mein Problem bleiben, daß mir die menschliche Geschichte in der Tat *so* heilig nicht vorkommt, daß mir das Göttliche an ihr offen zutage läge, und so stellt es für mich eine offene Frage dar, woraus sich denn überhaupt erkennen läßt, inwiefern inmitten des menschlichen Tuns wahrhaft etwas von Gott sein kann. Jedenfalls will es mir scheinen, als hätte ich gerade zu gegebener Zeit nicht wenig Anlaß, dem Wort des Psalmisten aus vollem Herzen zuzustimmen: «Ein jeder Mensch ein Lügner.» «Jeder» vielleicht nicht, aber mancher schon, und wie unterscheidet man's?

Für R. Pesch und G. Lohfink scheint die Sache kein Problem: «Nach christlichem Glauben hat sich Gott *in Geschichte* geoffenbart» (106). *Mir* unterstellen die beiden «Zeugen» demgegenüber «Verachtung der Geschichte» (106). «In Drewermanns Sicht ist, genau genommen, kein Platz mehr für die Heilsgeschichte; die Geschichte Israels ist überflüssig, letztlich auch Jesus, letztlich auch die Kirche» (33). Diese Behauptung muß für jemanden, der auch nur das Inhaltsverzeichnis meiner beiden Bände von *«Tiefenpsychologie und Exegese»* durchliest, aberwitzig wirken – schließlich habe ich allein in dieser Arbeit mehr Texte des Alten Testamentes ausgelegt als die beiden neutestamentlichen Exegeten R. Pesch und G. Lohfink bisher zusammen. Das stärkste Stück an der Behauptung dieser beiden «Zeugen» ist jedoch das «Argument» für die Begründung ihrer These: ich wage es zu erklären, daß die christliche Religion «von den Ägyptern... Entscheidendes lernen» könne (33); und wer das sagt, leugnet die «Heilsgeschichte»?

In der Tat: die christliche Religion *kann* nicht nur von den Ägyptern Entscheidendes lernen, sie *hat* von den Ägyptern Entscheidendes gelernt. Man mag diese Tatsache aus dogmatischen Gründen bestreiten, aber man zwingt sich eben dann zu einer Ungeschichtlichkeit des Offenbarungsglaubens, gegen die ich mich allerdings mit aller Entschiedenheit zur Wehr setze. Selbst wer der dogmatisch «engsten» These folgt, daß die Geschichte der Offenbarung Gottes mit der Erwählung Israels begonnen und sich in Christus vollendet habe, kann und darf als Historiker deswegen doch nicht das Faktum leugnen, daß die israelitische Religionsgeschichte sich in wesentlichen Inhalten ihres Glaubens den Anschauungen und Denkformen anderer Völker, und darunter besonders der Ägypter, verdankt. Gerade wer die Geschichte Israels ernst nimmt, wird feststellen müssen, daß die Religion des Alten Ägyptens sich wie das Delta des Nils in vielen Armen in das Mittelmeer ergießt, dessen Fluten – oft genug gegen den Widerstand der Propheten – auch die Küsten des Alten Israels umspülen.

Einer dieser «Mündungsarme» des «Nils» ist die Kulturgeschichte Kanaans selbst: länger als Israel je als Volk auf dem Boden des heiligen Landes existiert hat, war dieses Gebiet in wechselnder Form Kolonialland der Ägypter. Die *Idee des Königtums*, von welcher der Begriff des *Messias* sich auf direktem Wege ableitet, ist ohne das Alte Ägypten undenkbar. Desgleichen schildere ich lang und breit, wie stark die Vorstellungen der Alten Ägypter vom «Jenseits» den Bildern der Apokalyptik im Spätjudentum (und in der Joh-Apk) entsprechen; für R. Pesch und G. Lohfink zählt all das offensichtlich zu den Dingen, die man als historisch-kritischer Exeget des Neuen Testamentes nicht zu wissen braucht. Nur: wieso denke ich «ungeschichtlich», wenn mir die Geschichte des Alten Ägyptens zum Verständnis der Offenbarung Gottes in der Bibel wichtig scheint?

Ein anderer geistig außerordentlich fruchtbarer «Seitenarm des Nils» ist das antike Griechenland. Kein Zweifel, daß der Gedanke der Unsterblichkeit des Menschen von dorther in das Spätjudentum eingedrungen ist und besonders von der Gruppe der Pharisäer aufgegriffen wurde; Jesus ebenso wie Paulus haben wesentlich aus diesem Glauben gelebt (Apg 23,6–9); PLATON aber, dessen philosophische Erwägungen über die Unzerstörbarkeit der menschlichen Seele die gesamte abendländische Theologiegeschichte zutiefst geprägt haben, beruft sich zu Recht immer wieder zur Begründung der (mythischen) Visionen seiner Lehren auf die Priesterweisheit des Alten Ägypten.

Ja, es kommt noch eigenartiger: zahlreiche Anschauungen, die dem Christentum *wesentlich* sind, waren im Alten Ägypten bekannt oder doch wohlvorbereitet, während sie von der Theologie des Alten Testamentes bekämpft oder ignoriert wurden. Nicht nur die Lehre von der Unsterblichkeit selbst, sondern vor allem die Vorstellungen eines individuellen Totengerichtes, die Bilder von Himmel und Hölle, die ausgedehnten Phantasien über die Qualen der «Verdammten» – all das wurzelt nicht im Judentum, es findet sich aber eineinhalbtausend Jahre vor Christus an den Grabwänden im Tal der Könige; Schlüsseltexte des christlichen Abendlandes wie VERGILS *«Aeneis»* und DANTES *«Commedia Divina»* sind ohne diesen altägyptischen Hintergrund nicht vorstellbar. Selbst zentrale «christologische» Aussagen wie die jungfräuliche Geburt des Gottessohnes, sein Abstieg in die Unterwelt und seine Auffahrt zum Himmel entstammen den Lehren der Alten Ägypter von dem Schicksal der Sonne und ihrer Verkörperung in der Gestalt des Pharaos, der als König im Glauben der Ägypter wahrer Gott und wahrer Mensch war, Sohn der Sonne und Bruder der Maat – der Göttin der Wahrheit in allen Dingen; er verschmolz im Tod mit Osiris, dem Gott, der in dem falkenköpfigen Horus durch die Liebe der schwesterlichen Gemahlin Isis zu neuem Leben erwacht. All das ist «Mythos». Aber müssen wir immer noch, wie manche der frühchristlichen Apologeten, derartige Vorstellungen als «heidnisch» verwerfen, nur weil sie so offensichtlich der eigenen und «einzigartigen» christlichen Lehre entsprechen?

Das Verfahren jedenfalls, mit dem R. Pesch und G. Lohfink ihren Vorwurf der «Ungeschichtlichkeit» meines Denkens zu begründen suchen, ist dem Vorgehen der spanischen Missionare um 1520 in Mexiko nicht unähnlich: um darzutun, daß einzig die Botschaft des Christentums «heilsgeschichtlich» fundiert sei, verbrannten sie all die Bilderhandschriften, in denen die Indios die geschichtlichen Überlieferungen ihrer Vorfahren aufgezeichnet hatten, und dann erklärten sie, daß die Indianer überhaupt ein geschichtsloses Volk mit einem ungeschichtlichen, «nur» «mythischen» Denken seien. Zufällig gelang es vor 30 Jahren ALFONSO CASO, eine der übriggebliebenen indianischen Bilderhandschriften zu «entziffern»: sie enthielt in exakter Datierung über mehr als ein halbes Jahrtausend die Geschichte der Könige von Tilantongo, ihre Geburten, Heiraten, Kriege und Opfer. Es ist nur die eigene dogmatische Blindheit und die sogleich daraus resultierende Gewalttätigkeit, die ein geschichtliches Denken nur in dem Rahmen der eigenen Theologiegeschichte zuläßt und jeden der «Ungeschichtlichkeit» des Denkens bezichtigt, der zeigt, wie weit verbreitet in der Geschichte der Menschheit bestimmte religiöse Anschauungen sind.

Um auf das Alte Ägypten zurückzukommen: die Religionsgeschichte Ägyptens steht für mich als Beispiel, an dem sich zeigen läßt, wie stark das Christentum sich *auch historisch betrachtet* dem «Heidentum» verdankt oder, anders ausgedrückt, an dem deutlich wird, wieviel an «Offenbarung» Gott offenbar in das menschliche Herz gelegt hat, um die Botschaft des Vertrauens, die in Jesus lebte, als glaubwürdig erscheinen zu lassen. Die Wahrheit des Christus liegt einzig in der Person Jesu, und sie ist einzigartig, unableitbar, ein Geheimnis Gottes; doch um sie zu verstehen, muß man sie «träumen» in dem Reichtum all der Bilder, die unser Leben leiten und begleiten.

Was aber machen R. Pesch und G. Lohfink aus dieser meiner Meinung? Gleich zweierlei.

Zum ersten: ich lehrte eine «Jenseitsreligion». – Die beiden Zeugen entnehmen diese Behauptung vor allem der Stelle meines Buches, an der ich die Legende von der Himmelfahrt des Elias (2 Kön 2,1–14) als Beispiel einer Visionsgeschichte auslege: Elisäus wird zum Propheten berufen, indem er den Tod seines Meisters als Entrückung zum Himmel *sieht;* man muß, so deute ich diese Geschichte, das Sterben eines Menschen betrachten als Heimkehr zu Gott, um anderen Menschen vom Geiste des Elias etwas mitteilen zu können, und ich sehe in dieser im Alten Testament einzigartigen Szene eine Wahrheit ausgesprochen, die gerade in der spätjüdischen Lehre von der Unsterblichkeit bzw. von der Auferstehung des Menschen ihre Ausprägung findet. Dazu die Herren R. Pesch und G. Lohfink: «Die Offenbarung... spricht von Gottes Auferweckungshandeln, nicht vom Abholen des unsterblichen Menschen im Sonnengefährt» (33). Die wunderbare Legende von der Himmelfahrt des Elias aber spricht gerade davon! Was es bedeutet, einen Menschen, den man über alles liebt, sterben zu sehen, und welch einen Trost diese Vision des Elisäus bereit hält, davon findet sich bei diesen beiden Wahrheitszeugen kein Wort. Wohl aber zitieren sie (33) sogar ausführlich, was ich für die eigentliche Botschaft dieser Szene halte: daß Elisäus vom anderen Ufer des Jordans durch das Wasser zu den Prophetenschülern zurückkehrt, *weil* er die Aufnahme seines Lehrers in den Himmel zu *sehen* vermocht hat. «Geh ruhig und ohne Angst zurück in diese Welt und zurück zu den Menschen», so verstehe ich die Kraft, die aus dem Großen Gesicht des Elisäus erwächst, und mir ist gerade *diese Rückkehr* in die Welt der Endlichkeit das entscheidend wichtige Moment dieser inneren Vision eines «offenen» Himmels. Der «Geschmack fürs Unendliche» (SCHLEIERMACHER) entfernt meiner Meinung nach nicht von der Welt, er macht diese irdische Welt überhaupt erst erträglich. In gleichem Sinne schreibe ich bei der Auslegung der Geschichte von der Auferweckung der Tochter des Jairus (Mk 5,35–43), was auch R. Pesch und G. Lohfink (75) wortwörtlich zitieren: «Das ganze Geheimnis des menschlichen Daseins besteht offensichtlich darin, daß wir selbst die wenigen Jahrzehnte unseres Daseins nur zu leben vermögen in dem Bewußtsein, daß der Tod nicht zu fürchten ist, weil er das Leben nicht besiegen kann, das in Gott ewig ist» (*Tiefenpsychologie und Exegese*, II 303). Ich sehe nicht, was wir angesichts des Todes von Jesus tieferes lernen könnten.

Doch nun: Heißt man das «Jenseitsreligion»? – Ich übernehme in Wahrheit, um die existentielle Struktur dieses Glaubens zu kennzeichnen, von SÖREN KIERKEGAARD ausdrücklich jenen Begriff, den er eingeführt hat, um dem romantischen Rittertum weltjenseitiger Sehnsucht diametral zu widersprechen: Glauben, meinte KIERKEGAARD, sei gerade nicht Weltflucht, sondern eine «Doppelbewegung des Unendlichen» (vgl. *Strukturen des Bösen*, III 500, *Tiefenpsychologie und Exegese*, II 433–434) – Pesch und Lohfink hätten das entsprechende Stichwort mühelos im Register nachschlagen können; nur: es paßt nicht in den Rahmen ihrer Vorurteile, und so diffamieren sie lieber, als korrekt zu referieren. Sie hätten ausführlich lesen können, daß ich speziell die Daseinsanalyse der depressiven Neurose auf vielen Seiten meiner Schriften als eine Form gerade der *Verzweiflung der Unendlichkeit* entwickele (*Strukturen des Bösen*, III 469–471; *Psychoanalyse und Moraltheologie*, I 149–155; *Tiefenpsychologie und Exegese*, II 226–231). Ich zeige so eindringlich wie möglich, daß man die eigene Existenz preisgibt, wenn man aus Angst vor der Endlichkeit sein Leben verhockt als ein sehnsüchtiges Warten am Fenster, voller Scheu, auf dieser Welt «heimisch» zu werden.

Und weiß Gott, diesbezüglich weiß ich, wovon ich rede! – Wie viele Menschen gibt es, die niemals in ihrem Leben so etwas wie Geborgenheit und Zuversicht haben lernen können und die statt dessen sich an den Gedanken des Todes gewöhnt haben, als wäre gerade dort, im Jenseits des Lebens, die einzige Zuflucht! Solche Menschen eines «umgekehrten» Lebens der Angst im Verlaufe von Jahren zu einer gewissen Dankbarkeit gegenüber dem Dasein und zu einer gewissen Zärtlichkeit gegenüber sich selbst zu «verführen», ist immer wieder die Alltagsarbeit dessen, was heute «Psychoanalyse» heißt. Sie ist ganz einfach eine Form, in der der Glaube praktisch wird.

R. Pesch und G. Lohfink hingegen beweisen auch hier ihr Unvermögen, dialektisch zu denken und Dinge, die *als Gegensätze* zusammengehören, als Einheit zu sehen und zu leben. «Selbstfindung» ist für sie keinesfalls identisch mit «Gottfindung» (45), und so kann für sie auch der «heidnische», ägyptische «Traum» vom «Jenseits» niemals identisch sein mit einer christlichen Frömmigkeit der Welt. In Wahrheit aber war gerade die ägyptische Religion dem Diesseits außerordentlich zugewandt, und umgekehrt weiß speziell die christliche Erlösungslehre mehr als jede andere Religion um die Abgründigkeit der menschlichen Geschichte.

In jedem Fall bedarf man des «Jenseits», um das «Diesseits» der Geschichte zu bestehen. – Insbesondere wer in der Psychotherapie vor Augen hat, wie buchstäblich «geschichtslos» Menschen inmitten ihrer Angst wie Tiere auf der Treibjagd immer gehetzter von Augenblick zu Augenblick hasten ohne eine Vergangenheit, die sie als ihre eigene betrachten könnten, und ohne eine Zukunft, in die hinein sie ihr Leben zu entwerfen vermöchten, der wird verstehen, daß es nicht möglich ist, mit M. Heidegger die «Zeitlichkeit» und «Geschichtlichkeit» des Daseins einfachhin als ein «Existential» zu verstehen; damit das Dasein eines Menschen sich zu einer eigenen Geschichte hin öffnet, bedarf es einer Beruhigung der Angst durch ein Vertrauen, das tief genug ist, um Zeitlichkeit und Ewigkeit in einer wahren Synthese der Existenz miteinander zu versöhnen. – Ich habe in *Tiefenpsychologie und Exegese* (II 605–624) die unterschiedlichen Erlebnisweisen von Zeitlichkeit und Geschichtlichkeit demgemäß vor dem Hintergrund der Alternative von Angst und Vertrauen *in extenso* beschrieben.

Doch weiter: Bin ich «an Geschichte nicht interessiert» oder «verachte» ich die Geschichte (106), nur weil ich den Horizont der Ewigkeit benötige, um diese Welt als Mensch erträglich zu finden? Ich denke, ich nehme die Herausforderung der Geschichte nur wirklich ernst, wenn ich so denke, und jedenfalls bin ich froh darüber, daß das Christentum die uralten «Träume» der Menschheit, insbesondere die großen Visionen der alten Ägypter, sogar gegen den Einwand des Alten Testamentes aufgegriffen hat, um die Bedeutung und Wahrheit der Person und der Botschaft Jesu von innen her mitzuvollziehen.

Da R. Pesch und G. Lohfink mit ihrer Ansicht in Theologenkreisen gewiß nicht allein dastehen, es gelte zu *wählen* zwischen «Heidentum» und Christentum und man könne nur Christ sein, indem man (z. B.) das Alte Ägypten für absolut «gleichgültig» erkläre, möchte ich doch noch einmal verdeutlichen, was wir *als Christen* dem vermeintlichen «Jenseitsglauben» der Ägypter bezüglich der Infragestellung der menschlichen Existenz durch die Geschichtlichkeit des Daseins verdanken.

Was ist die Wahrheit eines Menschen? Was *bleibt* von der Wahrheit eines Menschen? Was sieht man, wenn man einem Menschen gegenübersteht?

Es war die großartige Vision der Ägypter, eine Wahrheit «jenseits» der Wirklichkeit zu glauben und diese Ebene der «Maat», der eigentlichen, wenngleich unsichtbaren Wirklichkeit, für wahrer und wirklicher zu halten als die Welt des Augenscheins. Das irdische Leben galt ihnen als Inkarnation einer Schöpfung im Himmel, und ihr Mythos von dem widderköpfigen Gott Chnum, der auf der Töpferscheibe den Leib und die Seele eines Menschen gestaltet, ehe er in seiner irdischen Existenzform Gestalt gewinnt, mutet an wie eine heilige Beschwörung, hinter all dem Entstellten und Verstellten, hinter all dem Verlogenen und Verbogenen unseres Daseins dieses göttliche Urbild im Himmel niemals ganz aus den Augen zu verlieren. Es ist die vielleicht schönste «Definition» dessen, was «Liebe» ist, wenn wir sagen: sie ist die Fähigkeit, hinter all den Verhüllungen der irdischen Existenz, hinter all den Verhängnissen und Schicksalsschlägen, hinter all den Einengungen und Unwägbarkeiten des Lebens die wahre Gestalt des anderen wahrzunehmen und sie unbeirrt als seine eigentliche Wahrheit zu setzen.

Denn allein die Liebe ist imstande, das wahre Wesen eines Menschen zu erahnen; nur sie vermag die Ewigkeitsbedeutung eines Menschen zu erfassen. Wie unterschiedlich mag ein Mensch im

Verlauf seines kurzen Lebens bereits von seinen Zeitgenossen beurteilt werden? Und kommt gar der Tod, wird widerstandslos die Parteilichkeit der Überlebenden und die Macht der Vergeßlichkeit das wahre Antlitz eines Menschen bis zur Unkenntlichkeit entstellen. Es war das Vertrauen der Alten Ägypter bereits, daß es über dem Leben eines jeden Menschen so etwas geben müsse wie ein «persönliches Gericht», eine Wahrheit, die unveräußerlich für ihn gilt, und sie haben recht mit dieser Vision. Nicht einmal HEGEL, der die *«Vernunft in der Geschichte»* gegen die Kritik der Aufklärungsphilosophie am christlichen Vorsehungsglauben mit allen Mitteln dialektischer Logik zu retten versuchte, konnte glauben, daß der Verlauf der Geschichte sich mit den Interessen einzelner Menschen vereinbaren lasse. Der Gang der Welt kennt nicht das Wort «Gerechtigkeit», und selbst wenn – in der Sprache I. KANTS – die Ordnung der empirischen Welt wirklich einmal mit der Ordnung der «intelligiblen» Welt übereinstimmen sollte, so bliebe eine solche Übereinstimmung doch rein zufälliger Natur; eben deshalb «postulierte» KANT die Unsterblichkeit der menschlichen Seele, in der richtigen Erkenntnis, daß wir den Widerspruch zwischen der menschlichen Berufung und den Bedingtheiten der Endlichkeit des menschlichen Daseins in Geschichte und Natur niemals akzeptieren könnten, ohne mit «moralischer Gewißheit» vorauszusetzen, was bereits die Vision der Alten Ägypter versprach: eine ewige Gerechtigkeit, die im Tod nicht widerlegt, sondern endgültig bestätigt wird. Nach ägyptischer Vorstellung war der Tod ein «Landen» *(mnj)* am anderen Ufer, ein Ankommen in dem Land, «das unter Gott ist» *(ḫrjt nṯr)*, und der im Tod zu Osiris Gewordene betrat die Halle der *beiden* Wahrheiten: der Wahrheit des Tages und der Wahrheit der Nacht, der Wahrheit des Bewußtseins und der Wahrheit des Unbewußten, und seine Bitte flehte darum, es möge weder das «Herz der Mutter» noch «das Herz der wandelnden Werdegestalten» gegen die eigene Person als Kläger auftreten. Es ist in der Tat nicht zu sehen, wie Menschen ohne derartige Hoffnungen menschenwürdig leben könnten.

Nennt man eine solche Erwartung, die das Christentum in seinen wesentlichen Anschauungen voll und ganz übernommen hat, eine «Jenseitsreligion», wie R. Pesch und G. Lohfink behaupten?

Ganz im Gegenteil. – Gerade das Beispiel Jesu zeigt, daß es einzig in der Zuversicht der Auferstehung möglich ist, das Äußerste im Leben zu wagen um der Wahrheit willen (Mk 8,31; 9,31; 10,32–34). Nicht der Gedanke der Auferstehung selbst ist spezifisch christlich; christlich aber ist es, in dem Vertrauen auf Gott, das Jesus lebte und verkörperte, die Wahrheit zu wagen, ohne den Tod zu fürchten, und zu merken, daß es eine Auferstehung ins Leben *vor* dem Tode gibt, wenn man die Angst vor dem Tod besiegt und die Todespraxis der Angst überwindet.

Man wird bei der Lektüre der «Streitschrift» von R. Pesch und G. Lohfink unweigerlich zu der Annahme gedrängt, daß diese beiden «Zeugen» nicht über die geringste Vorstellung verfügen, wie schwer es ist, einen *Depressiven,* einen wirklich «Jenseitsgläubigen», einen «Verzweifelten der Unendlichkeit» (S. KIERKEGAARD) in oft langen Jahren psychotherapeutischer Begleitung dahin zu «verführen», die Erde zu lieben und sein irdisches Leben im Schatten der Unendlichkeit nicht zu verträumen. Wieviel an Lebensangst und wieviel an Schuldgefühlen, überhaupt auf der Welt zu sein, muß dabei nach und nach mit Hilfe der Psychoanalyse durchgearbeitet und überwunden werden, ehe jemand *vermöge* des Vertrauens einer *jenseitigen* Hoffnung das Diesseits zu wagen beginnt! Es ist nicht möglich, ohne eine transzendente Perspektive des Lebens die Angst und Verzweiflung aufzulösen, in die eine rein immanente Weltsicht unausweichlich treibt; und wenn ich den *therapeutischen* Sinn und Wert eines solchen Ausblicks auf das andere Ufer so sehr hervorhebe, dann gerade deshalb, weil nur von dorther eine rechte Mitte zwischen Abstand und Engagement gegenüber der irdischen Welt zu gewinnen ist. – *«Excessus ad esse», «intellectus agens»,* und *«reditio completa»* waren die Begriffe, mit denen K. RAHNER von seiten der (thomistischen) Erkenntnislehre schon vor 50 Jahren eine entsprechende Anthropologie und Theologie zu begründen versucht hat.

Damit hängt *der zweite Vorwurf* zusammen: «Individualismus!»
– In Wahrheit geht es bei der Definition des Glaubens als einer
Doppelbewegung der Unendlichkeit durchaus nicht nur um bestimmte Voraussetzungen einer Ontologie des Selbstseins, es geht
zugleich immer auch um Weisen menschlicher Begegnung. Sehr
im Kontrast zu jenem Vorwurf des «Individualismus», den
R. Pesch und G. Lohfink immer wieder gegen meine tiefenpsychologische Textauslegung erheben, zeige ich etwa an dem Beispiel der Erzählung von der Tochter des Jairus (Mk 5,35–43), wie
erdrückend und erstickend die scheinbar ganz «natürliche» Vater-
liebe gegenüber der eigenen Tochter wirken muß, wenn die elterli-
che Fürsorge aus Mangel an Unendlichkeit das gesamte Leben auf
eine ängstliche Todesvermeidung zusammendrängt. Für die beiden «Zeugen» stellen auch solche im Evangelium zentrale Wahrheiten lediglich Teile einer «modernen Gnosis» dar (76).
Und warum? – Ich schreibe: «... das Geheimnis aller Wunder Jesu
ist es, daß der Mann aus Nazareth die Macht besaß, einzelne Menschen aus der Umklammerung ihres äußeren und verinnerlichten
Milieus Gott zurückzugeben, auf daß nur der Allmächtige allein
Macht habe über sie» (*Tiefenpsychologie und Exegese,* II 309).
Dazu R. Pesch und G. Lohfink: «Bedarf es dazu der Kirche? Be-
durfte es dazu der Sammlung Israels?» (76) In der biblischen Erzählung von der Heilung der Tochter des Jairus wird die «Kirche»
mit keinem Wort erwähnt; doch es genügt offenbar, sich überhaupt für die Heilung einzelner zu interessieren, um in den Augen
dieser Theologen der Integrierten Gemeinde in München als der
«Gnosis» überführt zu gelten. «Bei Drewermann», erklären sie
abschließend und vernichtend, «bedarf es doch nur des Therapeuten, der Tiefenpsychologie, der rechten Einfühlung» (76). Daß ich
gerade in dem Beispiel von der Tochter des Jairus betone, wie sehr
der Glaube an die Ewigkeit Gottes in sich selber «therapeutisch»
wirkt, unterschlagen sie ganz einfach. Theologie und Tiefenpsychologie haben eben keine Einheit miteinander zu bilden, andern-
falls müßte ja gefordert werden, was ich allerdings verlange: daß
die Exegese aufhört, aufgrund ihrer kompletten Unkenntnis in

Fragen der Psychoanalyse, der Existenzphilosophie und der Daseinsanalyse die Heilungswunder Jesu in bloße Propagandamittel der frühkirchlichen Gemeinde zu verwandeln.

Doch genau das ist es, worauf R. Pesch und G. Lohfink mit ihrem unsinnigen Gnosis-Vorwurf eigentlich hinauswollen: es soll und darf nach ihrer Vorstellung nur die Gemeinde, nicht der Einzelne als wesentlicher Ort von Erlösung verstanden werden. Statt mir zu unterstellen, ich lehnte die «Geschichtlichkeit» der Offenbarung ab, könnte man in diesem Zusammenhang allenfalls mit einer gewissen Berechtigung sagen, daß ich nicht daran glaube, die menschliche Geschichte lasse sich *kollektiv* aus den tragischen Verkettungen ihrer verinnerlichten Strukturen von Angst, Mangel und Gewalt herauslösen. Ausführlich zeige ich in *Tiefenpsychologie und Exegese* (II 625–635), daß die Alternative von Angst und Vertrauen den eigentlichen theologischen Verstehenshorizont aller Auslegung menschlicher Geschichte bildet. R. Pesch und G. Lohfink gehen darauf gar nicht erst ein; Angst ist für sie nach «dem Aufklärungswissen der biblischen Überlieferung», wie sie es verstehen, kein theologisches Thema (38), und meine Darstellung der sozialen, geschichtlichen Strukturen von «Sünde» auf dem Hintergrund der Angst (*Strukturen des Bösen*, III 331–435) haben sie wieder einmal nicht gelesen. Statt dessen betrachten sie die menschliche Geschichte mit einem geradezu enthusiastischen Heilsoptimismus und einem fixen Heilspositivismus, der so tut, als ob all die Infragestellungen des Glaubens durch die Macht der Angst nicht schon auf dem Boden des Neuen Testamentes sehr ausgeprägt geschildert würden.

Wie schwer z. B. tut sich der Autor der *Geheimen Offenbarung*, den Glauben der frühen Kirche gegen die Angst vor den einsetzenden Verfolgungen mit Hilfe apokalyptischer Denkmuster und Vorstellungsinhalte zu stabilisieren! Das Problem, das sich für die Auslegung, gerade wenn sie «historisch-kritisch» vorgeht, unausweichlich anhand dieser Texte ergibt, liegt freilich in der objektiven Diskrepanz zwischen Verheißung und Wirklichkeit: Wo in der Bibel hätten die tröstenden Visionen der Propheten über das

Schicksal des *Volkes* Israel jemals in der Geschichte sich in der versprochenen Weise erfüllt? Historisch-kritisch gesehen läuft die *Geheime Offenbarung* am Ende des Neuen Testamentes auf einen tragischen Irrtum hinaus: sie verspricht der verängstigten frühchristlichen Gemeinde den baldigen Untergang des römischen Imperiums und den Beginn des messianischen Reiches; doch nichts davon geschieht: die Macht Roms behauptet sich gegenüber den Parthern, und nur 200 Jahre später wird die Kirche selbst mit der schrecklichen «Hure Babylon», der gierigen Blutsäuferin und schamlosen Metze, auf das innigste verheiratet sein – eine Ehe, die in wechselnden Formen mehr als 1500 Jahre halten wird und die Hoffnungen der *Geheimen Offenbarung* auf das baldige Ende Roms in geradezu makabrer Weise ad absurdum führt. Für mich geht aus dieser Tatsache hervor, daß die Wahrheit prophetischer oder apokalyptischer Aussagen eben nicht «geschichtlich» verstanden werden kann, sondern wesentlich psychischer Natur ist, und so zeige ich in *Tiefenpsychologie und Exegese* (II 437–485), wie man die entsprechenden Visionen von seiten der Tiefenpsychologie als Bilder verstehen kann, in denen sich das Vertrauen zu Gott gegen den drohenden (psychotischen) Wirbel der Angst trotz allem mit Berufung auf Christus zu erhalten vermag. Alle Bilder von Gott sind dabei natürlich zunächst psychologisch zu verstehen – es ist nicht der Gott Jesu Christi, der seinen Himmel vom Satan säubern muß, indem er ihn auf die Erde wirft, auf daß er dort als sein Strafwerkzeug schreckliche Dinge begehe – seit C. G. Jung müßte die psychologische Problematik eines solchen Gottesbildes auch in Theologenkreisen hinlänglich bekannt sein. Doch nicht so bei R. Pesch und G. Lohfink. Sie sehen in meinem Problemansatz erneut «die Theologie verabschiedet» (90), ohne zu bemerken, daß ich gerade die Psychologie der Angst im Feld der Gottesferne dazu benutze, die Bilder der *Johannesapokalypse* in ihrer gültigen Wahrheit zu erweisen.

Wie man Probleme theologisch wegreden kann, statt sie sich zunächst einmal ehrlich einzugestehen und dann nach Methoden zu ihrer Lösung zu suchen, machen R. Pesch und G. Lohfink an dieser Stelle im weiteren noch eindrücklicher klar. Als wäre ihnen der tatsächliche Fortgang der Geschichte Roms in den ersten drei Jahrhunderten gänzlich unbekannt, geraten sie förmlich ins Schwärmen darüber, wie der Gott der Apokalypse mit seinen Feinden aufräumt: «Weshalb soll der Gott Jesu Christi nicht, wie es seiner Souveränität und Ehre entspricht, seine Macht über die eigene Schöpfung so geltend machen, daß er die Widersacher seines Volkes und den Antichristen, der sich wider seinen Gesalbten erhebt, sich selbst vernichten läßt» (92)? Nach meinem Verständnis von dem Gott Jesu Christi entspricht es absolut nicht «seiner Souveränität und Ehre», Menschen «sich selbst vernichten» zu lassen; für mich wäre ein Gott, der so handelt, ein Monstrum, dem zu dienen ich mich weigern würde – als Mensch, als Priester und als Theologe. Wie um Himmels willen soll denn Theologie jemals aufhören, eine Ideologie zur Vernichtung von Menschen zu sein, wenn wir als «Erklärer» der Bibel es nicht wagen können, Notschreie der Angst und der Rache, von denen die apokalyptische Literatur auch der Bibel voll ist, *psychologisch* zu verstehen, statt sie gewissermaßen metaphysisch zu rechtfertigen? Der Gott Jesu Christi ist es, dem das 100. Schaf, das sich verlaufen hat, wichtiger ist als die gesamte übrige Herde; ein Gott, der ein großes Jubellied im Himmel veranstalten läßt, weil er die Leiber seiner Feinde zu Hauf den Raubvögeln zum Fraße geben kann, was hat der gemein mit dem Gott, den Jesus, im Kontrast etwa zu den pharisäischen *Psalmen Salomos*, gerade den «Sündern» zu verkündigen kam?

Es zeigt sich an dieser Stelle u. a. der eigentliche Grund, warum ich immer wieder darauf bestehe, die Bilder der Bibel *nicht* auf die äußere Historie zu beziehen: Zum einen führten und führen sie in die Irre, solange man in ihnen (Vor-)Aussagen über historische Ereignisse sehen will; zum anderen aber verführen sie dazu, Konflikte und Spannungen, die ein jeder in sich selber durchleben und auflösen muß, in gewalttätiger Weise nach außen zu projizieren und dann stellvertretend an anderen, real lebenden Menschen abzuarbeiten. Als ob ich nicht mit vielen Argumenten auf die *projektive* Natur der Weltentstehungs- und Weltuntergangsmythen der

Urzeiterzählungen der Völker und der ihnen entsprechenden apokalyptischen Visionen hinzuweisen versucht hätte (*Tiefenpsychologie und Exegese*, II 473–485), sehen R. Pesch und G. Lohfink kein Problem darin, die betreffenden Passagen der *Johannesapokalypse* als «eine großartige Entlarvung der politischen Geschichte» auszugeben, gemessen daran es sich «kleinkariert» ausnehme, nur in mythischem Sinne zu glauben, «Gott habe sich zur Zerstörung der Macht des Teufels der Heerscharen des Satans bedient» (92). Und sogar in Sperrdruck: «Die Apokalypse schildert keinen mythischen Kampf, kein mythisches Gericht, sondern die Geschichte als Weltgericht» (92). Als wäre nicht gerade diese Anschauung von der Geschichte als Weltgericht, in äußerem Sinne «wörtlich» genommen, ein vollkommener Mythos! Sollte man am Ende des 20. Jh.s einzig in den Kreisen katholischer Theologen noch nicht bemerkt haben, wie obsolet, ja, wie geradewegs zynisch es klingt, Vokabeln wie «Vorsehung», «Volk» und «Weltgericht» in den Mund zu nehmen, ohne sie zunächst einmal psychologisch zu filtern? R. Pesch und G. Lohfink aber insistieren sogar auf ihrem biblizistischen und fundamentalistischen «Wörtlichnehmen» der Geschichtstheologie Israels.

Ich gebe mir in *Tiefenpsychologie und Exegese* (II 627–635) z. B. die größte Mühe zu beschreiben, in welcher Weise es möglich ist, *ohne Ideologiebildung* die Haltung des Vertrauens bestimmten Erfahrungen des Lebens zu unterlegen und diese dann als so etwas wie eine «Fügung» Gottes zu interpretieren; alles hängt dabei an dem Bewußtsein des Symbolismus und der wesenhaften Subjektivität derartiger Geschichtsdeutungen. Dagegen R. Pesch und G. Lohfink: «Daß Gott auch das Herz derer, die nicht zu seinen Erwählten gehören, so lenkt, daß sie seinen Plan ausführen, ist eine der grundlegenden Glaubenserfahrungen Israels und der Kirche. Gott bot den Perserkönig Kyrus als ‹Messias› auf, um Israel aus dem babylonischen Exil zu holen. Genauso kann er den Nero redivivus aufbieten, um das widergöttliche Rom zu vernichten. Auch darin geschieht Gottes Gericht, wenn sich seine Widersacher selbst umbringen und vernichten. Johannes (sc. der Verfasser der *Geheimen Offenbarung*, d. V.) ist nicht durch den Mythus geblendet, sondern durch die Offenbarung aufgeklärt! Und die historisch-kritische Exegese arbeitet diese Aufklärung heraus» (92)! Man sollte vielmehr sagen: die Herren Pesch und Lohfink leugnen *gegen* die notwendige Aufklärung, die eine historisch-kritische Betrachtung der Bibel an dieser Stelle in der Tat bringen könnte, was ich (mit Bezug auf den Kommentar von E. LOHSE) als Problem einfach anerkennen muß: wie stark *mythologisch* nicht nur die Bilder sind, mit denen das Buch der *Geheimen Offenbarung* die Angst der verfolgten Christen durch den Ausblick auf eine *jenseitige Welt* zu beruhigen versucht, sondern wie mythisch ambivalent auch das Gottesbild ist, das sie mit den Vorstellungen von dem großen «Gericht» über die «Sünder» verbindet.

Man braucht, um die saloppe Leichtfertigkeit bzw. die schwergewichtige Ungeheuerlichkeit der «Offenbarungstheologie» von R. Pesch und G. Lohfink an dieser Stelle sich recht zu verdeutlichen, ihre so selbstsicher wirkenden Aussagen nur in die Erfahrungswelt des 20. Jh.s zu stellen, und schon wird klar, daß sie selber eine pure «Theologie» der Vergangenheit betreiben *müssen,* da anderenfalls die Äußerlichkeit ihrer Interpretationsmethode sogleich als eine Ideologie der Gegenwart in Erscheinung treten würde.

So weise ich etwa darauf hin, daß in der Geschichte Israels nicht eine einzige der konkreten Messiashoffnungen in Erfüllung gegangen ist – auch die Gestalt des Kyros verspricht am Anfang mehr, als sie am Ende hält (*Tiefenpsychologie und Exegese*, II 492–503); alle Heilshoffnungen auf dem Boden realer Historie können stets nur eine gewisse Zeitlang *psychologisch* plausibel scheinen, bis daß sie vom Gang der Ereignisse mit großer Regelmäßigkeit wie von selbst widerlegt werden – eben deshalb scheint es mir unerläßlich, die Gestalt des «Messias» selbst zunächst als ein Symbol der Seele zu deuten, und gerade nicht als eine objektive Größe im Raum der Politik (*Tiefenpsychologie und Exegese*, II 452–467). Aber selbst wenn man, wie R. Pesch und G. Lohfink, über all die vermeintlichen «Kleinkariertheiten» tiefenpsychologischer Exegese sich in großem Stil glaubt hinwegsetzen zu können – wie geht es denn zu, als theologische Botschaft *für diese unsere Welt* zu verkünden, daß «Gott dem Recht Geltung verschafft, dem Recht der Märtyrer, die von... dem gottlosen Rom hingerichtet wurden. Das Recht dieser Unterdrückten und Gemordeten hat Gott selbst in die Hand genommen, er hat ihren Rechtsanspruch zu dem seinen gemacht und das Gericht vollzogen... also Jubel über den Sieg der Gerechtigkeit» (93)?

In unserem Jahrhundert gab es gewiß keinen größeren «Sieg der Gerechtigkeit» und kein trefflicheres Beispiel dafür, wie die «Feinde Gottes» sich «gegenseitig» umbringen (93), als die Katastrophe Nazi-Deutschlands und des kaiserlichen Japans 1945. Aber wer hätte denn die Stirn, Dresden und Hiroshima als Siege Gottes zu feiern, und was für eine absurde Kreuzzugsmentalität amerikanischer oder bolschewistischer Prägung sollte daraus hervorgehen? Man kann verstehen, daß jemand, als sich endlich die Lagertore von Dachau oder Bergen Belsen öffneten, Gott auf den Knien für die Rettung seines Lebens dankte; aber von dieser wie selbstverständlichen Dankbarkeit eines einzelnen ist es ein weiter Weg zu der selbstgewissen, als objektive Lehre vorgetragenen Geschichtstheologie, daß Gott das Recht der Unterdrückten «selbst in die Hand genommen» habe. Die bittere Erfahrung von Dachau oder Bergen Belsen war es vielmehr, daß Gott innerhalb der menschlichen Geschichte offenbar überhaupt nichts «in die Hand nimmt», sondern die Schöpfung sich entwickeln und die Menschen machen läßt. Es ist nicht wahr, daß in der Weltgeschichte «am Ende» stets die bessere Sache auch die siegreiche sei; ja, es scheint nicht einmal HEGELS Glaube berechtigt zu sein, daß innerhalb der menschlichen Geschichte Geistiges zumindest nicht *verloren*gehen könne. Ganze Kulturen mit ihren Göttern, ihren Wahrheiten, ihren Gedichten und ihren Liedern *können* vergehen wie Wellen im Ozean oder, besser, wie Zweige in der Evolution des Lebens, die schon bei einer geringfügigen Schwankung in den Lebensbedingungen ihrer Umgebung wieder zurückgenommen werden. Wie lange hat die christliche Theologie an einen Gott zu glauben befohlen, der jedes Detail seiner Schöpfung planvoll und gütig zum besten lenkt! Der Atheismus in der Geistesgeschichte Europas ist ohne die herbe Enttäuschung an dieser falsch verstandenen, *mythischen* Einstellung der christlichen Theologie *zur Natur* nicht vorstellbar.

Eine analoge «Entmythologisierung» des biblischen Vorsehungsglaubens *bzgl. der menschlichen Geschichte* ist längst überfällig, ja, eigentlich noch dringlicher.

Denn als man in der Philosophie der Neuzeit begann, den «Willen Gottes» auch und wesentlich in den «Gesetzen» der Natur zu sehen, «säkularisierte» man ein Feld der Wirklichkeit, auf dem man so etwas wie «Gerechtigkeit» vernünftigerweise von vornherein nicht erwarten konnte. Auf dem Boden der menschlichen Geschichte aber begegnet der Mensch wesentlich sich selbst, *hier* könnte man schon eher erwarten, daß es einen Gott gäbe, der die «Gesetze» des Ablaufs der Geschichte nach «moralischen» Begriffen geordnet hätte. Doch je mehr wir von den gestaltenden Faktoren die menschliche Geschichte und ihrem Zusammenwirken verstehen, desto deutlicher wird, daß es so etwas wie eine übergreifende Gerechtigkeit der Geschichte nicht gibt. Das römische Reich beispielsweise ging gewiß nicht wegen seiner vermeintlichen «Unmoral» oder seiner imperialen Machtgier zugrunde, weit eher schon infolge seiner urbanen Zivilisiertheit, die sich gegenüber dem rücksichtslosen Eroberungswillen der barbarischen Stämme nicht mehr zur Wehr setzen konnte, oder infolge der allmählichen Unabhängigkeit des Sklaventums, auf welchem die antike Stadtkultur basierte. Die Gründe für den Aufstieg und Untergang einer Kultur sind sehr vielfältiger Natur; mit Moral, Gerechtigkeit oder dem Willen Gottes haben sie selten etwas zu tun.

Mein Problem in der Auseinandersetzung mit R. Pesch und G. Lohfink liegt indessen auch hier im wesentlichen darin, daß ich mit Hilfe der Tiefenpsychologie auf Fragen zu antworten versuche, die auch nur zu stellen meine Kontrahenten bereits als Glaubenslosigkeit und Häresie diffamieren. Sie *wollen* nicht sehen,

welche Irrtümer und Irreführungen das prophetisch-apokalypti-
sche Sprechen von der Vorsehung Gottes in der menschlichen Geschichte enthält, wenn man es in falscher Weise «wörtlich»
nimmt; und so verstehen sie durchaus nicht, daß ich den religiösen
Wert jener Bilder, deren äußere Glaubwürdigkeit im Bewußtsein
der meisten längst zusammengebrochen ist, anthropologisch neu
begründen möchte, indem ich von seiten der Tiefenpsychologie
zeige, welch eine hohe *psychische* Bedeutung für die Bildung eines
religiösen Vertrauens den entsprechenden Anschauungen zukommt. Dazu ist es in der Tat unerläßlich, die Denk- und Vorstel-
lungsbedingungen dessen, was theologisch «Offenbarung» heißt,
in den Strukturen der menschlichen Psyche zur Kenntnis zu nehmen und den transzendentalphilosophischen Ansatz der Theologie tiefenpsychologisch zu ergänzen und zu vertiefen. Die Offenbarung Gottes beginnt offensichtlich nicht erst an der Stelle, da
bestimmte psychische Vorstellungskomplexe in das menschliche
Bewußtsein drängen, sie beginnt, wenn überhaupt, in dem Moment, da Gott die Bilder des Vertrauens in die menschliche Seele
gelegt hat – in den Jahrmillionen der Evolution.

Um es in einem Bild zu sagen: wenn man einen Vogel monatelang
in einem dunklen Käfig gefangenhält und ihn endlich freiläßt ans
Licht, so wird er den Glanz des Tages auf seine Weise als eine
«Offenbarung» Gottes verstehen; doch es wäre ein Fehler zu glau-
ben, die Sonne hätte allererst in diesem Moment seiner Freilassung
just nur für ihn zu scheinen begonnen; was er als «Offenbarung»
erlebt, geschieht vielmehr in der Begegnung seines *Wesens,* das im
Verlauf ganzer Epochen der Erdgeschichte zum Fliegen in der
Freiheit des Lichts hin geschaffen wurde, mit den Strahlen der
Sonne, durch die er selber in seine eigene Wahrheit tritt. Aus der
Verschmelzung des urzeitlich, archetypisch Vorgebildeten mit
den Zufälligkeiten des Augenblicks ergibt sich das Wunder einer
Offenbarung Gottes *für uns.*

Immer wieder heben indessen R. Pesch und G. Lohfink in ihrer
Broschüre hervor, ich setzte die Ebene der «Archetypen», der
«Psychologie», *gegen* die geschichtliche Wahrheit der Offenba-

rung. Auch dieser Vorwurf, sooft geäußert, trifft ersichtlich nicht zu und beruht in Wahrheit auf einer simplen Verwechslung, auf einem logischen Trick.

Ich sage in der Tat mit Nachdruck, daß eine *historische* Betrachtung der menschlichen Geschichte prinzipiell ungeeignet sei, einen *religiösen* Inhalt in seinem bleibenden Gehalt zu erkennen oder zu verkünden; daraus wird bei R. Pesch und G. Lohfink die Behauptung, ich leugnete die Geschichtlichkeit der Offenbarung selbst. Mit Verlaub: es wird doch noch möglich sein, die historisch-kritische Methode in der Bibelexegese als eine religiöse Methode der Geschichtsauslegung in Frage zu stellen, ohne deswegen schon die Geschichte bzw. die Geschichtlichkeit der Offenbarung selber zu verleugnen! R. Pesch und G. Lohfink verwechseln einfach eine historische Methode zur Erforschung von Geschichte mit der Geschichte selber, bzw. sie verwechseln ihr eigenes Denken mit der Wirklichkeit.

Vor allem stellt sich *gerade* im Rahmen der historisch-kritischen Exegese immer wieder die Frage, wie man die «Offenbarung» Gottes in der menschlichen Geschichte als geschichtliche Tatsache nachweisen könne, und hier bedeutet es für mich eine sehr wichtige Einsicht, daß die historische Forschung bei ihrer Suche nach den geschichtlichen Grundlagen des Glaubens im wesentlichen mit *negativen* Ergebnissen zurückkehrt: es ist offenbar nicht möglich, den Inhalt der «Offenbarung» Gottes «objektiv» auf der Ebene der Fakten statt auf der Seite des Subjekts, auf der Ebene der «Bedeutung» der Fakten, suchen zu wollen. Wo immer die historisch-kritische Forschung versucht, den zentralen Aussagen der jüdisch-christlichen Botschaft als objektivierbaren Tatsachen gegenüberzutreten, verliert sie sich mit Notwendigkeit in einem Meer von Bildern, die eine historische Außenseite haben *können* – oder auch nicht, und die von sich her jedenfalls keine Kriterien an die Hand geben, um die Frage nach der historischen Wirklichkeit eindeutig zu beantworten. Ich sehe nicht, was damit gewonnen sein soll, wenn wir in der historisch-kritischen Exegese 50 Jahre nach R. BULTMANN an dieser oder jener Bibelstelle inzwischen vielleicht etwas vorsichtiger geworden sind in dem Urteil: «unhistorisch» – oder: «Gemeindebildung»; an dem Gesamtbefund hat sich nichts geändert: es ist nicht möglich, die Botschaft des Glaubens auf «Tatsachen» zu gründen, statt auf die *Deutung* von Tatsachen mit Hilfe *symbolischer* Erzählweisen. Und eben deshalb verlange ich, daß man die Bibel wesentlich mit den Methoden der Tiefenpsychologie auslegt, weil diese heute das einzige Verfahren darstellt, um Symbole in ihrem menschheitlichen religiösen Gehalt zum Sprechen zu bringen.

Daß dies so ist, hat seinen Grund. – In der Einleitung zu meinem Buch über das *«Markusevangelium»* (I 80–107) habe ich des längeren darauf hingewiesen, daß auch die Psychoanalyse als ein Kind des 19. Jh.s im Jahre 1897 ihr «historisch-kritisches» Problem hatte: immer wieder erwiesen sich die vermeintlichen «Erinnerungen» der Patienten über die Ursachen ihrer seelischen Erkrankungen als «historisch» unwahr. S. FREUD zog aus dieser Tatsache damals den Schluß, daß man die Schilderungen der Analysanden «symbolisch» lesen müsse, indem man ihnen eine *psychische* Wahrheit zuordnete, die auch über ihre Biographie zutreffende Informationen lieferte, wofern man allerdings die Fragestellung entscheidend veränderte: man dürfe die Erinnerungen der Patienten, meinte FREUD, gerade nicht danach befragen, inwieweit sie in äußerem, historischem Sinne zuträfen oder nicht, sondern man müsse fragen, inwieweit sie den seelischen Eindruck und die innere Verarbeitung des Erlebten wiedergäben. M. a. W.: auf Grund des Scheiterns der «historisch-kritischen» Betrachtungsweise mußte die Psychoanalyse schon vor 90 Jahren damit beginnen, die «geschichtliche Wahrheit» der symbolisch verschlüsselten Erinnerungen der Patienten nicht auf der Ebene der objektiven historischen Tatsachen zu suchen, sondern auf der Ebene der subjektiven Bedeutung, die das damals Geschehene für die Betroffenen gehabt hat. Mit den Mitteln der *Traumpsychologie* ist es möglich, diesen subjektiv wirksamen Bedeutungsanteil des Vergangenen und seine zeitlose Präsenz in der Persönlichkeitsstruktur des jeweiligen Patienten recht genau zu bestimmen, während es fast niemals möglich ist, aus den Symbolen selbst die historische Wirklichkeit zu rekonstruieren, die sie auf den Plan gerufen hat und die sich in ihnen ausdrückt.

Es handelt sich, wie man sieht, um denselben Sachverhalt, den man auch in den Überlieferungen der Religionen antrifft: je bedeutsamer eine bestimmte Mitteilung ist, desto sicherer liegt sie in symbolisch verdichteter Form vor, und desto unsicherer muß jeder Versuch ausfallen, hinter dem Symbolismus der Bedeutungen die Welt der objektiven Begebenheiten wiedererstehen zu lassen. Unter dem Stichwort *«Deckerinnerungen»* habe ich diese außerordentlich wichtige Eigenart symbolisch geformter, traumnaher Erinnerungen an mehreren Beispielen ausführlich dargestellt (*Tiefenpsychologie und Exegese*, I 350–374); R. Pesch und G. Lohfink hingegen erwähnen diese Zusammenhänge, die den vermeintlichen Gegensatz von Geschichte und Symbol (Traum, Mythos, Archetyp) gerade überwinden sollen, mit keinem Wort. Wer von «Traum» spricht statt von Historie, der meint für sie *ipso facto* etwas «Ungeschichtliches», der leugnet Geschichte. So einfach ist das, und so wenig brauchen Theologen offenbar auch heute noch von der Psychoanalyse zu verstehen, um sich unter den Augen kirchlicher Oberhirten ein Urteil darüber anmaßen zu können, wer im Sinne der kirchlichen Lehre ein Häretiker ist, wenn und weil er sich auf die Tiefenpsychologie einläßt. Freilich dienen sie damit einem Lehramt, das sich bereits ein ganzes Jahrhundert lang weigert, in Fragen der Psychologie dazuzulernen und endlich eine Sprache zu finden, die geistig und poetisch genug ist, um religiös wahr im objektiven und religiös ehrlich im subjektiven Sinne sein zu können.

Es ist dieser Zusammenhang der geschichtlichen Wahrheit symbolischer Deutungen, in dem ich auf die Geschichte aus Mk 9,2 ff. von der Verklärung Jesu auf dem Berge zu sprechen komme als auf ein besonders klares Beispiel für eine Erzählung, die in historischer Betrachtung als «nachösterlich», also strenggenommen als «unhistorisch» gelten muß, während sie in tiefenpsychologischer Betrachtung uns gerade von der Gestalt des historischen Jesus etwas verrät, das allererst zu erklären vermag, wie sein Weg nach Golgotha menschlich überhaupt möglich war. Die Tiefenpsychologie «leugnet» die Geschichte nicht, noch «verabschiedet» sie die «Geschichtlichkeit der Offenbarung»; sie hilft im Gegenteil immer wieder, die Motive und Einsichten zu verstehen, aus denen heraus Menschen imstande sind und waren, die Geschichte von Gott her zu gestalten. Dabei vermag die Traumpsychologie der Psychoanalyse insbesondere die historische Wahrheit solcher «unhistorischer» Erzählweisen wie der Legenden, der Sagen, der Mythen gut zu bestimmen. Tiefenpsychologisch stellt es eine alltägliche Erfahrung dar, daß Träume, die heute geträumt werden, die innere Wahrheit von Menschen, die schon vor Jahrzehnten verstorben sind, in einer Weise zu enthüllen vermögen, wie sie uns damals, als wir mit ihnen zusammenlebten, durchaus noch nicht zugänglich war und sein konnte. Diese Wahrheit der Träume bezieht sich naturgemäß nicht auf die historischen Fakten, die im Verlaufe der Zeit immer undeutlicher und ungenauer in der Erinnerung haften bleiben, sie bezieht sich vielmehr auf die Bedeutung, die eine bestimmte Person durch ihr Wesen und durch ihr Wirken für den Träumenden besitzt; es geht mithin um Wahrheiten, in denen der Träumende und das Geträumte durch die spezifische *Bedeutung* auf das engste miteinander verbunden sind – eben deswegen bedarf es der Sprache des symbolischen Ausdrucks, um diese Verschmelzung zwischen der subjektiven und der objektiven Ebene, zwischen dem Deutenden und dem Bedeutenden auf bestmögliche Weise darzustellen.

Dementsprechend schildere ich ausführlich (*Tiefenpsychologie und Exegese*, II 347–348; *Das Markusevangelium*, I 96–102), wie die Erzählung von der Verklärung Jesu auf dem Berge uns Heutigen (uns «Nachösterlichen»!) zu zeigen vermag, von welch einem Großen Gesicht Jesus selber getragen wurde, als er «auf dem Berge» «Moses» und «Elias» aus der «Wolke» zu sich sprechen hörte und sein Antlitz und seine Kleidung in blendendem Glanze erstrahlten; es handelt sich wohlgemerkt bei dieser Geschichte innerhalb des Markusevangeliums um die zentrale Szene zwischen

Taufe (Mk 1,11) und Kreuzigung (Mk 15,39), in gewissem Sinne steht sie im Zenit des ganzen öffentlichen Lebens Jesu.

Dazu R. Pesch und G. Lohfink: es geht überhaupt nicht um eine Erscheinung Jesu, sondern um eine Erscheinung der Jünger, denn *sie* «sehen», wie Jesus vor ihren Augen «verwandelt» wird (Mk 9,2); also zeigt sich natürlich einmal mehr, wie unglaublich schlecht, oberflächlich und unwissenschaftlich Drewermann Exegese betreibt – er setzt sich augenscheinlich sogar über die Gattung einer Geschichte hinweg (86). – In Wahrheit geht es mir gerade darum zu zeigen, daß die Jünger (nach Ostern!) eine Einsicht in das Wesen Jesu gewinnen, die gerade von dem historischen Jesus gelten muß: daß er den Weg in das Leid nur antreten konnte kraft einer «Vision» seiner eigenen Berufung. Ein Mensch kann nur so viel an Leid akzeptieren, wie er zuvor an Glück erfahren hat, und eben dieses Glück, die eigene Bestimmung und Beauftragung seines Lebens ganz deutlich vor sich zu sehen, verdichtet sich meiner Meinung nach in dieser Szene von der Verklärung Jesu auf dem Berge.

R. Pesch und G. Lohfink hingegen wollen es genau wissen: Jesus, so erklären sie, habe gar nichts «gesehen»; «gesehen» hätten nur die drei Jünger (85), denn tatsächlich sagt Mk 9,4, daß Moses und Elias «ihnen» erschienen und mit «ihm» redeten; *«ihnen»*, das sind nach R. Pesch und G. Lohfink die Jünger, *«ihm»*, das ist Jesus.

Wie aber dann? – Petrus, Jakobus und Johannes also hätten Moses und Elias «gesehen», gehört aber hätte sie nur Jesus? Die beiden Repräsentanten des Alten Testamentes hätten ihre Erscheinung einzig den Jüngern reserviert, um derweilen ihre Rede Jesus vorzubehalten? Man muß wirklich schon «historisch-kritisch» exegesieren, um eine solch absurde Trennung von «Ton-» und «Bildtechnik» bei einer Erscheinung für wahrscheinlich zu halten. Mir jedenfalls scheint evident, daß mit *«ihnen»* beim Sehen und Hören wie selbstverständlich Jesus *und* die Jünger gemeinsam gemeint sind, nur daß die Vision (und Audition) Jesu sich an dieser Stelle auch auf die Jünger hin öffnet, indem sie erkennen, daß zu Jesus (bzw. in Jesus) im Grunde Moses und Elias reden bzw. geredet haben und ihr «Programm»: die Freiheit gegenüber Menschen und die Freiheit gegenüber falschen «Göttern», in Jesus fortlebt (zu Mk 9,22 ff. vgl. *Das Markusevangelium* I 600–611).

R. Pesch und G. Lohfink sind freilich mit ihrer subtilen Analyse des Hörens und Sehens Jesu noch nicht am Ende ihres historischen Scharfsinns. Ich lege großen Wert darauf, daß die Verklärung Jesu auf einem *Berg* geschieht, und weise darauf hin, daß in den Überlieferungen der Völker Erscheinungen dieser Art immer wieder auf Bergen sich ereignen (*Tiefenpsychologie und Exegese,* II 347–348; *Das Markusevangelium,* I 590–592). Stets liegen solche Berge am Mittelpunkt der Erde; im Moment solcher Großen Gesichte bilden sie das Zentrum der Welt, eine *axis mundi,* an welcher der Himmel die Erde berührt, und so erwähne ich die Bemerkung von M. ELIADE, der den *Tabor,* auf den die christliche Legende die Verklärung Jesu lokalisiert, als «Nabel» (der Welt) übersetzt. Zugegeben, diese Etymologie ist unsicher, und das hätte ich der Notiz hinzufügen sollen (86); aber mir ging es überhaupt nicht um «Etymologie» und noch viel weniger um Geographie. Wer, wie R. Pesch und G. Lohfink, partout an dieser Stelle eine patristische Diskussion darüber vom Zaune brechen muß, ob als Berg der Verklärung bei den Kirchenvätern der Hermon, der Tabor oder welcher Berg in Palästina auch immer gegolten habe, der verkennt, daß es sich hier um «Berge des Herzens», niemals um Berge des Raumes handelt, an denen derartige «Einsichten» Menschen zuteil werden können; wohl aber ist es ein Zeichen der *Legende,* heilige Ereignisse zu historischen Landschaften und Namen in Beziehung zu setzen. Statt, wie ich vorschlage, sich bei der Lektüre der Erzählung von der Verklärung Jesu aus den Niederungen des Denkens und Empfindens zu befreien und gemeinsam dem Himmel entgegenzusteigen, entfachen die beiden «Zeugen» in ihrer «Streitschrift» bzw. in ihrer «endlich» erfolgten «Klarstellung» gerade an dieser «erhebenden» Stelle einen horrenden Pilpul, bei dem es eine dritte Dimension von Höhe und Erhebung durchaus nicht geben soll; und statt meine These von dem Unvermögen der historisch-kritischen Exegese, Symbole und Bilder sinnvoll auszulegen, durch das bessere Beispiel zu widerlegen, bestätigen R. Pesch und G. Lohfink lediglich meinen ohnehin schon tristen Eindruck von dieser Methode auf eine ebenso gelehrsam fleißige wie einsichtslos blinde Art und Weise.

Im ganzen aber entgeht ihnen mit solchen «Argumenten» gerade das, worauf sie sich als historisch-kritische Exegeten so überaus viel zugute halten: das Historische. Denn eben das Historische kommt bei derartigen symbolischen, traumnahen Erzählungen wie den Mythen, Sagen, Legenden und Erscheinungserzählungen allererst zum Vorschein, wenn man die jeweiligen Bilder mit Hilfe der Tiefenpsychologie in Richtung ihrer subjektiven Bedeutung auslegt und sie nicht nur als Verschleierungen der «eigentlichen», objektiven geschichtlichen Wirklichkeit betrachtet. Bei der Erzählung von der Verklärung Jesu insbesondere gilt es zu lernen, daß man die (geschichtliche!) Wahrheit eines Menschen nur mit dem *inneren* Auge zu sehen vermag, und daß man die Kraft, die sein Leben bestimmt, nur als Erfahrung einer inneren Einsicht verstehen kann. Es ist nicht wichtig, ob es in historischem Sinne im Leben Jesu jemals eine «Tabor»-Stunde gegeben hat oder nicht; wichtig ist, daß Jesus (als geschichtliche Person!) *wesentlich* über den Niederungen der Welt stand, daß er *wesentlich* dort war, wo die «Erde» ihren «Mittelpunkt» besitzt, daß er *wesentlich* den «Wolken» nahe war, daß er *wesentlich* die Botschaft des Moses und des Elias an sich gerichtet vernahm, und daß er *wesentlich* deshalb in den Tod gehen mußte. Alles das sind *geschichtliche* Wahrheiten, die man nur in traumnahen Erzählungen ausdrücken kann, weil nur der «Traum» das Wesen eines Menschen wirklich zu enthüllen vermag – die «Wahrheit» des Chnum, in ägyptischem Sinne. Wo die historische Kritik immer wieder im Negativen endet («was war nun tatsächlich?»), eröffnet einzig ein rechtes Verständnis der symbolischen Sprache selbst die Wahrheit dessen, was war und was heute und immerdar gilt.

Und wie denn auch nicht! – Es sollte nicht *Bilder* geschichtlicher Wirklichkeit geben, die wahrer sind als die Dokumente in den Archiven der Historiker? Es sollte SCHILLERS *«Wallenstein»* nicht

«wahrer» sein als der Wallenstein GOLO MANNS? Es sollte AL-
BERT CAMUS' «*Caligula*» nicht womöglich die Wahrheit Pino-
chets in Chile wirklicher zeichnen als die Berichte der Zeitungen?
Das ist die «überzeitliche» Geltung, die ich der Gestalt Jesu im
Neuen Testament «religiös» zuspreche: sie gilt mir nicht als «ungeschichtlich», sondern als für alle Zeiten gegenwärtig; sie ist für
mich «typisch», nicht weil sie «beliebig» und «austauschbar»
wäre, sondern weil sie alles verdichtet, was menschlich wahr ist;
und sie ist für mich «traumnah», weil in ihr bleibende Gegenwart
ist, was Gott uns an Wissen um die Wahrheit des eigenen Wesens
ins Herz gelegt hat. «Man sieht nur mit dem Herzen gut. Das
Eigentliche ist unsichtbar.» Wer begreift, wie recht A. DE SAINT
EXUPÉRYS «*Kleiner Prinz*» mit diesen Worten hat, der wird verstehen, was ich im Untertitel des I. Bandes der *Tiefenpsychologie
und Exegese* «die Wahrheit der Formen» genannt habe. Gerade
die «unhistorischen Erzählungen» der Bibel enthalten Wahrheiten, die auch historisch gelten; aber wir finden sie (als geschichtlich!) nur, wenn wir in uns selbst hineinschauen; auf den Steinen
der zerstörten Stätten der Geschichte stehen sie nicht. Die Musik,
die Malerei, die Dichtung, die liturgische Feier, der Kult – sie alle
enthalten solche «Träume» zum Aufwachen, Weisen, unserer unendlichen Natur inne zu werden, und Formen, den Christus zu
verstehen, zu dem Moses und Elias redeten. Die «Träume» der
Religion sind keine Abstraktionen von der Wirklichkeit, sondern
die Verdichtungen dessen, was die Wirklichkeit Menschen bedeutet, wenn sie die Welt erfahren im Bannkreis der Liebe jenseits der
Angst.
Was immer jedoch ich unternehme, um zu zeigen, daß es Wahrheiten der Seele gibt, die sich *nur* in Formen aussprechen lassen,
die keine historischen Mitteilungen sein *dürfen,* um die Wirklichkeit des Religiösen zu erreichen, holen R. Pesch und G. Lohfink
ihr «Sesam öffne dich» hervor, um die Hohlheit und die Häresie
all meiner Darstellungen klarzustellen: «Archetypisch»! «*Also
nicht geschichtlich!*»
Das ist ihr Argument! – Sie könnten mit demselben Recht auch

sagen: künstlerisch, also verlogen, oder: geträumt, also nicht wirklich, oder: ein Sinnbild, also nicht sinnvoll.

Weil sie *mehr* als die «Wirklichkeit» enthalten, sind die «archetypischen Träume» der Menschheit nicht wirklich? Und weil die ganze Menschheit sie träumen muß, um ihre Wirklichkeit zu entdecken, ist die Gestalt Jesu geschichtlich nicht wirklich? – Merkwürdige Verdrehungen sind das, gemäß denen immer wieder nur von außen kommen darf, was angeblich der «Geist Gottes» zu sagen hat (110), gemäß denen nicht menschlich sein soll, was doch wesentlich dazu dient, uns das Antlitz von Menschen zurückzugeben, und gemäß denen nur im Augenblick einer bestimmten Geschichte gegeben sein kann, was Gott den Menschen aller Zeiten zu geben hat. Mit welchem Recht darf man das Grundwasser 200 Meter unterhalb der Sahara nur «Grundwasser» nennen, wo es doch Regenwasser ist, das lediglich bereits vor 10 000 Jahren niederfiel, als die Nordhalbkugel der Erde sich eben erst von den Folgen der Eiszeit zu erholen begann? Und analog gefragt: Wieso sind die archetypischen Bilder der menschlichen Seele *nicht* Offenbarungen Gottes, nur weil sie vor Jahrmillionen schon in unsere Seele gesenkt wurden, als eben erst unser Geist zu erwachen begann? Und wieso sind sie nicht in sich selber *christliche*, sondern «nur» «heidnische» Symbole, wenn doch einzig diese archetypischen Bilder unserer Psyche uns zumindest eine Ahnung davon zu vermitteln vermögen, wer Jesus Christus wirklich *ist?*

R. Pesch und G. Lohfink, die ständig die Geschichte anrufen, bringen sich selbst um die Gunst ihrer eigenen Schutzpatronin, indem sie in ihrem Abwehrkampf gegen die Welt der Archetypen durch die beleidigende Kleinheit ihrer theologischen Doktrinen gerade die Geschichte zum Widerspruch gegen sich reizen. Denn ausgerechnet die als «ungeschichtlich» verrufenen, vor allem von C. G. JUNG erforschten «Archetypen» öffnen uns in Wirklichkeit allererst den Blick auch für die Weite der Geschichte und verhindern den unseligen Reduktionismus, nach welchem Mensch und Natur, Bewußtsein und Unbewußtes, Offenbarung und Religion, Christentum und Heidentum stets als einander entgegengesetzte, voneinander unableitbare Größen betrachtet werden müßten, nur weil man im Grunde nach wie vor ein theologisches Verständnis von «Geschichte» unterstellt, das sich durch die zentrale Entdeckung des 19. Jh.s von der *Evolution* aller Erscheinungen des Lebens niemals hat in Frage stellen noch wesentlich verändern lassen.

So mokieren sich R. Pesch und G. Lohfink darüber, daß ich das Alte Ägypten bemühte, um zu beschreiben, wie *ein religiöses Verhältnis des Menschen zu der ihn umgebenden Natur* möglich sei; die Heilsgeschichte Gottes mit dem Volk Israel verleugnete ich, und dann, so empören sie sich, sollte der Ausfall der naturgesättigten Welt des Alten Testamentes durch die heidnische Mythologie Ägyptens ersetzt werden! Ja, es gibt keine Ungeheuerlichkeit, die sie mir gegenüber nicht zu unterstellen bereit wären: «*Antijudaismus!*», das ist ihr ernsthaft geäußerter Vorwurf (43). Wie positiv ich die absolut wichtige, für alle Zeiten gültige Rolle Israels *in der Überwindung* der «heidnischen» «Mythologie» einschätze, läßt sich in Wahrheit ohne Schwierigkeiten schon in der Einleitung zum 3. Bd. der «*Strukturen des Bösen*» nachlesen, und wenn ich ehrlich bin, habe ich an Bibelexegese von MARTIN BUBER mehr gelernt als von den jahrelangen Studien historisch-kritischer Kommentare.

Aber es ist auch an dieser Stelle nötig, dialektisch zu denken. – Worum es mir wirklich geht, ist die Tatsache, daß der Kampf Israels gegen die Vergöttlichung der Natur in den Mythen der Völker, so notwendig er geistesgeschichtlich war, eine Einseitigkeit der Grundeinstellung mit sich bringen mußte, die sich heute als äußerst problematisch zu erkennen gibt. Indem Israel den Kampf Gottes gegen die Götter zu dem zentralen Thema seiner Theologie erhob, verlieh es der menschlichen Geschichte eine vordem ungeahnte Größe und Bedeutung; niemals zuvor haben Menschen sich so frei, so verantwortlich, so aufgerufen zur eigenen Entscheidung gefühlt wie im Munde des Propheten Israels; und gerade der von mir außerordentlich hoch veranschlagte Faktor der Personalisierung und Individualisierung des Religiösen in der Geistesgeschichte der Menschheit geht in gerader Linie auf die Art zurück, in der diese Männer es wagten, ihr Ich mit Berufung auf das Ich Gottes *gegen* das Volk, *gegen* die Priester, *gegen* die Könige zu setzen (*Tiefenpsychologie und Exegese*, II 364–372).

Hinter diese absolute Kulturschwelle, die Israel mit seiner Botschaft verkörpert, gibt es kein Zurück. – Und dennoch läßt sich bei aller Großartigkeit des biblischen Ansatzes die polemische Einseitigkeit nicht übersehen, mit der aus dem Kampf gegen die «heidnische» Vergöttlichung der Natur ein sehr verkürztes, stets ambivalentes und im Grunde falsch zentriertes Verhältnis des Menschen zu der ihn umgebenden Natur entstehen mußte und entstanden ist. Die «heidnischen» Religionen, z. B. das Alte Ägypten, wußten und wissen, daß die menschliche Geschichte nur einen winzigen Ausschnitt der Naturgeschichte darstellt, und sie rechnen den Gang der Welt nach Jahrmillionen um Jahrmillionen, um die verschwindende Kleinheit des Menschen in der Ordnung des Kosmos zu betonen. Sie wußten und wissen zugleich, daß man den Menschen auf religiöse Weise in die Natur *einordnen* muß, statt ihn über die Natur herrschen zu lassen; und aus diesem *religiösen* Verhältnis des Menschen zu der Welt ringsum ergibt sich zugleich eine Ethik, die sensibel genug ist, Tiere und Pflanzen zu schonen *um ihrer selbst willen*. «Liegt eine Anklage gegen ihn vor von seiten einer Gans? Liegt eine Anklage gegen ihn vor von seiten eines Esels?» – so befragten im Totengericht die ägyptischen Götter den Gottkönig und Gottessohn Unas. Es ist die kämpferische Zerstörung dieses «mythischen» Weltverständnisses im Erbe der Bibel, die im «christlichen» Abendland dazu geführt hat, die Rolle des Menschen *gegenüber* der Natur maßlos zu übertreiben und an die Stelle einer religiösen, *archetypisch* vermittelten Beziehung des Menschen zur Natur im besten Falle ein «verantwortungsethisch» diszipliniertes System von «Wissen» und «Macht» zu setzen.

Deshalb brauchen wir im Christentum *auch* und *wesentlich* die Erinnerung der «heidnischen» «Mythen» an die ursprüngliche Einheit des Menschen mit der Natur, um mit der Welt ringsum friedlicher und mit uns selber freundlicher umgehen zu können. Wenn ich von «Archetypen» spreche, so meine ich nicht weniger Geschichte, sondern mehr, ungeheuer viel mehr Geschichte, als wir in der christlichen Theologie jemals zu sehen vermocht haben.

Man mache sich den Gegensatz nur ja recht klar! – Für das Christentum bedeutete es einen unerhörten Schock, als GALILEI bewies, daß der Planet Erde *nicht* im Mittelpunkt der Welt stehen konnte; man war auf diesen Umsturz der *räumlichen* Verhältnisse des Weltbildes im Christentum einfach nicht vorbereitet; man verleugnete ihn daher, so gut es ging, und versuchte mit allen Mitteln, die überkommene Form der Theologie unverändert beizubehalten. Immerhin mußte man zum erstenmal zugeben, daß das biblische *Weltbild* in naturwissenschaftlichem Sinne offensichtlich unzutreffend ist – die historische Kritik an der Bibel wurde unvermeidlich. Spätestens mit CHARLES DARWIN aber zeigte sich, daß auch das *Menschenbild* der Bibel unzutreffend ist, ja, daß der gesamte zeitliche Vorstellungsrahmen der christlichen Theologie von der Entstehung der Welt, von der Entstehung des Lebens und von der Entwicklung des Menschen irrig ist. Unverdrossen nahm das Christentum ein letztes Mal den Kampf seines Gottes gegen die «heidnischen» Mächte der Natur auf und hatte diesen doch bereits verloren, noch ehe er begann; es verurteilte sich bis heute dazu, ganze Gelehrtengenerationen von Naturwissenschaftlern in den Atheismus zu führen, indem es an seiner verkehrten Einstellung zu der *Geschichte der Natur* festhielt.

Aus den jahrtausendealten Mythen der *Hindus* etwa könnte man heute noch lernen, wie Entwicklungslehre und Religion eine *wesenhafte* Einheit zu bilden vermögen; die katholische Kirche indessen verbot noch vor 30 Jahren einem Mann wie TEILHARD DE CHARDIN, seine Schriften auch nur zu veröffentlichen, obwohl auch er im Grunde den christlichen Anthropozentrismus nicht überwand, sondern lediglich durch eine erweiterte Christologie zu festigen suchte; doch schon das galt der Engführung des theologischen Geschichtsverständnisses als «Gnosis». So alt, so starr, so eng gerade gegenüber der Geschichte der Schöpfung und des Menschen ist dieser Vorwurf – und so ungerecht!

Wie wenig sich an der Mißachtung der Natur bzw. an der kompletten Verdrängung der Naturgeschichte zugunsten einer isoliert betrachteten «Menschengeschichte» in der christlichen Theologie bis heute geändert hat, kann man am deutlichsten an dem Abwehrkampf ersehen, der nach wie vor gegen die *Tiefenpsychologie* geführt wird. Es ist im Grunde der alte Kampf zugunsten eines Menschenbildes, das es erlauben würde, die Ereignisse der Evolutionslehre auch heute noch in frommer Selbstberuhigtheit schlechtweg zu ignorieren.

Ich zeige etwa in den drei Bänden von *«Psychoanalyse und Moraltheologie»* (Mainz 1982–84) an vielen Beispielen, wie alle Fragen der Ethik sich anders stellen würden, legte man die unsinnige Reduktion des Menschen auf Vernunft und Willen endlich ab und nähme man das breite, von C. G. JUNG erarbeitete archetypische Repertoire zur Kenntnis, mit dem die Natur seit altersher das menschliche Verhalten steuert; aber es scheint immer noch nicht möglich, als Theologe einem Papst wie PIUS XII. zu widersprechen, der lehrte, daß sich allenfalls der Leib, nicht aber die Seele des Menschen aus dem Tierreich habe entwickeln können. Nur: solange die Seele des Menschen vom Himmel fällt, muß man das «Tier» im Menschen verteufeln, und es ist immer wieder die Angst der Theologen vor der Unheimlichkeit der wirklichen Geschichte, die sie nötigt, eine Vorstellung von der Offenbarung Gottes zu konzipieren, die schon deshalb gewalttätig und ungerecht ausfallen muß, weil sie vom Menschen nur eine Zeitspanne von etwa 3000 Jahren als wesentlich gelten läßt und die wahre Größe und Allmacht Gottes geradezu verdunkelt.

Oder: ich schildere (*Tiefenpsychologie und Exegese*, II 298–350), wie sehr die *Riten und die Rituale* in den Religionen der Menschheit *archetypisch* geprägt sind und wie verkürzt es daher ist, die Sakramente und gottesdienstlichen Andachtsformen des Christentums für etwas geschichtlich Singuläres, rein biblisch Begründetes zu halten; die christliche Dogmatik jedoch tut immer noch so, als wenn sie die Ethnologie, die Paläoanthropologie, die Verhaltensforschung und die Tiefenpsychologie durchaus nicht zur Kenntnis zu nehmen brauchte. Dabei hat gerade die historischkritische Bibelauslegung gezeigt, wie tief der Graben ist, der nicht nur den «historischen Jesus» von dem «verkündigten Christus» trennt, sondern ebenso die Denkweise des Neuen Testamentes von den Dogmen der frühen Konzilien. Es ist m. a. W. gerade nicht möglich, die Glaubenslehren des Christentums *historisch* zu begründen. Das eigene Argumentationsdefizit müßte die Dogmatik und Exegese längst schon wie von selbst dazu geführt haben, sich den anthropologischen Voraussetzungen zuzuwenden, aus denen heraus bestimmte Erfahrungen sich immer wieder ergeben.

Tatsächlich ist es denn auch nicht schwer zu zeigen, wie sehr sich die Religionen der Menschheit in ihren archetypischen Ausdruckssymbolen ähneln; doch statt darin ein sicheres Indiz für *die Menschlichkeit des Christentums* zu sehen, fürchten Theologen wie R. Pesch und G. Lohfink offenbar immer noch und immer wieder den Verlust der Identität des christlichen Glaubens, sobald sie den kämpferischen Exklusivitätsanspruch der Glaubenssymbole des Christentums aufgeben sollen. Der Schaden, den diese zwanghafte Defensiveinstellung der christlichen Theologie verursacht, besteht unmittelbar in einer unaufhaltsamen Neurotisierung des Christentums selbst – man kann nicht im Namen der Religion gerade die religiös produktiven Bereiche der menschlichen Psyche mit Gewalt unterdrücken wollen, ohne den Menschen mit sich selbst zu entzweien und ihm die Religion schließlich als ein System entfremdender Außenlenkung entgegenstellen. Nicht um das Christentum zu einer gnostischen «Universalreligion» zu erklären, wie R. Pesch und G. Lohfink immer wieder behaupten (102), wohl aber um dem Christentum seine innere Glaubwürdigkeit und seine integrative Kraft zurückzugeben, scheint mir theologisch der Rückgriff auf die Welt der Archetypen mit Hilfe von Religionsgeschichte und Tiefenpsychologie heute unerläßlich.

Aber nicht nur von der menschlichen Psyche, auch von der

menschlichen Geschichte koppelt das Christentum ab, wer, wie
R. Pesch und G. Lohfink, die Geschichtlichkeit der Offenbarung
gegen die archetypische Welt des Unbewußten im Menschen geltend machen will. Ohne sie versteht man weder den Motor noch
das Getriebe noch die Steuerung des überaus komplexen Hand-
lungsgefüges, das wir menschliche Geschichte nennen. Ausführlich stelle ich deshalb (*Tiefenpsychologie und Exegese,* I 321–350)
die vielfältige Wechselwirkung dar, in welcher bestimmte archetypische Themen immer wieder das menschliche Handeln bestimmen, und wie umgekehrt das geschichtliche Geschehen selber gerade an den erlebnismäßig zentralen Stellen nach archetypischen
Deutungsmustern ausgelegt und überliefert wird. Vor allem auf
dem Boden der Mythen, Sagen und Legenden erscheint die historische Wirklichkeit von den archetypischen Symbolen und Kon-
figurationen vollkommen überlagert und absorbiert, nicht, weil es
sie nicht gäbe oder weil sie in ihrer Bedeutung geleugnet werden
sollte, sondern gerade umgekehrt: weil sie als bedeutsam genug
empfunden wird, um die archetypischen Bilder auf den Plan zu
rufen. Gleich einem Kunstwerk vermag die archetypische Gestaltung geschichtlicher Überlieferung das einzelne Geschehen in den
großen Themenkreis der «ewigen» Geschichte zu ziehen, indem
sie die Töne und Themen in uns wachruft, die aus der Symphonie
der Natur allen menschlichen Überlegungen und Handlungen
vorausliegen: Liebe und Haß, Glück und Unglück, Geburt und
Tod, Abgrenzung und Eroberung, Krieg und Frieden, Aussaat
und Ernte, Essen und Wiedergeburt, Einsamkeit und Einordnung, Schuld und Sühne, Verlieren und Wiederfinden, Fortgehen
und Zurückkehren, Zuneigung und Trennung...
Dafür ein Beispiel. – Man sieht vor sich das Bild, das der Maler
EDVARD MUNCH 1885 unter dem Titel *Das kranke Kind* malte; es
handelt sich um ein Werk, dessen biographischen Hintergrund
man sehr genau kennt – MUNCH verarbeitet hier den Tod seiner
Schwester Sophie, die 1877 mit fünfzehn Jahren an Tuberkulose
starb; vor dem Bett des «kranken Mädchens» hockt MUNCHS
Tante Karen Bjølstad, den Kopf gesenkt in ohnmächtiger Trauer.

Es ist ein Bild, von dem der norwegische Künstler selber meinte, er habe hier zu dem «Durchbruch» seiner Kunst gefunden. «Das meiste, was ich in späteren Werken zum Ausdruck brachte, wurde mit diesem Bild geboren. Kein Gemälde hat in Norwegen solchen Anstoß erregt. Als ich am Tag der Ausstellung in den Saal kam, in dem das Bild hing, standen die Menschen in Scharen vor dem Bild. Man hörte sie schreien und lachen.» In der Tat gibt es nur wenige Gemälde, die menschlich so tief anrühren und durch das Übermaß an Erschütterung, das von ihnen ausgeht, den Betrachter förmlich zwingen, sich entweder durch ein höhnisches Gelächter in die ungefährdet scheinende Welt seines Alltags zurückzuziehen oder sich in verzweifelter Ohnmacht dem Schmerz des unerbittlichen Todes auszusetzen. Nirgendwo sonst in der Malerei sind Farben derart zu Tränen geronnen, nirgends sonst trägt das Gesicht eines Menschen so durchsichtig bleich die Farbe des Sterbens, nirgends sonst wirkt die warme Farbe menschlicher Haare so unwirklich abgelöst wie auf diesem Bilde. Mit einem Wort: MUNCH hat nicht den Tod seiner Schwester gemalt, er wurde vielmehr durch den Tod seiner Schwester seelisch so sehr erschüttert, daß er *den Tod an sich* malen wollte, malen mußte: das hilflose, wimmernde Zerfließen, das radikale Alleinsein selbst in der Nähe der engsten Angehörigen, den unheilbaren, stummen Schmerz, der keine Fragen mehr stellt, weil es auf ein solches Geschehen keine Antworten mehr gibt. Es ist ein Urbild dessen, was zu allen Zeiten «Sterben» heißt, es ist der *Archetyp* des Todes, den MUNCH gemalt hat, und selbst wenn wir von dem frühen Sterben seiner Schwester Sophie keine Kenntnis besäßen, so wüßten wir doch, daß dieses Bild von einem Maler stammen muß, der die Infragestellung des menschlichen Daseins angesichts des Todes bis zum Abgrund geschaut hat. Nur in dieser Transparenz der einzelnen (historischen) Szene auf das bleibend Gültige hin erweist sich MUNCHS Gemälde als ein buchstäblich zeitloses Kunstwerk. Die Gültigkeit seiner Aussage hängt nicht an dem biographischen, historischen Kontext, sondern gerade umgekehrt: an der Verdichtung des Erlebten zum allgemein Menschlichen.

In der Welt der Archetypen wird die Geschichte mithin nicht «verachtet», wie R. Pesch und G. Lohfink unterstellen, in ihr vollzieht sich im Gegenteil der erregende Übergang der Naturgeschichte zur Menschengeschichte, in ihr ragt (hirnphysiologisch lokalisiert im Zwischenhirn) die Welt der Tiere hinein in die Menschenwelt, durch sie vermitteln sich Verfahren der instinktiven Einordnung der Lebewesen in die sie umgebende Natur zu Symbolen religiöser Qualität, und noch Jahrhunderttausende vor dem Erwerb menschlicher Sprache beginnt diese grundlegende Fähigkeit des Menschen, Szenen naturhaften Lebens in Symbole des Vertrauens, der Sinngebung und der Beheimatung umzuschaffen (*Tiefenpsychologie und Exegese*, II 505–506).

Gewiß besitzt diese Welt der Archetypen auch ihre dramatischen Gefahren, und ich verschweige das nicht. Gerade weil sie den kollektiven Träumen der Menschheit so nahesteht, vermag sie vor allem auf dem Terrain des politischen Handelns die Gemüter bis zum Wahnhaften zu verwirren. *Eben deswegen* ja warne ich immer wieder davor, religiöse Hoffnungen ohne die Filterung des Individuationsweges des Einzelnen als *äußerlich* zu nehmen und direkt auf die Gestaltung geschichtlicher Realität beziehen zu wollen. Aber man darf darüber den religiös fundamentalen Wert der Archetypen nicht leugnen; man muß sie lediglich richtig verstehen, wenn sie keinen Schaden stiften sollen.

Ein Archetyp z. B. ist die biblische Verheißung des *Landes* an ein *Volk*. – Wieviel Blut und Tränen hat die politische Aktualisierung dieses Archetyps allein in unserem Jahrhundert schon gekostet! Ein anderer *Archetyp* ist die biblische Gestalt des *Propheten* mit dem *Schwert*. Im Namen dieser Vision griff der Mahdi-Aufstand im Sudan um sich; mit Berufung auf diesen Archetyp führte T. E. LAWRENCE 1917 die Schar seiner Beduinenkrieger unter König Feisal von Mekka nach Damaskus; und noch in unseren Tagen treibt der iranische Ayatollah (Ayat Allah – Das Gotteszeichen) Khomeini durch die mythische Faszination dieses Archetyps Hunderttausende in den blutigen Marsch nach Kerbala zum Grab des Märtyrers Hussein. Man muß religiöse Symbole, eben weil sie archetypisch fundiert sind, *innerlich* lesen, wenn sie nicht eine quasi psychotische, wahnähnliche, mindestens ideologisch hochaufgeladene Gefahrenquelle erster Ordnung bilden sollen. Dann aber bieten die archetypischen Symbole der menschlichen Psyche eine unerschöpfliche Quelle thematischer Vorgaben zugunsten der traumnahen Einheit aller Menschen mit sich selbst, mit der umgebenden Natur und miteinander.

Insbesondere die Gegebenheiten der Natur, an welche die Psyche der Tiere bereits in vielfacher Weise angepaßt ist, können für das menschliche Erleben zu Sinnträgern einer Hoffnung gegen den Tod werden: Wasser, Höhle, Berg, Baum, Sommer, Winter, Tag und Nacht, Sonne und Mond, Stern, Wolke, Wind – alles vermag als Symbol einen Menschen davon zu überzeugen, daß es so etwas gibt wie ein Wiedergeborenwerden jenseits von Untergang und Vergänglichkeit. Niemals antwortet die Natur auf die Kernfrage der menschlichen Existenz nach dem Sinn der Sterblichkeit jedes einzelnen Daseins; aber mit Hilfe bestimmter Szenen und Sequenzen archetypischer Symbolik gelingt es den Religionen der Menschheit seit altersher, die Vorgänge der Natur in Sinnbilder und Zeugnisse eines anderen, weltjenseitigen Lebens zu verwandeln. Es ist die große Leistung des *Mythos,* in einer unerschöpflichen Poesie und Phantasie die Dinge der Welt zum Singen zu bringen.

Auch dafür ein Beispiel. – Jemand hat vielleicht als Erinnerung an den letzten Urlaub an der Nordsee ein kleines Stück Bernstein mit nach Hause gebracht. Man kann dieses Stück Stein als Mineraloge betrachten. Dann handelt es sich um ein versteinertes Baumharz der Koniferenwälder, das zur Zeit des Eozäns vor 50 Millionen Jahren, als es die Alpen und den Himalaya noch nicht gab, am Südrand Fennoscandias gebildet und später von den Gletschern der Eiszeit bis weit nach Mitteleuropa hinein verschoben wurde. In einer solchen Betrachtung ist und bleibt ein Stück Bernstein ein toter Gegenstand, über den sich mancherlei Gelehrtes sagen läßt, der aber von sich selber her dem Menschen nichts zu sagen hat. Anders in der Weltsicht des Mythos. *Ovid* erzählt in den *Meta-*

morphosen (II 46 ff.), wie an einem Morgen Phaethon, der Sohn der Sonne, allen Warnungen zum Trotz die Rosse des Helios über die Himmelsbahn zu lenken versuchte; doch die feurigen Pferde brachen aus und stürzten Phaethon in den Tod. Darüber weinte untröstlich seine Schwester Phaethusa, die in Trauer (wie) angewurzelt dastand und deren Gestalt immer mehr verhärtete – (wie) ein Baum, so gramzerfurcht, mit borkiger Rinde. Dies sah ihre Mutter Klymene, und voller Erbarmen ergriff sie ein Stück von der Rinde, um ihrer Tochter ihr menschliches Antlitz zurückzugeben. Doch sie vermochte es nicht mehr; an der Stelle, da sie ein Stück von der Rinde des Baumes gelöst hatte, rannen die Tränen der Phaethusa ungehemmt aus und bildeten den Bernstein. – Dieser merkwürdige Stein also, der sich in der Hand eines Menschen so fühlbar erweichen läßt, ist dieser Mythe zufolge in seiner gelbbraunen durchschimmernden Farbe ein Stück, das den Himmel mit der Erde verbindet, den Tod mit dem Leben, die Trauer mit dem Trost, die Tränen der Menschen mit den Strahlen der Sonne.

Wie anders sähe unser *Umgang mit der uns umgebenden Natur* aus, gäbe es in der christlichen Religion auch nur annähernd ähnlich sensible und kreative Formen der Phantasie und der Poesie! Die Psychoanalyse vermag nicht die *technische* Seite der heutigen Umweltproblematik zu lösen; wohl aber kann sie darauf hinweisen, daß es zu einem wirklichen Frieden zwischen Mensch und Natur nur kommen wird, wenn wir den Teil der Natur in uns selber wiederentdecken, der sich in den ungeheueren Zeitmaßen der Naturgeschichte unserer Psyche eingeprägt hat: die «Archetypen» des Unbewußten.

Und auch zu einer *Befriedung der menschlichen Geschichte* wird es nur kommen, wenn wir den archetypischen Teil der menschlichen Psyche in den Ausprägungen der Religionen der Menschheit anerkennen und als Christen jenes Stück «Heidentum» in uns selber nicht länger mehr verteufeln, dem wir in Wahrheit die Wärme und Menschlichkeit unseres Glaubens verdanken. Noch sind die Kulturen und Nationen, die Religionen und Staatsformen der menschlichen Geschichte durch die schier unüberwindbar

scheinenden Barrieren der Konvention und der Tradition voneinander getrennt, und statt die Hoffnung zu hegen, daß *die Vernünftigkeit* unseres Denkens die in sich so zerrissene und zerstrittene Menschheit zusammenführen werde, sollten wir viel eher feststellen, daß gerade die Unterschiedlichkeit des Denkens sowie die Verschiedenheit der Sprachen mit ihrer je anderen Logik und immanenten Metaphysik nicht nur eine Fülle von Mißverständnissen zwischen den Angehörigen verschiedener Kulturen hervorruft, sondern immer wieder auch die bereits bestehenden Zerwürfnisse religiös überhöht und pflichtgemäß verfestigt. Noch verhält es sich so, daß die Erläuterungen christlicher Theologen über die Mysterien der Erlösung der Menschheit für einen Muslim in Lahore oder für einen Shiva-Priester in Tanjore ebenso unverständlich und belanglos scheinen müssen, wie umgekehrt die Koran-Auslegungen an der Al-Azhar-Moschee in Kairo oder die Beschlüsse eines buddhistischen Kongresses in Rangun scheinbar uns Christen als buchstäblich gleichgültig vorkommen. So ist es und so wird es bleiben, solange man immer noch die Auslegung des Glaubens wesentlich als bloße Lehre in den Intellekt verlegt.
Aber die Zeit drängt. – In wenigen Jahrzehnten wird die Erde mehr als 9 Milliarden Menschen zu tragen haben, von denen 80 % in Ostasien leben werden – allein Indien besitzt heute schon mehr Einwohner als ganz Südamerika und Afrika zusammen. Ende des 20. Jh.s steht das Christentum heute vor einer Schicksalsfrage von ähnlicher Tragweite wie in den Tagen des heiligen Paulus. Damals entschied die Kirche sich dafür, den Status einer jüdischen Sekte aufzugeben und zu werden, was die Propheten Israels für das Ende der Tage verheißen hatten: «Licht zur Erleuchtung der Heiden» (Lk 2,32). Daraus geworden ist in den letzten 2000 Jahren eine Religionsform, die sich ganz und gar an die Kulturgeschichte Europas gebunden hat und in der es heute noch als Häresie gilt, die Sprachspiele mittelalterlicher Philosophie zu verlassen. Aber wenn das Christentum seinem Anspruch und seiner Aufgabe nachkommen will, eine Religion zur Erlösung *aller* Menschen zu sein, so muß es die wesentliche Gleichförmigkeit seiner Symbole

mit den Bildern der nichtchristlichen Religionen erkennen und den gemeinsamen Ursprung dieser Vorstellungen in den archetypischen Mustern der menschlichen Psyche anerkennen.

Wie anders sähe bereits der Umgang mit uns selber als Christen aus, dürften wir endlich wieder die eigenen Glaubenslehren nach der Weise der Künstler: der Dichter, der Maler, der Musiker, auslegen und sie gemeinsam miteinander träumen, statt sie in intellektuellen Formeln festzuschreiben und hernach einen jeden mit dem Ausschluß vom ewigen Heil zu bedrohen, der ihnen nicht in verbaler Übereinstimmung Folge leistet!

Ein theologisches Sprechen von der Geschichte, das den Menschen von der Geschichte der Natur trennt, statt ihn darin einzubeziehen, das die Christen (und die Juden) von der Religionsgeschichte der Völker trennt, statt sie von dorther zu verstehen, das im Menschen Glauben und Denken, Bewußtsein und Unbewußtes voneinander abspaltet und in Gegensatz zueinander stellt, statt beide Bereiche miteinander zu integrieren, das psychologisch neurotisierend und politisch ideologisierend auftritt und das aus Gleichgültigkeit und Desinteresse allem Fremden gegenüber immer wieder nur den Wahn der eigenen Überlegenheit schürt, statt zu einer universellen Ergänzungsfähigkeit und Lernbereitschaft aufzufordern – soll so auch weiterhin das Erscheinungsbild des Katholizismus aussehen? An der Einstellung gegenüber der Tiefenpsychologie, speziell gegenüber der Welt der Archetypen, entscheidet sich heute, was aus dem Christentum in der menschlichen Geschichte wird – eine europäische Sekte oder das Salz der Erde. Wahrlich: «An ihren Früchten sollt ihr sie erkennen!»

4. «Und er nahm ihn vom Volke weg» (Mk 7,33) oder: Das Christentum beginnt beim Einzelnen, nicht bei der Gemeinde – J. P. Sartre als Vorbild

In der Anti-Drewermann-Broschüre von R. Pesch und G. Lohfink gibt es einen Satz, dessen eine Hälfte so nicht zutrifft, dessen andere aber eine erstaunliche Aussage enthält, der ich von ganzem Herzen zustimme und die, schiene sie in dieser Form nicht eher versehentlich in den Text geraten, an sich die ganze Diskussion um die historisch-kritische Methode auch exegetischerseits auf völlig neue Füße stellen würde: «Die Gefahr..., daß die wissenschaftliche Exegese mit klugen Worten das Evangelium verdunkelt, ist gewiß nicht weniger groß als die Gefahr, daß die Tiefenpsychologie aus dem Skandalon des Kreuzes eine ubiquitäre Religion macht... Ohne den Nährboden neutestamentlich verfaßter Gemeinden ist die wissenschaftliche Exegese mit ihrer sogenannten Objektivität ebenso destruktiv wie die Tiefenpsychologie mit ihrer sog. ‹Subjektivität›» (108).

Daß die Tiefenpsychologie das Skandalon des Kreuzes leugne, dürfte sich inzwischen als ein grobes Mißverständnis, ja, als eine fahrlässige Unterstellung der beiden Autoren des Verlags Katholisches Bibelwerk herausgestellt haben, und desgleichen wird deutlich geworden sein, daß es im Sinne einer tiefenpsychologischen Bibelauslegung nicht um eine neue Einseitigkeit innerhalb der alten Subjekt-Objekt-Spaltung geht, sondern um eine Überwindung dieses wissenschaftstheoretischen Paradigmas durch ein Interpretationsverfahren, das gerade die Verschmelzung von Innen und Außen, von Subjekt und Objekt in der konkreten Erlebniseinheit *symbolischer* Vorstellungs- und Darstellungsweisen mit Hilfe der Traumpsychologie zu thematisieren versucht.

Dies vorausgesetzt, bleibt immerhin ein Konsens zwischen mir und R. Pesch sowie G. Lohfink festzuhalten, auf den die wenigsten vorbereitet sein dürften, die sich jetzt begeistert auf das Druckerzeugnis des Verlags Katholisches Bibelwerk stürzen, um die übliche Schriftenreihe der «*Stuttgarter Bibelstudien*» nach wie vor als ganz in Ordnung so ausgeben zu können. Diese beiden Kronzeugen der historisch-kritischen Exegese also erklären plötzlich selber, «daß die wissenschaftliche Exegese (sc. doch wohl die Exegese historisch-kritischer Provenienz, d. V.) mit ihrer sogenannten ‹Objektivität›... destruktiv» sei, und zwar doch wohl für die Religion! Genau das ist mein Standpunkt; nur spreche ich nicht von einer «*sogenannten*» Objektivität der historisch-kritischen Methode – ich billige ihr durchaus zu, daß sie diesem Ziel in begrenztem Umfang wirklich gerecht wird, nur, daß ich eben deshalb glaube, man müsse sie ergänzen, und zwar nicht, indem man ihr eine methodisch willkürliche Form von «Subjektivität» in der Auslegung gegenüberstellt, wohl aber, indem man begreift, daß die Sprache der Religion zu allen Zeiten geschichtliche Erfahrungen nach Art traumnaher Verdichtungen wiedergibt und wiedergeben muß und schon deshalb ein Auslegeverfahren erfordert, das den unseligen Gegensatz von Fiktion und Faktum, Bezeichnendem und Bezeichnetem, subjektivem Eindruck und objektivem Ausdruck zugunsten der jeweiligen symbolisch vermittelten Erfahrungswirklichkeit hinter sich läßt.

Ansonsten aber klingt der zitierte Halbsatz so, als wären R. Pesch und G. Lohfink mit mir bezüglich des religiösen Schadens der historisch-kritischen Exegese weitgehend einer Meinung und als bestünde der einzige Unterschied zwischen uns nur darin, daß ich diese meine Meinung ausführlich darlege und begründe, während meine Kontrahenten erst 100 Seiten lang gegen die Kritik an der historisch-kritischen Methode die schwersten dogmatischen Vorwürfe geltend machen, um dann am Ende ihrer Darlegungen meiner Auffassung wie aus heiterem Himmel zuzustimmen.

Bei näherem Zusehen freilich erscheint diese wichtige Konzession, so unlogisch sie sich auch in dem Gedankengang der Bro-

schüre ausnimmt, an dieser Stelle subjektiv recht plausibel motiviert. Statt erst einmal zuzugeben, daß es um die Bibelauslegung in ihrer gegenwärtigen Einseitigkeit schlimm bestellt ist und dann im einzelnen mit mir gemeinsam zu überlegen, welche Lösungswege sich denn aus der gemeinsamen Einschätzung der Lage ergeben könnten, scheint es R. Pesch und G. Lohfink gegen Ende ihres Buches um die Exegese eigentlich schon gar nicht mehr zu gehen, es geht ihnen vielmehr wesentlich um die Begründung ihrer *Theologie von Gemeinde.* Einzig vor dem beruhigenden Hintergrund ihrer (integrierten) Gemeinde (München) wagen auch sie es plötzlich, die historisch-kritische Methode in der Exegese «destruktiv» zu nennen, freilich nicht, um aus der Analyse der Gefahrenmomente dieser heute auf den Kathedern monopolartig vorherrschenden Form der Bibelauslegung die entsprechenden Schlüsse zu ziehen, sondern nur, um das eklatante religiöse Defizit dieser Methode mit einem logischen Salto mortale zu beenden bzw. um aus ihrer Diagnose einen Prügelstock zu machen, der jeden Menschen guten Willens in die Arme der (integrierten) Gemeinde treiben soll. Darf man nicht denken, daß diese beiden Theologen der Integrierten Gemeinde in München in der Abruptheit eben dieses Denkstils für sich selbst etwas getan haben, das man persönlich gut verstehen kann, das aber als persönliche Erfahrung wiederzugeben sie sich geradezu scheuen, um es in desto rigoroserer Form als *Forderung* geltend machen zu können? Soll man zwischen den Zeilen *nicht* heraushören, was mir an R. Pesch und G. Lohfink menschlich gerade imponieren würde, wenn sie es *persönlich* schildern würden: daß sie, von der theologischen Doziererei in erfahrungslosen Begriffen religiös wie entleert, an der Exegese historisch-kritischer Form mehr und mehr zu leiden begannen, bis sie endlich in der Integrierten Gemeinde einen Raum fanden, der ihnen an lebendigen Inhalten zu geben versprach, was ihnen auf den Kathedern so sehr mangelte?
Es wäre viel gewonnen, wenn wir uns über den Punkt der religiösen *Destruktivität* der historisch-kritischen Exegese ins Einvernehmen setzen könnten, und ich sähe dann eigentlich kein Pro-

blem, auch die Beziehung von Individuum und Gemeinschaft, von Glaubendem und Gemeinde, so zu klären, daß dabei gerade die Tiefenpsychologie den Weg des Einzelnen zur Gruppe bzw. die Öffnung von Gruppen zur Integration einzelner zu beschreiben und zu vermitteln vermag.

Statt dessen aber scheinen R. Pesch und G. Lohfink nichts an meinem Ansatz derart zu fürchten und zu hassen wie meine Betonung des Einzelnen; an keiner anderen Stelle fühlen sie sich in ihrem Verständnis von Gemeinde derart bedroht; und nirgendwo sonst geben sie mir in dem Hauptpunkt meines Angriffs sogar bis ins Wort hinein recht, nur um desto heftiger widersprechen zu können oder zu müssen: nicht die Tiefenpsychologie, allein der «Nährboden neutestamentlich verfaßter Gemeinden» (108) bewahrt ihrer Meinung nach die Exegese in ihrer historisch-kritischen Form davor, die Religiosität zu zerstören. Mit *dieser* Alternative eigentlich haben wir es in der «Streitschrift» von R. Pesch und G. Lohfink zu tun; alles andere ist nur der Anlauf für diesen Stabhochsprung zu ihrem Verständnis des wirklich Christlichen. Um es vorweg zu sagen: nach meinem Eindruck handelt es sich hier nicht um die «Theologie», sondern um die *Ideologie* einer bestimmten Gemeinde, mit allen Merkmalen, die auch sonst eine Ideologie kennzeichnen: die Verwendung nicht weiter reflektierter mystisch-mythischer Vokabeln, die bewußte Ausschaltung kritischen Denkens zugunsten einer stark projektiv belegten Diffamierung des «Gegners», den man als Ketzer verurteilt, statt mit ihm zu diskutieren, und vor allem: die Inanspruchnahme eines vermeintlich hohen Ethos, dessen Inhalte als um so kostbarer und *wahrer* erscheinen, als sie vom Einzelnen Opfer, Einsatz und «Ganzhingabe» verlangen – stets bildet die Ausschaltung des Persönlichen im Interesse des Kollektiven, die Unterdrückung des Ichs durch ein rigides Überich die psychodynamisch unerläßliche Voraussetzung dafür, ideologische Denkmuster und Ansprüche mit subjektiver Begeisterung sich anzueignen. Doch schon aus diesem einfachen Befund ergeben sich eine Menge schwerwiegender Bedenken gegen jene «theologische» Auffassung von Gemeinde, die R. Pesch und G. Lohfink als letztlich entscheidendes Argument gegen meine «Psychotheologie» geltend machen möchten.

Als erstes bleibt mit Nachdruck festzustellen, daß kein einziges Problem, das die historisch-kritische Bibelauslegung religiös aufwirft, durch den penetranten Hinweis auf die «neutestamentlich verfaßten Gemeinden» gelöst wird, im Gegenteil, es wird der bizarre Kontrast zwischen Problem und Lösungsvorschlag nur erst besonders schonungslos ins Rampenlicht gesetzt.

Zuvörderst: das *Mißverhältnis von Lehre und Erfahrung*. Die Intellektualisierung der Theologie bzw. das wesentlich intellektuelle Verhältnis zu Christus, das die abendländische Theologiegeschichte entscheidend geprägt hat, wird eher noch verstärkt als abgebaut, wenn die Vertreter der entsprechenden Sprachspiele gewissermaßen die soziale Belohnung ihrer Mühen nun auch noch durch den Seelentrost einer sie verehrenden, ihre Verdienste rühmenden Akademikergemeinde einheimsen.

«Neutestamentlich verfaßt»? – Mitnichten! Soweit wir wissen, bestanden die frühkirchlichen Gemeinden aus einfachen, ungebildeten Leuten, die in die Nähe des Christentums vor allem dadurch gezogen wurden, daß man all das schriftgelehrte, bildungsdünkelhafte Wesen ein für allemal nicht mehr nötig hatte, um zu Gott zu finden. Es war das «Volk vom Lande», der *Am haaretz*, dem bereits Jesus sich besonders zugehörig und verpflichtet fühlte; es hätte ihn empört und entsetzt, hätte er erleben müssen, wie man mit Berufung auf ihn, der stets den «neuen Wein», nie «die alten Schläuche» predigte (Mk 2,22), Generation um Generation aus seiner eigenen Gemeinde wieder herausdrängte, mit keiner anderen Begründung, als daß die Betroffenen mit dem Formalismus bestimmter tradierter Begrifflichkeiten nicht zurechtkämen. Die dogmatische, exegetische und moraltheologische Terminologie, die heute verpflichtend von jedem gelernt werden muß, den die Kirche in ihren Reihen als «Verkündiger» einstellen soll, ist für die Mehrheit der Bevölkerung heute absolut unverständlich geworden. An der Härte dieser Tatsache wird nicht das mindeste durch die Gründung von Gemeinden geändert, die sich aufgrund ihres eigenen Exklusivitätsdenkens eine subjektiv hohe Bedeutsamkeit vorspiegeln mögen, während sie doch für den Rest der Gesellschaft in keiner Weise repräsentativ sind. Indem sie sich als Puffer zwischen eine leergeredete Theologie und eine praktisch atheistisch lebende Öffentlichkeit schieben, illusionieren sie lediglich eine Scheinrelevanz, die für einen unvoreingenommenen Beobachter durchaus der Psychodynamik einer Sekte entspricht. Kein entscheidendes Problem der Theologie von S. KIERKEGAARD bis KARL BARTH, von R. GUARDINI bis zur sog. Verkündigungstheologie noch vor dem 2. Weltkrieg wird auf diese Weise gelöst, es wird höchstens überspielt.

Sodann: *das Mißverhältnis von historischer und symbolischer Wirklichkeit.* Mit keinem Wort erwähnen die beiden «Zeugen» des Verlags Katholisches Bibelwerk R. Pesch und G. Lohfink, daß *dieses* Problem das durchgehende Thema meiner beiden Bände über *«Tiefenpsychologie und Exegese»* bildet. Um jenseits der historischen Kritik zu zeigen, welch eine Wahrheit den biblischen Überlieferungen zukommt, genügt es nicht, die verschiedenen Erzählweisen der Bibel aus ihren historischen Bedingtheiten der literarischen Herkunft, den Gegebenheiten der sozialen Bezugsgruppe und dem jeweiligen Verwendungszweck zu erklären; es kommt vielmehr darauf an, die einzelnen Gattungen selber anthropologisch zu begründen und zu zeigen, daß es Wahrheiten und Erfahrungen gibt, die sich *nur* in der Art eines Mythos, einer Legende, eines Märchens, einer Wundererzählung u. a. m. ausdrücken lassen. Da es all die verschiedenen Erzählweisen auch außerhalb der Bibel gibt, muß es vorrangig darum gehen, diese *menschheitlichen* Wahrheiten für die religiöse Erfahrung heute allererst wieder zurückzugewinnen. Unabhängig von einer solchen anthropologischen Fundierung der symbolischen Erzählweisen der Bibel mit Hilfe der Tiefenpsychologie wird die «Glaubensverkündigung» etwa des Neuen Testamentes stets ein Sprechen ohne innere Glaubwürdigkeit bleiben müssen, indem sie bestenfalls auf gewisse Erfahrungen *zurückverweisen* kann, deren historische Wahrheit jedoch sich dem kritischen Zugriff entzieht und deren Erfahrungsinhalt ohne ein wirkliches Verständnis der jeweiligen Symbole nicht vermittelt werden kann. In gewissem Sinne geht es auf der Ebene der Formgeschichte mithin um eine methodische Neubesinnung, die buchstäblich einer «*Einübung im Christentum*» (SÖREN KIERKEGAARD) gleichkommt. R. Pesch und G. Lohfink, die nicht müde werden, dieses absolut notwendige, existentiell äußerst wichtige Bemühen um eine Rückgewinnung religiöser Erfahrungswirklichkeit innerhalb der Theologie als «gnostische Universalreligion» zu verdächtigen, tun von sich aus ersichtlicherweise nichts, um das bestehende Problem, auf das die historisch-kritische Methode angesichts der Eigenart biblischer Erzählweise selber aufmerksam machen *mußte,* einer Lösung näherzubringen. In der Tat setzt sie ihre Ablehnung der Tiefenpsychologie notgedrungen außerstande, über die supranaturalistische Äußerlichkeit ihres Offenbarungsverständnisses hinauszukommen: die «Offenbarung» ist biblisch bezeugt, es gilt, sie zu «glauben», und der Ausfall an Erfahrung soll kompensiert werden durch die «Gemeinde».

Psychologisch wie theologisch kann man nur sagen: so einfach geht es nicht! – Nicht nur, weil auf diese Weise die historische Frage der historisch-kritischen Methode schlechtweg übergangen wird, sondern vor allem, weil ein zu frühes Sprechen von «Gemeinde» mit System die Frage umgeht, wie man dazu kommt, ein Christ zu werden, indem stets vorausgesetzt wird, daß ein jeder weiß, was ein Christ ist, und es (also!) selbst schon sein wird. Es geht, noch einmal, um das Christentum in seinem Selbstverständnis und in seinem Auftrag, eine Erlösungsreligion zu sein, und die Frage lautet jetzt: Worin besteht die soziale Dimension der Erlösung und woran läßt sie sich erkennen?

Wieso eigentlich kommen R. Pesch und G. Lohfink auf die Idee, ich «lehrte» eine *individualistische* Selbsterlösungsreligion (46)? Den Vorwurf der «Selbst»-Erlösung kann man noch damit erklären, daß diese beiden Zeugen meine Darlegungen über die radikale Erlösungsbedürftigkeit des Menschen im Feld der Gottesferne in den «*Strukturen des Bösen*» einfach nicht kennen. Aber ist es «individualistisch», wenn ich in *Tiefenpsychologie und Exegese*» (II 782) schreibe: «Die Brüderlichkeit der Menschen, die von der Religion der Bibel ausgeht, bedarf unbedingt der Individualität des Einzelnen; ohne seine Freiheit und Verantwortung ist auch das Ethische die pure Illusion. Um die Ausbildung des Einzelnen also muß es zunächst gehen, wenn die Religion in ihre Wahrheit kommen soll, und erst vom Einzelnen her lassen sich ohne Gefahr die großen kollektiven Bilder in den Tiefenschichten der menschlichen Psyche zur Grundlage des Zusammenlebens größerer Menschengruppen heranziehen, wie es in der Religion in Form von Kult und Ritual geschieht»? R. Pesch und G. Lohfink zitieren (45–46) gerade diese Stelle, um gegenüber meiner «nicht mehr christlichen Religion des Einzelnen» (46) die These zu setzen: «Der primäre Adressat der biblischen Texte ist nicht der Einzelne und dessen ‹Ausbildung›, sondern die Versammlung des Gottesvolkes, die dem Einzelnen die Umkehr ermöglicht und das Geschenk neuen Lebens zukommen läßt» (46). Ein prachtvoller Gegensatz, der den Weg gegen das Ziel stellt, um das Ziel in den Selbstzweck zu verwandeln, indem man den Zugangsweg selbst zerstört!

Für R. Pesch und G. Lohfink ist es inzwischen keine Frage mehr, *wo* man die «neutestamentlich verfaßte Gemeinde» Christi, diese «wahre Versammlung des Gottesvolkes», finden kann: unzweifelhaft für den, der ein «Organ» besitzt, um «gegenwärtige Heilsgeschichte wahrzunehmen» (104), besteht eine solche Gemeinde in München. Doch selbst jemand, der einer solchen Erkenntnis teilhaftig ist, müßte sich doch fragen: und wo sonst noch? Überall sonst wären die Menschen dazu verurteilt, der *massa damnata* anzugehören und den Destruktionen der historisch-kritischen Exegese schutzlos ausgesetzt zu bleiben? Rein quantitativ wüßte ich da schon wirksamere, allgemein praktikablere «Lebenshilfen» mit meiner tiefenpsychologischen Bibelauslegung anzubieten.

Und kann man wirklich an das selbstgewisse Zeugnis dieser «Zeugen» der Integrierten Gemeinde glauben? – Ich will hier nicht ins einzelne gehen. Aber sind verschlossene Kirchentüren während der Feier des Sonntagsgottesdienstes, wie in München üblich, nicht eine ungeheuerliche Demonstration elitärer Arroganz und hermetischer Selbststilisierung, – just das Symbol des eigenen Exklusivitätsdenkens, das R. Pesch und G. Lohfink als theologische Verständnisfolie dem gesamten Christentum unterlegen und das jedenfalls gerade kein Zeichen jener Offenheit und Geschwisterlichkeit aller Menschen darstellt, die Jesus lebte und verkörperte? Oh, ich begreife schon, was man auf solchem Lebenshintergrund gegen meine «Universalreligion» einzuwenden haben muß!

Oder: man legt, wie in den Zeiten der Apostelgeschichte, allen eigenen Besitz nicht zwar sogleich zu Füßen der Apostel selber nieder, wohl aber gibt man sich verpflichtet, sich mit Haut und Haaren finanziell der Institution von Frau Wallbrecher auszuliefern; man verläßt, wie man glauben muß, «um Jesu willen», «Häuser, Brüder, Schwestern, Mütter, Kinder und Äcker»; denn so zitieren R. Pesch und G. Lohfink begeistert Mk 10,29f. (105); aber was ist das für ein «Zeugnis», bei dem man auch sozial darauf spekulieren kann, alles Verlassene, wie es verheißen ist, «hundertfach zurückzuerhalten», wirklich «schon in dieser Zeit»? Ich kenne einfache Leute, die sich schämen würden, zu sagen, daß sie seit Jahren schon keinen Urlaub mehr machen, weil sie den Skandal nicht mehr ertragen, ägyptische Kunstwerke in Kairo und Assuan zu bestaunen und der ewigen Poesie königlicher Menschen nachzusinnen, während ringsum viele Millionen Menschen in beispiellosem Elend leben, darunter Hunderttausende koptischer Christen, die teilhaben an demselben Brot des Herrn, von dem auch wir Sonntag um Sonntag uns stärken lassen auf dem gemeinsamen Weg zum Himmel. Was nützt diesen Menschen im Elend die institutionalisierte Wohlversorgtheit einer ohnedies wohlsituierten Gruppe akademischer Ober- und Mittelständler in München, deren theologische Exponenten auch rein äußerlich an nichts Mangel leiden, so gut geht ihnen jenes Jesus-Wort vom hundertfachen Wiedererhalten «historisch» äußerlich in Erfüllung, von dem ich, wie üblich, meine, es sei allenfalls «innerlich» zu verstehen? «Rufe dir bei allem, was du tust, den Menschen in Erinnerung, der unter deinen Augen am meisten Not leidet, und frage dich, inwieweit das, was du gerade beabsichtigst, seine Not zu lindern vermag», heißt es in dem «Testament» des wohl größten Heiligen unseres Jahrhunderts, MAHATMA GANDHIS. Kommt jemand, frage ich mich, diese Lehre im Ohr, inmitten unserer Welt auch nur entfernt auf die Idee, er tue am besten, einer «neutestamentlich verfaßten Gemeinde» beizutreten, die, dem *Opus Dei* darin nicht unähnlich, ihre erheblichen personellen und finanziellen Machtmittel vorzüglich zur Etablierung ihrer selbst und zur Eliminierung ihrer Gegner einsetzt, – in deren Reihen aufgenommen zu werden, offenbar nun auch ich die Ehre habe?

Es ist eine zentrale Frage, wo eigentlich man die «Gemeinde Christi» sucht und findet, und in der Beantwortung *dieser* Frage unterscheide ich mich offenbar in der Tat wie Feuer und Wasser von der theologischen Gemeindevorstellung, die R. Pesch und G. Lohfink mit solchem Eifer vertreten; keinesfalls jedoch liegt der Unterschied dort, wo diese beiden «Zeugen» ihn festmachen möchten: in dem Verhältnis von Psychoanalyse und Theologie bzw. in der Beziehung des Einzelnen zur «Gemeinde» (oder zur Gemeinschaft).

Mitunter werde ich gefragt, wie sich meine tiefenpsychologische Exegese zur *Theologie der Befreiung* stelle (vgl. dazu *Tiefenpsychologie und Exegese* II 461 ff.), wie sich meine starke Betonung des individual-symbolischen Gehaltes der biblischen Erzählungen etwa zu der gemeinsamen Schriftlektüre mit den heutigen Armen, mit den Campesinos in Guatemala z. B., verhalte. Es ist eine Frage, die man in ähnlicher Weise vor Jahrzehnten schon an die existentiale Hermeneutik R. BULTMANNS gerichtet hat und die damals in der Tat unbefriedigend beantwortet bleiben mußte. Die tiefenpsychologische Schriftauslegung, die ich vorschlage, setzt die Daseinsdeutung des Existentialismus voraus, erweitert sie aber erheblich durch die Einbeziehung der Psychodynamik des Unbewußten und durch das damit mögliche Verständnis der konkreten Symbolik und Symptomatik traumnaher Erzählungen und Ausdrucksweisen, und dadurch eröffnet sich nun auch ein Zugang zu dem Verständnis der Wechselbeziehung zwischen individueller und kollektiver Existenz. Allerdings muß man, um diese Zusammenhänge zu verstehen, ein für allemal darauf verzichten, Begriffe wie «Volk» oder «Gemeinde» in geistloser Weise als «geistgewirkte», will sagen: gänzlich opake Größen stehen zu lassen.

In Wahrheit wird gerade tiefenpsychologisch die wechselseitige Komplementarität einer «individuellen» und einer «sozialen» Deutung symbolischer Erzählungen deutlich – vor allem in dem Kapitel über die *«Korporativperson»* habe ich die ständige Austauschbarkeit zwischen dem Einen (dem Stammvater, dem König, dem Propheten u. a.) und den Vielen (Volksangehörigen, Gläubigen) hingewiesen *(Tiefenpsychologie und Exegese,* I 271–298). Auf welch einer Ebene Erzählungen wie die Geschichte vom *Exodus* oder die apokalyptischen Visionen vom Ende der Welt uns am meisten zu sagen haben, hängt von der Verbindlichkeit der Not, von der konkreten Erlösungsbedürftigkeit der Situation ab, in die hinein der jeweilige Text sprechen soll. Keine Frage, daß Armut, Krankheit, Hunger und Gefangenschaft solange nicht als Symbole gelesen werden *dürfen,* als sie in brutaler Realität äußerlich faktisch bestehen *(Tiefenpsychologie und Exegese,* II 461–467). Wie kann man, fragte GRAHAM GREENE, erklären, daß Brot und Wein der Leib und das Blut Christi seien, solange es Menschen gibt, die Wein zu trinken sich niemals werden leisten können, ja, deren Körper vor Hunger aufgetrieben sind, weil sie nicht einmal das Nötigste zum Essen haben? In Anbetracht äußerer Not *müssen* die biblischen Texte zunächst äußerlich sprechen, indem sie Mut machen, für die Gerechtigkeit zu kämpfen und Krankheit und Elend zu bekämpfen, so gut man vermag. Erst wenn die äußere Not abklingt, wird man merken, daß alle Ängste und Sorgen im Inneren des menschlichen Lebens wiederkehren und daß es Armut, Hunger, Gefangenschaft und Ungerechtigkeit *seelisch* noch weit intensiver und unabweisbarer gibt, als es, sozial gesehen, möglich wäre. Es gehört, gottlob, nicht notwendigerweise zum menschlichen Leben, in äußerem Sinne *arm* zu sein; aber es gibt eine Armut des Daseins, die *wesentlich* unser Leben kennzeichnet, und nur auf diese Armut der Seele antwortet die Sprache der *Religion* wesentlich und unmittelbar, – für die Beseitigung *sozialer* Not hat auch das Christentum kein Rezept; es kann gewisse Motive der Hilfsbereitschaft begründen und freisetzen, aber die Frage, was unter gegebenen soziokulturellen und wirtschaftspolitischen Bedingungen wirklich hilfreich ist, ist keine religiöse Frage mehr, und es ist naturgemäß auch keine tiefenpsychologische Frage.

Gleichwohl besteht in dem Bemühen der Psycholanalyse um die Befreiung des Einzelnen und dem Bestreben der Befreiungstheologie eine wesensnotwendige Parallelität und Konvergenz: man kann nicht mit den Mitteln der Psychoanalyse einen einzelnen von seinen verinnerlichten Zwängen befreien wollen, ohne zugleich die objektiven gesellschaftlich vorgegebenen Strukturen von Zwang und Gewalt bewußt zu machen und dagegen anzukämpfen – der gesellschaftliche Kampf erweitert und verlängert gerade das Ringen des Einzelnen um seine Freiheit; und umgekehrt wird es als Indiz für die Inhumanität bestimmter gesellschaftlicher (oder kirchlicher) Strukturen kein klareres Kriterium geben als der sichtbare Schaden, den alle Gewalt und Unfreiheit *seelisch* bei Menschen hinterläßt.

Dies vor Augen, kann man wohl zu Recht behaupten, daß es in Intention und Methode im Grunde ein und dasselbe Bemühen um den Menschen darstellt, wenn Katecheten mit Grubenarbeitern in Bolivien gemeinsam das Evangelium zu lesen versuchen und wenn ich vorschlage, dasselbe mit all denen zu tun, die *psychisch* arm und nackt, hungrig, krank, gefangen und voll Trauer sind; in beiden Fällen wird man die historisch-kritische Methode der Bibelexegese überschreiten in Richtung des konkreten Symbolismus, den die Not der Umstände dem Verstehen vorgibt bzw. auferlegt.

Über dieser Gleichartigkeit und Gleichrangigkeit des Vorgehens sollten jedoch zwei Momente nicht übersehen werden, in denen der Umgang mit der Bibel in der Befreiungstheologie und in der Tiefenpsychologie sich voneinander unterscheidet.

Zum einen: Das Oszillieren symbolischer Sprechweisen zwischen der individuellen und der kollektiven Bedeutungsebene läßt sich selbst nur psychologisch, nicht soziologisch begründen. – Es handelt sich in gewissem Sinn um eine bloße Variante der soeben erörterten Beziehung von Mythos und Geschichte, von Dichtung und Wahrheit im Sinne GOETHES: es gehört zum Wesen aller großen Dichtung, das Persönlichste, Intimste und Privateste so intensiv fühlbar und erlebbar zu machen, daß es im Mitempfinden und Mitleiden des Betrachters seine überpersonale, allgemeingültige, menschheitliche Wahrheit offenbart, so wie es wahrer Dichtung umgekehrt gelingen muß, das überpersonale Allgemeine in seiner Gültigkeit gerade in der höchsten Intensität des individuellen Lebens sichtbar zu machen. Der Grund dieser Ursprungseinheit des Individuellen und des Allgemeinen liegt in den archetypischen Strukturen unseres Vorstellungsvermögens. Wer die archetypischen Erzählungen der Völker durchgeht, wird immer wieder feststellen, daß die vollständige Abfolge des archetypisch vorgegebenen Weges der «Wiedergeburt» oder des «Exodus» sich niemals geschichtlich begründen läßt; *deshalb* sage ich (*Tiefenpsychologie und Exegese*, I 527): «Im Menschen selber liegt das Wunder der jungfräulichen Geburt begründet.» Wenn R. Pesch und G. Lohfink dagegen behaupten: «Die neutestamentlichen Texte sagen das nicht. Für sie ist das Wunder durch Gottes Handeln konstituiert, und zwar durch sein Handeln in der Geschichte» (19), so setzen sie nicht nur (wieder einmal!) «Gottes Handeln» und menschliche Reifung in Gegensatz zueinander, so als wollte man die Wärme der Sonne gegen das Wachstum der Blumen geltend machen, – sie übersehen auch, daß die Erzählungen des Neuen Testamentes z. B. von der Geburt des Erlöserkindes oder von dem Auszug der Kinder Israels aus Ägypten alles andere sind als historische Geschichten und daß selbst gewisse Züge wirklicher historischer Erinnerungen ihre symbolische Bedeutung doch nur aufgrund bestimmter archetypischer Vorgaben des menschlichen Vorstellungsvermögens erlangen können (*Tiefenpsychologie und Exegese,* I 250–271; 321–350): selbst wenn wir es beispielsweise bei der Szene vom Schilfmeer mit einem historischen Faktum zu tun hätten, woran man, wie stets, die größten Zweifel hegen kann, so wäre doch die hohe symbolische, im Ritus zu vergegenwärtigende Bedeutung dieser Szene niemals möglich ohne den archetypischen Vorstellungsrahmen von Wasser, Durchgang und *Geburt* (*Tiefenpsychologie und Exegese,* I 262–271).

Schon *deshalb* ist es unerläßlich, zunächst die *psychische* Bedeutungsvielfalt archetypischer Erzählungen auszulegen, weil die vollständige Typologie ihres Symbolismus sich nur psychisch erklären läßt – die Geschichte liefert dafür niemals die Vorlage, allenfalls die Stichworte.

Mir scheinen Argumente dieser Art zwingend zu sein, R. Pesch und G. Lohfink freilich referieren nicht, noch diskutieren sie auch nur ein einziges Wort davon – *dies* muß man ausdrücklich feststellen, weil der Verlag Katholisches Bibelwerk seine Broschüre mit der Behauptung zu rechtfertigen sucht, es gehe um eine wissenschaftliche Auseinandersetzung mit meinen Arbeiten. Ich bitte darum!

Ein anderes hängt mit der Situation der Kirche selbst zusammen. – Es ist der römischen Glaubenskongregation, wie man weiß, sehr schwer gefallen, die Theologie der Befreiung am Ende doch noch zu rehabilitieren, und man hätte die von Kardinal J. Ratzinger bereits geplante Verurteilung gewiß nicht zurückgenommen ohne eine breite Solidarisierung lateinamerikanischer Bischöfe: seit geraumer Zeit setzt die römische Kurie ihre ganze Hoffnung auf die Länder der Dritten Welt, auf die Kirche Lateinamerikas besonders, wähnend, dort, zum Teil unter den Bedingungen einer vorindustriellen oder frühkapitalistischen Gesellschaft, einen besseren Anknüpfungspunkt für ihre Vorstellungen von Moral und Glauben zu finden; – diese Länder *darf* sie nicht verlieren, hier also mußte und muß die Kurie nachgeben.

Zudem gefällt die Kirche gegenüber dem säkularen Staat sich gern in der Rolle, eine Stätte der Freiheit und ein Asyl der Entrechteten darstellen zu können und oft auch wirklich zu sein. Demgegenüber ist die Kirche mit den Idealen der Französischen Revolution in den Fragen der Religion bis heute nicht wirklich zurechtgekommen, und eher hält sie nach 2000 Jahren christlich-abendländischer Kultur vor allem Westeuropa für einen verlorenen Kontinent, als in Erwägung zu ziehen, ob nicht ihre eigene theologische Grundeinstellung, gemessen an dem Ideal der Aufklärung, zu doktrinär, zu autoritär geraten ist. Es hat ihr offenbar nichts ausgemacht, daß sie im 19. Jh. nahezu alle Philosophen und Künstler von Rang und Namen indizieren und anathematisieren mußte und diese Vermeidehaltung bis zum 2. Vaticanum eigentlich nie aufgegeben hat. Wie aber soll eine Theologie in Dogmatik, Moraltheologie und Exegese auf der Suche nach Wahrheit sein, die sich immer noch verpflichtet glaubt, an SCHOPPENHAUER, NIETZSCHE, MARX, FREUD oder JEAN PAUL SARTRE einfach vorbeigehen zu können?

Vor allem bzgl. der Tiefenpsychologie scheint man immer noch nicht wahrzunehmen, daß hier im Grunde das Programm der Aufklärung, die Thesen IMMANUEL KANTS über die Herausführung des Menschen aus seiner selbstverschuldeten Unmündigkeit, dieser Kampf um die Freiheit, bis in das Behandlungszimmer des Arztes und Seelsorgers vorgedrungen ist: was zunächst als politisches Programm die Massen mit nationalem Patriotismus ergriff, erwies sich mehr und mehr als der längst fällige Durchbruch eines Menschenbildes, das unaufhaltsam verlangt, von jedem einzelnen in seinem Leben realisiert zu werden. Seither gibt es legitimerweise keine Bibelauslegung mehr, die nicht wesentlich auch eine Auslegung und Rechtfertigung der Freiheitsgeschichte des Einzelnen sein müßte. *Das* steckt hinter der von R. Pesch und G. Lohfink immer wieder mit Kopfschütteln beäugten These der Einheit von Gottfindung und Selbstfindung des Menschen. Die Exegese, die als historisch-kritisches Auslegungsverfahren ihr philologisches Rüstzeug der Geistesgeschichte des 19. Jh.s verdankt, versagt sich solange ihrer eigentlichen Aufgabe, als sie unter der strengen Überwachung des kirchlichen Lehramtes sich nach wie vor von den eigentlichen geistigen Antrieben selbst des 19. Jh.s noch abgekoppelt hält.

Sieht man genau hin, so erscheint der Kirche immer noch die Freiheit des Individuums in der Radikalität, mit der die Aufklärung und, in ihrem Erbe, die Psychoanalyse und der Existentialismus sie forderten und fordern, als etwas Unheimliches und Anarchisches, das der Lehre des Christentums von der Erlösung durch das Kreuz Christi sowie der Kreuzesnachfolge durch Selbstverleugnung und Selbstaufopferung diametral widerspreche, statt sich gerade durch das Bemühen Jesu um die Befreiung der Menschen von den «Dämonen» und die Heilung ihrer «Krankheiten» zu legitimieren. Immer auch ist es leichter, als Kirche etwa das Regime in Chile zu «mehr» Demokratie aufzufordern oder die Apartheit in Südafrika zu verurteilen, als den Anspruch auf Freiheit, Gleichberechtigung und Durchschaubarkeit der Strukturen der Macht im Umgang mit den eigenen Mitgliedern zu verwirklichen. Es kann nicht im Interesse der Befreiungstheologie liegen, mit Bezug zu den Kirchen Westeuropas und Nordamerikas als Alibi für ein bloßes Ablenkungsmanöver von der Auseinandersetzung mit den eigentlichen geistigen Problemen der Neuzeit herhalten zu sollen, wie wir sie als erste in Europa kennengelernt haben, und schon deshalb kann man Tiefenpsychologie und Befreiungstheologie nicht gegeneinander ausspielen.

Die Psychoanalyse wäre individualistisch? – Sie ist gesellschaftlich wie kirchlich nur allzu brisant! Verstehen kann man freilich, daß es in gewissen hochrangigen Kreisen der Kirche ein großes Interesse gibt, angesichts des rapiden Schwundes an Kirchlichkeit in Westeuropa die Reihen fest zu schließen und sozusagen in Entschlossenheit und Geschlossenheit zum letzten Gefecht zu blasen, nach dem Motto: wer jetzt nicht mitmacht, gehört nicht mehr zu uns. Der Aufbau einer scheinbar klaren Front im Kampf gegen die Unterdrückung draußen vereinbart sich zu allen Zeiten ausgezeichnet mit der Etablierung eines repressiven Systems der Außenlenkung und Gewalt im eigenen Inneren. Im Rahmen einer solchen Strategie kann man in den Augen kirchlicher Amtsträger heute offenbar eine recht erfolgreiche Partie spielen, wenn man die Exegese dazu benutzt, womöglich in einem losen Bündnis mit der Befreiungstheologie und in Berufung auf die sozialen und geschichtlichen Implikationen der «Offenbarung» die alten Parolen der Unterdrückung des Individuums weiter festzuschreiben, indem man an die Stelle von Befreiung und Entfaltung die Ideologie einer «Gemeinde» setzt, in der all die sozialen und psychischen Probleme der Menschen unserer Zeit scheinbar gelöst sind, eben weil sie die Gemeinde Jesu Christi, die Gemeinde der Erlösten, repräsentiert. Wissen R. Pesch und G. Lohfink eigentlich, was sie da machen oder was man mit ihnen macht? Doch gleichgültig, was diese «Zeugen» des Verlags Katholisches Bibelwerk wissen oder müssen, als Theologe darf man sich den Weg zur «Gemeinde» nicht derartig leicht machen, wenn der Preis dafür in einer dramatischen Erschwerung aller Zugangswege für die Menschen «draußen» besteht.

Wie eigentlich kommt ein Mensch dazu, von Angst zu Vertrauen, von Verzweiflung zu Zuversicht, von Tod zu Leben hinüberzugehen, indem er aus dem Feld der Gottesferne durch die Person Jesu in die Nähe Gottes zurückgeführt wird?

Wer sich diese Frage nicht im vollen Ernst der Erlösungsbedürftigkeit des *ganzen* Menschen auf allen Ebenen seiner Existenz als das zentrale Problem auch einer entsprechenden Theologie der «Gemeinde» vorlegt, die auf die Not der Menschen antworten könnte, der steht sehr rasch in der Gefahr, ein Heilmittel anzupreisen, das die Wirkung eines Palliativs besitzt: man heilt mit ihm nicht die Krankheit, sondern bringt sie durch die Reklame für das den Schmerz betäubende Medikament auf fiktive Weise zum Verschwinden; und in eben dem Verdacht steht für mich die Gemeindetheologie von R. Pesch und G. Lohfink, wenn sie darauf hinausläuft, die Kategorie des Einzelnen als die entscheidende Kategorie des Christlichen im Namen der «Gemeinde Christi» zu leugnen: man stellt im Sinne dieser Theologie der «Gemeinde» das faktische System einer entscheidungslosen «Volkskirche» niemals wirklich in Frage; man diskutiert an keiner Stelle die institutionalisierten Formen von Macht und Gewalt in der katholischen Kirche; man zeigt sich lediglich selbst als erhaben über jegliche Kritik, indem man durch eine elitäre Gruppenbildung innerhalb dieses Systems sich sowohl arrangiert als auch profiliert.

Es mag sein, daß auf diesem Wege auch manch Gutes und Nützliches geschieht und erreicht wird, aber man perfektioniert auf diese Weise zugleich auch all die Fehler, die in den vorgegebenen Strukturen bereits enthalten sind. – Statt den bestehenden Patriarchalismus der Theologie abzubauen, beläßt man lieber alles, wie es ist, und hält sich schadlos durch den Rückzug in das Matriarchat einer (Integrierten) «Gemeinde», durch deren Mitgliedschaft man scheinbar all den Problemen enthoben ist, die die Frage aufzuwerfen pflegt, wo eigentlich man selber steht. Und vor allem: statt die Kirche nach außen zu öffnen, schließt man sie im Grunde noch fester zu. Eine «Stadt auf dem Berge» (Mt 5,14), die weit ins Tal hinein sichtbar ist, mag sich mit dem Bild der Zionstradition und den Worten des Matthäusevangeliums über die Gemeinde Christi vereinbaren; doch eine «feste Burg»? Die sollte Gott, nicht aber seine Kirche sein.

Und diese Differenz wird jetzt sehr wichtig. – Alles supranaturalistische Verständnis von dem «Volk Gottes» führt letztlich dahin, die Kirche selber zu einer absoluten Größe zu erheben, die sich nicht nur von der Menschengeschichte ringsum durch ihren eigenen Exklusivitätsanspruch isoliert, sondern zugleich auch die institutionalisierte Form ihrer Macht immer wieder gegen den Menschen geltend machen muß. Statt mit wortreichem Wehklagen den vermeintlichen «Mangel an Sozialbezug» in der tiefenpsychologischen Bibelinterpretation anzuprangern, gilt es vielmehr zu begreifen, daß gerade der Wegfall einer anthropologischen Vermittlung und Vertiefung der christlichen Erlösungsvorstellungen mit Hilfe der Psychoanalyse augenblicklich den Glauben selbst zu einem von außen aufgesetzten Lehrsystem machen muß, das sozial gesehen alle möglichen Formen von Herrschaft, Außenlenkung, Abhängigkeit, Angst und Einschüchterung etabliert, legitimiert und geradewegs prämiert.

Will man die alte Lehre von der «Heilsnotwendigkeit» der Kirche als einer sozialen Größe theologisch neu begründen, so darf man gerade nicht, wie es meistens geschieht, mit der philosophisch vollkommen abstrakten und konkret nichtssagenden Definition des Menschen als eines «soziallebenden Wesens» beginnen, um hernach diese metaphysisch leere Setzung der Dogmatik von seiten der Exegese mit dem positiven Willen Jesu, (s)eine Kirche zu gründen, aufzufüllen; es gilt vielmehr als erstes zu verstehen, wie sehr das Elend des menschlichen Daseins im Feld der Gottesferne *alle* sozialen Beziehungen des Menschen mit Angst infiziert und von Segen in Fluch, von Zusammengehörigkeit in Abhängigkeit, von Einheit in Zerstörung verwandelt.

Wenn immer wieder, wie jetzt bei R. Pesch und G. Lohfink, in Rezensionen gegenüber meinen Schriften der Vorwurf geäußert wird, «meine» tiefenpsychologische Schriftauslegung vernachlässige (oder «leugne») den Aspekt der Kirchlichkeit des Glaubens, so muß ich ein letztes Mal mit Nachdruck darauf hinweisen, daß ich in den *«Strukturen des Bösen»* (I 231–312; III 331–435) ausführlicher als irgendwo sonst in der mir bekannten exegetischen oder dogmatischen Literatur die soziale Dimension der Gottesferne (entlang der Bilder des zweiten Teils der jahwistischen Urgeschichte) darzustellen versucht habe. Den entscheidenden Schlüssel zum Verständnis des Zusammenhangs zwischen der individuellen Freiheit und dem Prozeßcharakter menschlicher Geschichte liefert mir dabei die Sozialphilosophie Jean Paul Sartres, die dieser in der *«Kritik der dialektischen Vernunft»* entfaltet hat; wer diesen Hintergrund meiner Ausführungen über die Dynamik der menschlichen Angst nicht kennt, der wird die theologische Funktion, in welcher ich die Tiefenpsychologie sozialpsychologisch und sozialphilosophisch instrumentalisiere, so wenig verstehen, wie wenn er nach dem Vorbild von R. Pesch und G. Lohfink den Existentialismus im Ausgangspunkt meines Sprechens von «Angst» einfach ignoriert.

SARTRE, dessen Schriften ich noch nie in irgendeiner exegetischen Arbeit diskutiert gefunden habe, kommt das Verdienst zu, gezeigt zu haben, daß in der menschlichen Geschichte buchstäblich nichts zu verstehen ist, solange man an gewissen organizistischen Gesellschaftstheorien festhält. Um es möglichst klar zu sagen: die Ohnmacht der historisch-kritischen Exegese gegenüber den wirklichen gesellschaftlichen Verhältnissen, um deren Erlösung es dem Christentum zu tun sein müßte, zeigt sich nirgendwo deutlicher als in der Beharrlichkeit, mit der sie die alten biblischen *Bilder* vom «Volk Gottes» (alttestamentlich) bzw. vom «mystischen Leib Christi» (neutestamentlich) als Intelligibilitätsschemata zum Verständnis von Prozessen zu verwenden sucht, die man nicht begreifen *kann*, solange man von fertigen sozialen Einheiten ausgeht, statt deren Zustandekommen von der Praxis der individuellen Freiheit her allererst zu begründen. Während Exegeten wie R. Pesch und G. Lohfink, darin nun wirklich repräsentativ für den Zustand der Bibelauslegung, die sie vertreten, über einen biblizistischen Mystizismus bestimmter *archetypischer* Vorstellungen (Volk, Leib, Reich, Herde, Weinstock u. a. m.) nicht hinauskommen, werfen sie mir paradoxerweise vor, daß ich die *psychologische* Bedeutung archetypischer Vorstellungsformen für die menschliche Geschichte hervorhebe; und dann weigern sich dieselben Leute hernach mit einer erstaunlichen konzeptionellen Enge, auch nur zu sehen oder gar anzuerkennen, wie sehr ich mich nach der notwendigen *tiefenpsychologischen* Durcharbeitung des Archetypischen bemühe, auch das *soziale* Feld des Archetypischen in seiner dialektischen Struktur *durchsichtig* zu machen.

Insbesondere entwickle ich, in Anlehnung an J. P. Sartre, aus den Bildern der jahwistischen Urzeiterzählungen Modelle, die zeigen, wie *jede* menschliche Gemeinschaft, die sich zur Überwindung eines fundamentalen *Mangels* konstituiert, im Kampf gegen die eigene Negiertheit immer neue Formen verinnerter *Gewalt* in sich aufnimmt und aus sich hervortreibt. Jede Notgemeinschaft von Menschen muß versuchen, die Freiheit des Einzelnen durch *Eid* und durch Formen institutionalisierten Zwangs in den festgelegten Rollen serieller Praktiken umzuwandeln, und bei der Betrachtung dieser Dialektik von Mangel, Freiheit und Zwang kommt es darauf an, in einem ständigen Wechsel reduktiver wie progressiver Betrachtungsweisen zu verstehen, wie der Einzelne auf allen Ebenen der sozialen Wirklichkeit durch seinen Freiheitsentwurf das Feld der Negation transzendiert, um es doch zugleich in seiner eigenen Praktik zu verinnern. *Jede* Gemeinschaft von Menschen, die sich in Mangel und Angst zur Abwehr der eigenen Negation begründet, geht mit Notwendigkeit an den eigenen institutionellen Versteinerungen und an der Gewaltsamkeit ihrer erzwungenen Terrorbrüderlichkeit zugrunde. Wie müßte demgegenüber eine menschliche Gemeinschaft aussehen, die in ihrer Grundlage *nicht* durch Angst, sondern Vertrauen, *nicht* durch Mangel, sondern Fülle, *nicht* durch Gewalt, sondern Einheit bestimmt wird? Einzig einer solchen Gemeinschaft könnte die Verheißung gelten, die Jesus in Mt 16,18 gegenüber seiner Kirche ausspricht: die Pforten der Unterwelt (der Vergänglichkeit) würden sie nicht überwältigen!

Gerade um die soziale Dimension der theologischen Sprache von Gottesferne und Erlösung zu verstehen, darf man die «Gemeinde» Christi nicht einfach als eine fixe Gegebenheit voraussetzen, und noch weniger darf man sie als eine Wirklichkeit an und für sich dem Einzelnen undialektisch gegenüberstellen. Während *jede* Gemeinschaft der Angst und des Mangels mit bestimmten Verfahren des Zwangs und der Unterdrückung die Freiheit des Einzelnen als immanente Gefahr im Zaume halten muß, um die Gruppe vor ihrer eigenen gewalttätigen Selbstauflösung zu bewahren, müßte die Kirche in ihrem Anspruch, ein Ort der Erlösung zu sein, eine Form menschlicher Gemeinschaft darstellen, in welcher der ebenso neurotisierende wie gesellschaftzerstörende Faktor der Angst durch ein stärkeres Vertrauen sich eben nicht länger mehr gegen den Einzelnen geltend macht; gerade die Kirche als Gemeinschaft sollte ihren Sinn darin sehen, Menschen angstfrei dort abzuholen, wo sie stehen, und sie so intensiv in der Vielfalt ihrer Eigenarten zu fördern und zu unterstützen, als es irgend geht.

Eben deshalb ist mir nicht begreifbar, wie es heute eine glaubwürdige Gemeindetheologie geben könnte *ohne* Einbeziehung der Tiefenpsychologie. Die Wahl des Ausgangspunktes ist hier keineswegs beliebig: solange man die Exegese dazu benutzt, die «neutestamentlich verfaßte Gemeinde» Christi von oben herunterzudozieren, verwandelt man Zug um Zug die Formen eines angstbefreiten Lebens in Formen moralischer Zwangsanweisungen, die den alten Widerspruch von «Gesetz» und «Evangelium» nicht wirklich überwinden, sondern nur vollends festschreiben; und umgekehrt: man muß, bei der Angst des Einzelnen beginnend, all die Formen sozialer Unmenschlichkeit zuallererst *durcharbeiten,* um *von unten her* die Wege zu eröffnen, die zu einer Kirche ohne Angst und zu einer menschlichen Gemeinschaft ohne Gewalt hinführen. Einzig das letzte ist der Weg Jesu.

Die Hauptschwierigkeit für jeden, der psychoanalytische Themen behandelt, liegt darin, daß er ständig von Dingen sprechen muß, die jeder ohne Mühe zu verstehen glaubt und die doch nur verstehen kann, wer an sich selbst oder an anderen Menschen erfahren hat, mit welch einer Macht neurotische Strukturen sich unter der Tarnung ideologischer Rationalisierungen verfestigen können. Schon deshalb ist es tiefenpsychologisch nicht möglich, wie aus dem Hut gezaubert, bei der «Gemeinde» anzufangen, weil es auf der kollektiven Ebene keinerlei Kriterien gibt, um die psychodynamische Wirkung bestimmter theologischer Sprachspiele aufzuzeigen.

Wie oft in der Psychotherapie z. B. beginnen Ordensschwestern, Priester – Theologiedozenten nicht ausgenommen – zunächst damit, von ihrem Weg zu Gott zu sprechen, nur um ein halbes Jahr später schon feststellen zu müssen, daß all ihre Opfer und Selbsteinschränkungen, ihre Triebunterdrückungen und Ängste, ihre Schuldgefühle und Gefühlsabsperrungen durchaus nicht, wie ursprünglich geglaubt, den Entscheidungen der eigenen Freiheit und Überzeugung entstammen, sondern in Wahrheit mechanisierte Formen infantiler Abhängigkeiten darstellen, die keinesfalls dem Gott der Schöpfung oder dem «Vater» Jesu Christi gelten, wohl aber der angstüberhöhten Gestalt des eigenen Vaters, der eigenen Mutter. Es ist – relativ gesehen – so einfach, «Vater und Mutter» in sozialem Sinne zu «verlassen», um sich einem Orden oder einer ordensähnlichen Gemeinde anzuschließen; doch wie unsäglich schwer kann es sein, sich innerlich *um Gottes willen* von den Bindungen an das verinnerlichte Vorbild der eigenen Eltern zu lösen! Wieviel an Neurotischem und «Hinterweltlerischem» im Sinne FRIEDRICH NIETZSCHES wird in der Sprache heutiger Theologie nicht immer noch mit frommen Worten kaschiert und ideologisiert, und zwar um so leichter, als man, gestützt auf die Bibel, scheinbar immer schon weiß, was Gott will und was Christus zu sagen hat? Wieviel an Angst vor sich selber treibt nicht immer wieder Menschen irgendeiner Gemeinschaft in die Arme, die gerade mit ihren Idealen der Selbsthingabe und der Selbstverleugnung zu einem idealen Fluchtraum der Selbstvermeidung gerät? Wo eigentlich in den Ausbildungssystemen der Kirche legt man gerade im Namen Christi Wert auf «die Ausbildung des Einzelnen» statt auf die Einprägung einer bestimmten Berufsmaske zwecks Ausübung eines späteren Amtes?

Gegen Ende dieses schrecklichen 20. Jh.s gibt es endgültig keine Erlaubnis mehr, die Augen vor der Tatsache zu verschließen, daß gerade *der Mangel an Individualität* und *der Ausfall an persönlicher Eigenständigkeit* alle Formen diktatorischer Gewalt überhaupt erst möglich macht. «Du bist nichts, dein Volk ist alles» und «Führer befiehl, wir folgen dir» – *diese* Parolen waren es, die 50 Millionen Menschen das Leben gekostet haben. Der Mut zur persönlichen Freiheit hat noch niemals Schaden angerichtet, wohl aber zeigt sich, wie furchtbar jede menschliche Gemeinschaft in sich selbst entarten muß, die den Anspruch auf Wahrheit in die «Objektivität» einer an und für sich richtigen Lehre setzt statt in die Wahrhaftigkeit des Lebens jedes einzelnen ihrer Mitglieder und in die Menschlichkeit ihrer Umgangsformen. Die ungeheuerlichsten Taten sind und waren möglich nicht durch die natürliche Bösartigkeit oder «Selbstsucht» einzelner, sondern durch die opferwillige Schafsgeduld einer Herde oder Horde beamteter Unpersonen, die sich ein «persönliches» Verhältnis zu anderen Menschen überhaupt erst zutrauen, wenn es durch die Funktion ihres Amtes vermittelt ist. Menschen dieser Art können im Sinne der Kirche oder im Interesse jeder anderen Behörde all das verkörpern, was man als vermeintlich spezifisch christliche Tugenden immer wieder ausgegeben findet: sie sind aufopferungsbereit bis zur Selbstverleugnung, sie stellen jederzeit ihre eigenen Wünsche zurück hinter den «Notwendigkeiten» und «Erfordernissen» des Allgemeinen und Objektiven, sie sind mit der Gruppe, deren Funktionen sie ausüben, vollkommen identifiziert, in ihrem Idealismus sind sie die idealen Propagandisten und Vollzugsorgane jedes neu eingegebenen Befehls, sie werden niemals das Odium auf sich ziehen, «Abweichler», «Renegaten», «Dissidenten», eben: Häretiker zu sein. Nur: was eigentlich unterscheidet Menschen einer solchen Psychologie von den «Gerechten» zur Zeit Jesu, von den Pharisäern, von den Schriftgelehrten, von den *Todfeinden* Jesu? Und was haben sie zu tun mit der Gestalt des Mannes aus Nazareth, der sogar das heiligste Gesetz Israels, die Sabbatordnung, brach zugunsten von Menschen, die krank waren oder Hunger hatten? Wo in der Kirche gibt es Exegeten, Dogmatiker, Moraltheologen, die es wagen, entsprechend diesem Beispiel Jesu zu lehren und zu leben? Wenn es aber solche Männer nicht gibt (*Frauen* gelangen gar nicht erst ins «Lehramt» der Kirche), wie will die «Gemeinde Christi» jemals dann die Vision F. M. Dostojewskis von dem *«Großinquisitor»* widerlegen, in dessen Konterfei der russische Dichter das Erscheinungsbild und, wie er meinte, sogar das Wesen der katholischen Kirche am genauesten zu treffen suchte? Es ist der Ort des Einzelnen, an dem sich das Gesamtbild der Kirche entscheidet.

Mir will das Jahr 1956 nicht aus dem Sinn; es hat mir ein für allemal eine Kirche gezeigt, wie ich sie *nicht* will, und ich gebe zu, der katholischen Kirche als Priester wesentlich in der Hoffnung anzugehören, daß endlich, endlich (!) der Begriff des Katholischen aufhört, der Inbegriff von Hörigkeit, Servilität und einer aufgezwungenen Anpassungsbereitschaft bis zur Heuchelei zu sein.

Warum so harte Worte? – Weil es ungeheuerlicher als im Jahre 1956 wohl nicht kommen kann. Ich war damals erst 16 Jahre alt, und man diskutierte leidenschaftlich über den Beschluß der CDU-geführten Bundesregierung, eine neue Armee aufzustellen und die Bundesrepublik der Nato einzugliedern. Noch keine 12 Jahre nach dem Ende des 2. Weltkrieges erregte dieses Thema wie kaum ein anderes die Gemüter; eindringlich warnten protestantischer-seits Persönlichkeiten wie MARTIN NIEMÖLLER UND H. GOLL-WITZER vor der Wiederbewaffnung der Bundesrepublik; die Barmer Erklärung stellte fest, daß es für einen Christen möglich sei, in dieser Frage zu einander völlig widersprechenden, aber komple-mentären Standpunkten zu gelangen; sie fügte freilich hinzu: «Doch wehe den Leichtfertigen.» In dieser Zeit der lebhaftesten und leidenschaftlichsten Kontroversen, die über moralische Fra-gen in der Bundesrepublik jemals geführt wurden, bekam die ka-tholische Kirche es fertig, eine geschlossene politische Front zu-gunsten der Wiederaufrüstung zu bilden. Im Parlament disku-tierte man in einer Sternstunde deutscher Demokratie über das Recht auf Wehrdienstverweigerung und befand, daß die Anerken-nung des Gewissens des Einzelnen in jedem Falle Vorrang vor allen anderen Gesichtspunkten, sogar vor politischen Sicher-heitserwägungen, haben müsse. In der Expertenanhörung aber mußte der Jesuitenpater HIRSCHMANN als den Standpunkt der ka-tholischen Kirche die Meinung vertreten, daß im Falle eines unge-rechten Angriffs kein Katholik das Recht habe, sich auf sein Ge-wissen zu berufen. Eben diese Ansicht war es, die PAPST PIUS XII. in seiner Weihnachtsansprache offiziell bestätigte. Schon Jahre zu-vor hatte REINHOLD SCHNEIDER auf einem Katholikentag nicht sprechen dürfen, nur weil er bereits zur Zeit des geplanten Bei-tritts der Bundesrepublik in die Europäische Verteidigungsge-meinschaft 1952 erklärt hatte, es handle sich, wie immer man ent-scheide, um eine *tragische* Entscheidung, – es könne in dieser Frage kein Entweder-Oder des reinen Gewissens geben.
Damals wußte ich selber nicht, ob es einen Gott gebe oder nicht; nur so viel schien mir sicher, daß, wenn es einen Gott im Himmel

gäbe, er unmöglich den Krieg wollen könnte – ich würde niemals darin einwilligen, ein Tier zu töten, nur um es zu essen, und erst recht konnte und kann ich mir nicht vorstellen, wie es rechtens sein sollte, Menschen im Alter von 18 Jahren 18 Monate lang darauf vorzubereiten und dafür zu trainieren, andere Menschen auf Befehl im «Notfall» zu töten. «So darf man nicht denken, wenn man katholisch ist»; «Wo bleibt das *sentire cum ecclesia*» – das kirchenkonforme Denken? Das war das einzige, was in der katholischen Kirche während sieben langer Jahre ausnahmslos alle: Bischöfe, Pfarrer, Religionslehrer, Vikare, Konviktsdirektoren und Beichtväter zu diesem Problem zu sagen wagen durften. Es war kein Trost, im 2. Vatikanischen Konzil dann zu hören, daß sogar die katholische Kirche in dieser Frage ihre Ansicht geändert und sich zu ihrem üblichen «Sowohl-als-auch-Standpunkt» bekehrt hatte. Was denn hatten bis dahin all die Dozenten der Theologie, die beamteten Vertreter der Kirche, diese berufenen Verkünder Gottes getan? Es kann ihnen unmöglich in der Zwischenzeit eine neue Einsicht gekommen sein, das Problem war sieben Jahre später genau das gleiche geblieben wie all die Jahre zuvor. Der einzige Unterschied bestand darin, daß man plötzlich unter PAPST JOHANNES XXIII. eine eigene Meinung äußern durfte, ohne um seinen Posten und um sein Ansehen in der Kirche fürchten zu müssen. Doch was für ein Bild von Kirche und was für ein Dokument von dem psychischen Zustand der Amtsträger in der katholischen Kirche!

Inzwischen haben ganze Generationen von Jugendlichen lernen müssen, auf private Faust sich über päpstliche Enzykliken und Verlautbarungen hinwegzusetzen, die ihnen verbieten wollen, «die» Pille zu nehmen oder in Fragen der Liebe, der Ehe, der Homosexualität oder dergleichen sich zu entscheiden, wie es ihrer Lebenssituation entspricht. Was, wenn sie nicht bis in ihre Psychostrukturen hinein als unmenschlich, weil unpersönlich, steif und angstgeprägt, erscheinen will, müßte in der katholischen Kirche heute dringlicher geändert werden als eine «Theologie» von Gemeinde, in der immer wieder mit Berufung auf Jesus die Kirche *über* den Einzelnen gestellt und ihre Ansprüche mit dogmatischem Fanatismus *gegen* den Einzelnen geltend gemacht werden!

Folgt man den Darlegungen der historisch-kritischen Exegeten R. Pesch und G. Lohfink, so bin ich bereits deshalb kein Christ (mehr), weil ich ihrer Gemeindetheologie widerspreche. Tatsächlich muß ich zugeben, daß die Vorstellungen dieser beiden «Zeugen» das genaue Gegenteil des Ansatzes darstellen, den ich für nötig halte. Immerhin glaube ich mich angesichts solcher Vorwürfe in guter Gesellschaft zu befinden. Jedenfalls wird man nur schwerlich in der Geschichte der Menschheit eine Persönlichkeit finden, die derart mutig der institutionalisierten Form der Religion, ihren beamteten Dienern, den Priestern, den Gesetzeslehrern, den berufsmäßigen Theologen entgegentrat, wenn es galt, für den Menschen Partei zu ergreifen gegen die Unmenschlichkeit einer ebenso gehorsamen wie gehörlosen Herzensversteinerung der Angst, als die Person des Jesus von Nazareth; er gewiß brach lieber ein geschriebenes oder überliefertes Gesetz Gottes als das Herz eines Menschen. Und diese Haltung selbst rührt ohne Zweifel an das *Wesen* seiner Person. So war er immer! Und nur darum besaß er Macht über die «Geister» und die Geißel so vieler Krankheiten.

In der historisch-kritischen Betrachtung *der Wunder,* die Jesus im Neuen Testament wirkt, hat man sich seit altersher gefragt, warum Jesus besonders im Markus-Evangelium immer wieder Menschen zunächst *abseits* von der Menge nimmt, um sie zu heilen, und ihnen hernach auch noch ausdrücklich befiehlt, nur ja niemandem etwas von ihrer Genesung zu sagen. Nachdem man die alte Theorie WREDES von dem «*Messiasgeheimnis*» fallenlassen mußte, kam man darauf, daß die Geheimhaltung eines Wunders offenbar ein *typisches* Merkmal in den Wundererzählungen darstellt.

Aber warum? – Gerade im Umgang mit solchen Fragen, an denen sich immerhin der Wahrheitsanspruch derartiger Erzählungen insgesamt entscheidet, läßt sich erneut der Unterschied zwischen dem Aussagewert einer historischen und einer psychologischen Interpretation der Bibel erläutern.

Als eine mögliche *historische* Erklärung, der sich auch R. Pesch in seinem *Markuskommentar* (I 420) anschließt, hat man vorgeschlagen, daß die Wunder geheimgehalten werden müßten, um vor den Dämonen verborgen zu bleiben und den Geheilten vor ihren weiteren Nachstellungen zu schützen. Ein solches «Verständnis» der Geheimhaltung der Wunder im Neuen Testament könnte *historisch* durchaus zutreffen – so mag man in der Antike wirklich gedacht haben. Nur: was soll ein heutiger Leser mit derartigen Kommentaren anfangen? Erklärungen dieser Güte fördern nicht ein tieferes religiöses Verständnis des Textes, allenfalls daß sie das Gefühl der Fremdheit noch vermehren und unvermeidlich eine gewisse intellektuelle Arroganz gegenüber derart «archaischen» Ansichten provozieren. Erst in tiefenpsychologischer Sicht wird die Typologie der Wundererzählungen in ihrer Gesamtheit *von innen her* verständlich, und dann auch wird zugleich begreifbar, was an den historischen Erklärungen der Texte berechtigt ist und was mit ihnen gemeint sein kann. *Psychoanalytisch* wird man in den «bösen Geistern» von Krankheit und Wahnsinn unzweifelhaft die verinnerlichten Gestalten von Vater und Mutter, von Pfarrer und Lehrer, von Bruder und Schwester, von Nachbarn und Freunden, kurz: das ganze Ensemble der sozialen Beziehungen der Kinderzeit erblicken; all diese Gestalten aber leben nicht nur innerlich, sie waren und sie sind vor allem objektive Größen, die jeden Schritt zur psychischen Befreiung von außen her zu blockieren drohen und als innere Verfolger mit Strafe zu ahnden suchen.

Von daher gehört es innerlich zusammen und beantwortet ein und dieselbe Frage, wenn Jesus etwa in der Wundererzählung von Mk 8,22–26 dem Blinden in Bethsaida am Ende der Heilungsgeschichte ausdrücklich *verbietet,* in das Dorf zu gehen – nur daß er «nach Hause» gelangt, ist Jesu Sorge und Auftrag (Mk 8,23.26). In meinem Buch *«Das Markusevangelium»* (I 530–531) habe ich dargestellt, wie wichtig gerade solche «typischen» Absonderungen eines (psychisch) Kranken im Verlauf einer Geistheilung sind:

um ihren Sinn zu begreifen, muß man sie nicht nur als einen spezifischen Kommentar zu der Art der jeweiligen Erkrankung verstehen, man muß im gewöhnlichen Leben Bewegungen oder «Maßnahmen» dieser Art sich stets «zeitzerdehnt» vorstellen. Keine Heilung innerhalb eines psychotherapeutischen Prozesses dürfte es geben, die nicht zuerst mit einer (mühsamen und langwierigen!) Herauslösung eines einzelnen aus dem Umfeld der Menge beginnen würde. Es gilt als erstes buchstäblich, den Patienten «an die Hand zu nehmen» (Mk 8,23) und ihn zu einem Standpunkt zu führen, bei dem es nicht mehr darum geht, wie die anderen die Welt «sehen», sondern wie er selber nach und nach der eigenen «Einsichtsfähigkeit» wieder Glauben zu schenken vermag; es gilt, die Angst vor den kritischen Blicken der anderen zu verlieren, bis daß er am Ende wirklich «nach Hause» zurückfindet, ohne noch «ins Dorf» zurückgehen zu müssen.

Wenn es gerade die Verbundenheit mit den anderen ist, die seit Gen 3,8 ff. dem Menschen zur Quelle von Angst und Minderwertigkeitsgefühlen, von Krankheiten und Beschämungen aller Art wird, so gibt es offensichtlich kein anderes Verfahren der Heilung, als den Menschen aus dem Dickicht seiner Fehlidentifikationen mit den Rollenvorschriften anderer herauszulösen, um ihn *als einzelnen* in ein Feld des Vertrauens zu stellen, in dem so etwas wie Erlösung möglich ist. Nicht um «Individualismus» handelt es sich dabei, sondern ganz einfach um eine unerläßliche und unerbittliche Konsequenz der Erlösungsbedürftigkeit des Menschen. Gerade weil die «Sünde» auch und wesentlich eine soziale Dimension besitzt, kommt zunächst alles darauf an, die kränkenden und krankmachenden Strukturen aufzubrechen, in denen der Einzelne befangen ist, und erst auf dem Weg über den Einzelnen läßt sich der Aufbau wahrer und heilsamer Beziehungen vorstellen und ermöglichen. Ganz einfach, weil es «billiger» nicht geht, scheint mir heute die Psychoanalyse *theologisch* so wichtig, weil sie die Exegeten, die Dogmatiker, die Moraltheologen, die Seelsorger wieder mit Macht darauf hinweist, wie absolut ernst sie den Prozeß der Individuation als den entscheidenden Ort der Erfahrung von Heil und Heilung zu nehmen haben. Die Psychotherapie ist keine Religion und kein Religionsersatz, aber sie nimmt die Hemmnisse fort, die Menschen anderen Menschen auf dem Weg zu Gott in den Weg legen können, und nicht wenige Hemmnisse heute sind das Werk von Theologen, die durch eine erzwungene Unwissenheit und durch eine aufgezwungene Unerfahrenheit in Fragen der Psychologie und der Anthropologie auf der Seele der Menschen herumtrampeln, als ob immer wieder nur erst das *Opfer* des Einzelnen zum Wohl des Allgemeinen der «Gemeinde» gottwohlgefällig sein könnte.

Wie sehr der Ausfall der (Tiefen-)Psychologie das Sprechen von Gemeinde pervertieren muß, dafür in der Tat sind R. Pesch und G. Lohfink hervorragende Zeugen. Meiner tiefenpsychologischen Bibelauslegung werfen sie vor, sie trete «in den Dienst gnostischer Traumbündnisse», und sie fügen, um das Ritual ihrer Beschwörungen zu vervollständigen, noch mit warnender Stimme hinzu: «deren Faszination viele religiös hungrige Zeitgenossen erliegen mögen, weil die Übereinstimmung mit den religiösen Träumen der Menschheit schon allein durch Einstimmung zustande kommt, während die Gemeinschaftsbildung im Gottesvolk die Umkehr voraussetzt, über die gesagt ist, daß eher ein Kamel durch ein Nadelöhr geht...» (35) Offensichtlich wollen oder können R. Pesch und G. Lohfink nicht wahrhaben, wieviel an «Umkehr» heute de facto in der Psychotherapie oder in heilenden menschlichen Beziehungen sonst geschieht, und noch weniger merken sie, daß es mir bei der Betonung der theologischen Funktion der Psychoanalyse heute gerade um die Erfahrung und Vermittlung eben jener Formen der Existenzveränderung geht, von denen ich allerdings glaube, daß erst durch sie so etwas wie «Gemeinschaftsbildung im Gottesvolk» – ich würde freilich lieber sagen: eine wahre Form der Menschlichkeit im Umgang miteinander – möglich ist.

Insbesondere gilt das Durcharbeiten von «Träumen» bzw. die gesamte Auseinandersetzung mit dem Unbewußten für Exegeten wie R. Pesch und G. Lohfink immer noch als eine Weise der

Nicht-Umkehr, der unverbindlichen «Faszination». Ich sehe einmal davon ab, daß in der Bibel sowohl der «ägyptische» Joseph wie der Mann Marias im Matthäusevangelium ohne die Gottesoffenbarungen heiliger Träume die Stämme Israels nicht vor dem Verhungern und das neugeborene Erlöserkind nicht vor einem frühen Tod hätten bewahren können, – in solchen «Bildern» werden historisch-kritische Exegeten inzwischen nichts weiter sehen als bloße Stilfiguren, und jedenfalls werden sie darin keine Zeugnisse für die Göttlichkeit von Träumen erblicken; außerdem behagt es mir nicht, über Texte zu streiten, wenn darüber die Wirklichkeit aus den Augen gerät, von der sie Zeugnis geben. Die Wirklichkeit der Träume selbst jedoch verträgt es nicht, so hochmütig als bloße «Faszination» verlacht zu werden. Zwischen Tiefenpsychologie und Theologie wird es niemals Frieden geben, solange Theologen es nicht für nötig halten zu sehen, wie außerordentlich schmerzhaft, wie erfahrungsnah den Erlebnissen von «Kreuz» und «Tod» jene Vorgänge in Wahrheit sind, die in der Sprache des Existentialismus als «Selbstverwirklichung» und in der Sprache der Psychoanalyse als «Selbstfindung», Individuation, bezeichnet werden, während sie in der Religion als «Wiedergeburt» oder «Umkehr» geschildert und sakramental konzipiert werden.

Im Felde der Angst fällt uns Menschen offensichtlich nichts so schwer, als auf den Schutz der eigenen überkompensierten Größe zu verzichten und die Kleinheit und «Armut» des Daseins zu akzeptieren. Wer nicht von innen her versteht, daß es Dinge gibt, die wirklich, wie in dem Gespräch Jesu mit dem reichen Jüngling, nur bei Gott «möglich» sind (Mk 10,27), der mag getrost auf all sein Hab und Gut «verzichten», er bleibt doch nach wie vor dasselbe «Kamel», das durch ein «Nadelöhr» nicht geht. Ohne die Erfahrung, auch und gerade dann leben zu dürfen, wenn wir nichts besitzen, verwandelt sich sogar ein so wunderbares Wort Jesu wie das an den «reichen Jüngling» sogleich in eine asketische Forderung, *doch* etwas zu können und zu sollen; wieder ist dann «Umkehr» das nur moralische Gegenteil der «Selbstsucht», und wieder werden dann aus Worten der Gnade Worte der Angst und Regeln einer neuen Gesetzlichkeit. Wieviel habe ich über eine angstfreie, heilende Auslegung religiöser Worte zu sagen versucht (*Tiefenpsychologie und Exegese*, II 666–759) und wie gehen Pesch und Lohfink damit um (93–100)!

Indem diese beiden «Zeugen» mit System das Christliche gegen das Religiöse und das Religiöse gegen das Psychologische stellen, müssen sie mit Konsequenz und Absicht natürlich auch die Gemeinde gegen den Einzelnen stellen; wenn aber die Gemeinde, wie sie selbst betonen, sich allererst durch die «Umkehr» des Einzelnen konstituiert, so ist, entgegen ihrer theologischen Doktrin, theoretisch wie praktisch unbedingt beim Einzelnen zu beginnen; erst wenn man weiß, wie die «Umkehr» des Einzelnen aussieht, kann man herangehen, zu beschreiben und zu begründen, wie «neutestamentlich verfaßte Gemeinden» aussehen. Im Neuen Testament ist die «Umkehr» von Menschen durchaus nicht denkbar ohne die Erlösung ihrer Psyche von den Mächten der Angst und Entfremdung, ohne die Heilung von Neurosen, Psychosen und psychosomatischen Erkrankungen. In ihren eigenen Grundlagen wird die Theologie sich heute erst wieder verstehen, wenn sie die Psychoanalyse als ihr eigenes Erkenntnisorgan in sich aufnimmt, indem sie die notorische Einseitigkeit ihres Menschenbildes aufgibt.

Wie wenig R. Pesch und G. Lohfink sich für den konkreten Prozeß der «Umkehr» wirklich interessieren, zeigt sich besonders deutlich in ihrer Replik auf meine Auslegung des *Gesprächs Jesu mit der Frau am Jakobsbrunnen* (Joh 4,1–42), das ich in *Tiefenpsychologie und Exegese* (II 686–697) als Beschreibung des langen, stufenweisen Weges verstehe, den ein Mensch durchlaufen muß, um Jesus als das «Geschenk Gottes» erkennen zu können. Für R. Pesch und G. Lohfink zeigt sich natürlich auch hier, «daß die Offenbarung in *Geschichte* ergangen ist» und «daß sie an ein konkretes *Volk* ergangen ist» (97). Unglücklicherweise hat freilich bis heute noch kein historisch-kritischer Exeget dargetan, was an diesem großartigen Glaubensgespräch «geschichtlich» sein soll, und zudem hat Jesus sich just in diesem Moment seines Gesprächs mit der Samariterin von dem konkreten Volk der Juden abgewandt, um der eitlen Proselytenmacherei und der öden Rechnerei, wer mehr Menschen «taufe»: die Jünger Jesu oder die Jünger des Johannes, zu entfliehen. Statt an ein Volk, wendet er sich in diesem Gespräch an einen einzelnen, und statt an die Männer «sogar» an eine Frau. Es ist ein Gespräch, das buchstäblich im religiösen Niemandsland beginnt und das überhaupt nur zustande kommt, weil Jesus ehrlich genug ist, als ein Mann, als ein Jude, erschöpft und durstig, wie er ist, eine Frau, eine Samariterin, um Wasser zu bitten. Ohne die Anerkennung einer solchen internationalen Gemeinsamkeit aller Menschen in ihren Grundbedürfnissen von Hunger und Durst, Müdigkeit und Erschöpfung kommt, christlich gesehen, offenbar kein wahres, grenzübergreifendes Gespräch über Gott und den Glauben zustande.

Des weiteren schildere ich anhand dieses Dialogs, wie mißverständlich zunächst jedes religiöse Wort sein muß, indem es auf so einfache Erfahrungen wie Brunnen, Wasser, Durst und Trinken zurückgreifen muß, um anhand irdischer Gegebenheiten von einer Sehnsucht zu sprechen, die alles irdische Maß übersteigt. Demgemäß weise ich darauf hin, daß die Frau am Jakobsbrunnen auf einer der ersten Stufen dieses Gesprächs erkennen muß, was bis in den Wortlaut hinein der zentralen Lehre der Menschheitsreligion des *Buddhismus* entspricht (*Tiefenpsychologie und Exegese*, II 689): wie getrieben unser Dasein vom *Durst* (von der *trishna*) des Lebens ist, wenn wir es rein irdisch, rein biologisch, als Suchen nach Nahrung, als Streben nach Lebenserhalt definieren: immer wieder müßten wir im Kreislauf derselben Begierde zum Anfang zurück und würden nie satt – genau das beschreibt Joh 4, 13, und ich verstehe diese Stelle so, daß der Buddhismus gewiß nicht identisch mit dem Christentum ist, sich wohl aber als eine Erfahrung erweist, die man gemacht haben muß, um zu Christus zu gelangen. Mir scheint diese Feststellung ebenso wichtig wie richtig zu sein.

Kaum hören indessen R. Pesch und G. Lohfink von zentralen

Übereinstimmungen zwischen der Religion Jesu und der Religion des Buddha, da verkünden sie auch schon ohne weitere Erklärung und mit um so größerem Entsetzen: «Solche Auslegung hat aus den Worten Jesu den Bezug zu seiner Person und zur Gemeinde seiner Nachfolger, der Kirche, getilgt» (34). Das hat sie keinesfalls. Allerdings geht es darum zu sehen, daß es *an dieser Stelle* noch gar nicht möglich ist, Christus zu erkennen; als erstes muß die Frau (über die buddhistische Grunderfahrung hinaus!) erkennen, daß sie nicht nur mit ihrem Verlangen nach «Wasser», sondern mehr noch mit ihrem Verlangen nach *Liebe* sich im Kreise dreht - es ist das klassische *psychoanalytische* Thema von der (hysterieformen) Frustration der Liebe durch die (ödipale) Vergöttlichung des Partners der Liebe, das hier zu der entscheidenden Brücke der *Selbsterkenntnis* wird. «Er hat mir alles gesagt, was ich getan habe» (Joh 4,29) – diese «Bewußtmachung» der eigenen leidvollen Vergangenheit ist es, die der Frau am Jakobsbrunnen die entscheidende Vermutung von der «Messiaswürde» Jesu eingibt.

Erst jetzt, nach diesem Schritt der Aufarbeitung aller psychischen Quellen des Unglücks, kommt das Gespräch auf ein eigentlich «religiöses» Thema, und auch das zunächst nur wie von außen her, im Sinne der bloßen Vätertradition. *Dagegen* setzt Jesus nun seinerseits einen Glauben in «Geist und Wahrheit». Nur im Sinne einer solchen Reifung in den Stadien einer sich immer weiter vertiefenden Innerlichkeit bekommen die einzelnen Themen und Inhalte dieses Gesprächs ihre innere Notwendigkeit und Logik – man vergleiche, daran gemessen, die Sprunghaftigkeit und Beliebigkeit in den Erklärungen der historisch-kritischen Kommentare zu diesem Gespräch am Jakobsbrunnen. Demzufolge glaube ich, daß an dieser Stelle die Rede von *«Geist und Wahrheit»*, abweichend von der johanneischen Diktion sonst, wesentlich (im Gegensatz zu der Geistlosigkeit eines bloßen Väterglaubens) als die innere Überzeugung und Wahrhaftigkeit des Menschen gegenüber Gott zu verstehen ist; selbst am Ende der Erzählung (in Joh 4,42) werden auch die

Leute in Sychar noch einmal betonen, daß sie jetzt glauben nicht der «Rede» der Frau wegen, sondern weil *sie selber* «gehört» haben.

Gegen eine solche «anthropologische Deutung» verweisen R. Pesch und G. Lohfink zunächst auf die «Qumran-Parallelen» sowie auf den «Kontext des Johannesevangeliums», der freilich schon vor einem halben Jahrhundert auch R. BULTMANN nicht gehindert hat, die Stelle ganz in dem von mir angegebenen Sinne zu verstehen, nur daß ich seinen Ansatz am Text noch geschlossener verfolge, als er selber es in seinem *Johanneskommentar* ausgeführt hat. Dann aber bringen Pesch und Lohfink den Kommentar von R. SCHNACKENBURG herbei, bei dem sie in der Tat die gleiche Vermeidehaltung gegenüber allen Fragen der Anthropologie und Psychologie vorfinden, die sie selber zur theologischen Pflicht erheben.

Wir haben es, wohlgemerkt, an dieser Stelle, wo von «Geist und Wahrheit» die Rede ist, immer noch nicht damit zu tun, daß Jesus sich der Frau am Jakobsbrunnen wirklich zu erkennen geben könnte; wir betreten vielmehr überhaupt erst wieder den Boden der jüdischen Religion mit ihrer Messiaserwartung, jetzt allerdings von innen her, wirklich durch Überzeugung, nicht einer bloßen Religionszugehörigkeit von außen zuliebe, und so hat denn die Frau auch an dieser Stelle noch einmal etwas Entscheidendes dabei zu lernen: es gibt eine Art, auf die «Ankunft des Messias» zu hoffen, die einer geheimen Verzweiflung gegenüber der Gegenwart gleichkommt, wirklich eine «Jenseitsreligion», die für diese Welt keine Hoffnung läßt. Erst im Kontrast zu dieser Geisteshaltung kann Jesus auf sich selbst verweisen und sagen: «Ich bin» (Joh 4,26). In diesem ganzen Gespräch zwischen Jesus und der Samariterin gibt es nach meinem Eindruck keinen Punkt der «Offenbarung» Christi, der nicht von entsprechenden Schritten der Erkenntnis auf seiten der Frau begleitet wäre, und zwar nicht so, daß als erstes Jesus sein Wesen enthüllen und dann die Frau diese jeweils neue Mitteilung als ihren «Glauben» akzeptieren könnte oder müßte, sondern umgekehrt: es sind die Reifungsschritte dieser Frau, die Jesus in diesem Gespräch vermittelt und einleitet, durch die und in denen er einzig auf die Erfahrung seines Wesens vorzubereiten vermag. Man wird ein ganzes Leben brauchen, um die geduldigen, keine Schwelle überhastenden Schritte dieses Gesprächs mitzugehen, das wie kein anderer johanneischer Dialog die Wesenseinheit von Selbstfindung und Gottfindung zu beleuchten vermag.

Dazu nun lese man die Ausführungen von R. SCHNACKENBURG, und man versteht, warum R. Pesch und G. Lohfink ihn an dieser Stelle so begeistert zitieren und warum ich seinen Standpunkt für unzutreffend halte: «Zur Gottesanbetung in Geist und Wahrheit ist es zunächst nötig, daß der Mensch von Gottes Geist erfüllt und durchdrungen wird. Das geschieht für die Christgläubigen in realer und vollgültiger Weise seit der Gotteszeugung in der Taufe. Da empfangen sie die Macht, Kinder Gottes zu werden... Diese eschatologisch-gegenwärtige Geistverleihung ist durch Jesus Christus gekommen... Die wahre Anbetung im Geiste ist darum nur in der Christusverbundenheit möglich... In ihm (sc. Christus!) geschieht der wahre Kult... Der Kult in Geist und Wahrheit wird von der Gemeinde der Christusgläubigen getragen. Die wahren Anbeter sind keine Individualisten, sondern die Herde Gottes, vom Gottessohn gesammelt» (99). An die Stelle der konkreten Einheit von Selbsterfahrung und Gotteserfahrung im Gespräch mit dieser Frau in Samaria tritt nach SCHNACKENBURG also die «Gotteszeugung» in der «eschatologisch-gegenwärtigen Geistverleihung» durch den wahren «Kult» der Taufe, durch welche die «Gemeinde der Christusgläubigen» begründet wird.

Es sei einmal davon abgesehen, daß das Johannesevangelium (4,2) gerade betont, daß Jesus selbst gar nicht getauft hat, sondern erst seine Jünger; es sei auch dahingestellt, daß die Taufe selber ein außerordentlich weit verbreiteter, durchaus nicht spezifisch christlicher, sondern ein wirklich archetypischer Ritus ist, dessen Wurzeln man geschichtlich bereits um 2000 v. Chr. in Moenjodaro im heutigen Pakistan besichtigen kann und dessen lebendigste Form sich zweifellos in den rituellen Waschungen der Hindus im Ganges, dem heiligen Strom Shivas, erhalten hat, des Gottes, der Herr ist über Leben und Tod, Geburt und Zerstörung, Ende und Neubeginn; es sei auch einmal die Tatsache vernachlässigt, daß von irgendeiner Geistaussendung durch die Taufe zum Zwecke einer Gemeindegründung in dem Gespräch am Jakobsbrunnen mit keinem Wort die Rede ist; es sei nur einfach gefragt, was wir denn *heute* mit den Worten «Taufe» und «Gemeinde» verbinden.

Vermutlich ist für den Zustand der heutigen «Christusgläubigen» nichts kennzeichnender und nichts schädlicher als die Tatsache, daß man der Gemeinde Christi zugehört einfach durch das Faktum, daß im Alter von 6 Tagen oder 6 Wochen an einem noch unbewußten Kind ein «geistaussendendes» Ritual vollzogen wurde und hernach in Zeit und Ewigkeit feststehen soll, wer ein Christ ist und wer nicht. Die ganze Aufregung, die es kostet, den langen Weg der Frau am Jakobsbrunnen mitzugehen, bis man nach und nach dahin gelangt, «selber zu hören», gilt als abgemacht und erledigt einfach durch den rituellen Akt der Kindertaufe; diese tritt als das Objektive, als das vermeintlich Wesentliche auf, wohingegen das Persönliche, das Subjektive, zu etwas Sekundärem, Abgeleitetem abgewertet wird, und es ist eben diese ungeheuerliche Umkehrung des Persönlichen ins Allgemeine, es ist dieser Diebstahl an existentiellem Ernst zugunsten eines erfahrungsleeren, formalisierten Rituals, der in den entsprechenden Sprachspielen einer Exegese, wie R. SCHNACKENBURG sie vorschlägt, sogar noch als neutestamentlich legitimiert ausgegeben wird.

Spätestens an dieser Stelle begreift man, wie die Dinge zusammenhängen und daß die unpersönliche und schriftgelehrte Art der Bibelauslegung selber eine ebenso entpersönlichte, objektivierte, ritualisierte Form von Gemeinde etablieren und ideologisch stabilisieren muß, so wie es umgekehrt wesentlich die bereits rituell verfestigte Form der «Gemeinde» ist, die förmlich verlangt, daß man tunlichst im Sprechen von Gott keinerlei Aufregung mehr verursacht – denn «wir alle» sind ja als getaufte Christen bereits begabt mit prophetischem Geist, ausgestattet mit der Gnadenerfahrung des Geistes, kurz, man darf sich nicht wundern, daß an die Stelle

eines wirklichen Lebens aus Geist und Glut ein maßloses Aus-
ufern balsamischer Charaktere in einer solchen Gemeinde Christi
treten wird, die allesamt in der Verfeierlichung des Christentums
ihren Lebensunterhalt und Lebensinhalt finden. «Hofpropheten»
und «Lügenpriester» nannte man solche Theologen eines veräu-
ßerlichten Rituals, als es noch eine wirkliche Prophetie in Israel
gab.

Die Dinge so gestellt, braucht heute die Theologie die Tiefenpsychologie schon deshalb, weil sie als erstes den Inhalt ihrer eigenen
Begriffssprache wiedererlernen muß. Was «Wiedergeburt» ist und
sein kann, erfährt man heute eben nicht im «Akt der Taufe»; man
lernt es weit eher (wenngleich natürlich nicht ausschließlich *nur*)
in den langen Phasen einer Psychotherapie, während deren die Erfahrung eines tieferen Vertrauens spontan «Taufbilder» in den
Träumen und Tagesphantasien aus dem Unbewußten wachruft,
Bilder von Wassereinbrüchen und geheimnisvollen Rettungen,
von Hochfluten und Versinken, von Getragenwerden und Aufat-
men. Immer melden sich solche «Geburtsträume», wenn das Leben nach Jahren innerer Gefangenschaft noch einmal von vorn beginnt, und wer in solchen Erfahrungen mit theologischer Herab-
lassung «nur» Psychologisches wahrzunehmen vermag, statt
darin gerade die Wirklichkeit wiederzufinden, die theologisch als
«Gnade» bezeichnet wird, der verurteilt sich selbst dazu, immer
wieder von neuem eine theologische «Wirklichkeit an sich» postu-
lieren zu müssen, die am Ende unter einem Wust von heiligen Formeln nur sich selbst daran hindert, wirklich zu werden. M. a. W.:
die persönliche Begegnung mit der Person Jesu, wie das Gespräch
am Jakobsbrunnen sie schildert, kann erklären, was Taufe bedeutet, aber man kann nicht eine fertige Theologie der Taufe dazu be-
nutzen, um die persönlichen Schritte der Reifung des Glaubens
einfach zu überspringen.

Es gilt heute jedoch insgesamt festzustellen, daß die Verdrängung
der Tiefenpsychologie nicht nur die Bibelexegese außerstande
setzt, symbolische Erzählungen wie das Gespräch am Jakobsbrunnen innerlich zu verstehen und mitzuvollziehen, sondern daß

sic, ineins damit, auch den Umgang mit den heiligen Zeichen der Kirche, mit den Riten und Sakramenten, zu einer amtsmäßig vollzogenen und rechtlich verordneten Veräußerlichung nötigt. *Vergebung der Sünden z. B.* – 50 Jahre nach dem Protest JOSEF WITTIGS haben wir es geschafft: die Beichtstühle sind leer, die heranwachsende Generation ist überhaupt nur noch mit elterlichem Zwang auf den Empfang des «*Buß*»-Sakramentes vorzubereiten, und die befreiende, die lebenändernde Wirkung einer offenen Aussprache vermutet kaum noch jemand unter dem hohlen Paragraphenmuster der moralischen Standards, «Beichtspiegel» genannt, die mit der eigentlichen Problematik des Lebens in seiner Kompliziertheit und Dialektik kaum noch etwas zu tun haben. *Deshalb* geht man heute lieber zum Psychotherapeuten als zum Pfarrer, und deshalb müssen die Pastoraltheologen heute mühsam anhand psychotherapeutischer Gesprächsmodelle gewisse Verhaltensregeln für die Seelsorge zurückzugewinnen suchen.

Und in dieser Richtung kann man endlos fortfahren. – Wo in der Kirche lehrt man junge Menschen die Unabhängigkeit von ihren Eltern, wie sie zum Empfang einer *Firmung* unerläßlich wäre? Wo lehrt man sie die Zärtlichkeit der Bilder, die Poesie der Worte, die Kunst, den anderen zu *träumen,* wie die Märchen und die Mythen am Anfang der Suchwanderung der Liebe sie mit großer Regelmäßigkeit schildern, ehe man sie vor dem Pfarrer und zwei «Zeugen» für *verheiratet* erklärt? Nur infolge der völligen Seelenlosigkeit des Religiösen, infolge des Ausfalls an Innerlichkeit, an Poesie, an Seelenhygiene, an Begeisterung und Ekstase in der gegenwärtigen Form des Christentums muß die Psychotherapie, die Medizin, sogar die Unterhaltungsindustrie, wenn man will, die Nullstellen des Religiösen übernehmen und zu kompensieren suchen. Nicht weil ich sie zur Ersatzreligion hochstilisieren wollte, sondern weil sie *de facto* den Ersatz des Religiösen leisten muß, verlange und fordere ich, daß die Theologie endlich auf dem Umweg *über die Tiefenpsychologie* wieder zu sich selbst zurückfindet.

Ich sehe jedenfalls nicht, wie es «einfacher» gehen sollte, und ich glaube vor allem nicht, daß man auf der Ebene einer hermetischen Gemeindepraxis, ausgestattet mit einer missionarischen Gemeindeideologie, das bestehende Problem auch nur in den Blick bekommt, geschweige, daß man es lösen könnte.

Denn noch einmal: Wo ist die «Gemeinde» Christi, auf die R. Pesch und G. Lohfink mit gewissem Recht so nachdrücklich hinweisen?

Als Jesus das «Volk Gottes» sammelte, ging er gerade nicht von der bestehenden «Gemeinde» der Kinder Israels oder den Elitegruppierungen der Pharisäergemeinden aus, sondern er wagte es, die Grenzen fertiger Gemeinden zu überschreiten in Richtung derer, von denen niemand jemals hatte glauben können, daß er dem «Volk» der «Erwählten» zugehören dürfe. Gerade nicht eine verfaßte «Kirchlichkeit», sondern eine offene Menschlichkeit bestimmte die Art seines Auftretens, so daß er bald schon mit allen Kreisen der etablierten Religion sich überwarf. Jesu Frage lautete niemals, welch einer «Gemeinde» jemand zugehöre, sondern, was für ein Mensch jemand sei. *So* sammelte er Menschen um sich, «hundertste Schafe» allesamt, weil er ein für allemal damit aufhören wollte, Gott auf die engen Festlegungen seiner «Vertreter» auf Erden zu beschränken. Sein Gott war ein Gott, der die Sonne aufgehen ließ über Gute und Böse und der es regnen ließ über Gerechte und Ungerechte, wissend, daß wir Menschen alle miteinander zusammenhängen und es schon deshalb all die Demarkationslinien der Ausgrenzung nicht geben darf noch kann, auf welche die «Pharisäer» aller Zeiten so großen Wert legen.

Wollte Jesus überhaupt eine «Gemeinde» gründen? – Wenn ja, dann allenfalls gezwungenermaßen. Er wollte die «verstreuten Schafe Israels» sammeln, aber keine neue Religionsgemeinschaft eröffnen; er wollte überhaupt keine neue Religion; wohl aber wollte er, daß man endlich damit anfange zu tun, was die Propheten Israels verkündet hatten. Freilich muß er von einem bestimmten Augenblick an gewußt haben, daß die Jerusalemer Kreise in der Härte ihrer gußeisernen Begriffe sich nicht würden erschüttern lassen, sondern fest und entschlossen, treu dem Gesetz, daran arbeiteten, ihn zu «erledigen». Die einfachen Leute des Volkes (im sozialen Sinne!), die verachteten «Leute vom Lande» hingegen verstanden ihn gut, denn er redete auf eine Weise von Gott, daß es das Herz der Menschen berührte, und seine Hände streichelten immer von neuem die Seelenverstörungen der Angst von ihren Stirnen. In der Tat: «Er lehrte wie einer, der Macht hat, nicht wie die Schriftgelehrten» (Mk 1,22). Gerade die etablierten Führer des Volkes Gottes aber planten konsequent seinen Untergang, und einzig so kam es, daß aus der Gruppe derer, die sich Jesus anschlossen, eine eigene «Gemeinde» werden mußte. Wenn es «Statuten» für diesen Kreis der «Jesusjünger» geben sollte, so müßten sie gewiß an erster Stelle lauten: «Schließe niemanden aus, denn alle sind Suchende, und du selber warst ein Ausgeschlossener, ehe Gott dich fand.» «Verurteile niemanden, denn was weißt du vom anderen, und du selber warst ein Verurteilter, ehe Gott dich lehrte, an Vergebung zu glauben.» «Suche in jedem Menschen das Bild seines Wesens wiederzufinden, denn du selber warst wie verloren, ehe Gott dich rief und erlöste.» Eine solche «Gemeinde» der «Jünger Jesu», der «Wiedergeborenen aus dem Geist», müßte frei sein wie der Wind, der durch die Blüten des Frühjahrs weht und das Leben weckt durch den Austausch der Samen der Liebe; sie müßte sein wie der Atem, in dem das Herz der Menschen sich weitet vor Freude und Glück; sie müßte sein wie das «Salz» (Mt 5,13), das die Speisen mit Kraft und Geschmack erfüllt, indem es die eigenen Kristallgitter aufbricht und in lebhaftester Wechselwirkung auf die Elemente der Umgebung reagiert; sie müßte sein wie die *Hefe* im Teig (Mt 13,33), die man am Ende nicht wiedererkennt, doch deren Anwesenheit man spürt am Wohlgeschmack des Brotes. Nicht Selbstbewahrung, Weltabschnürung, Prinzipientreue und der gottselige Gruppenegoismus sogenannter «Auserwählter» war das Ziel Jesu, sondern eine angstfreie Offenheit, bei der die Mitglieder der «Gemeinde» nicht immer wieder ihr zerbrochenes Selbstvertrauen durch den Rückhalt der Meinungsuniformität aller stabilisieren müssen.

So unterschiedlich ist das Ergebnis, je nachdem, ob man wesentlich die Ausbildung des Einzelnen meint oder wesentlich die Gruppe will: ein selbstbewußter Einzelner, der im Glauben an Gott gefestigt in sich selber ruht, braucht nicht den Narzißmus der Gruppenzugehörigkeit zu seinem Selbsterhalt, und so kann er erwarten und verlangen, daß eine Gruppe, die sich auf den Geist und das Vorbild Christi beruft, den Menschen dient bis zur «Selbstverleugnung»; und umgekehrt: je schwächer und unterdrückter die Individuen einer Gruppe sich fühlen, desto mehr werden sie bereit sein, sich im «Dienst» an den Interessen «aller» aufzuopfern; desto starrer aber werden sie auch darauf bestehen, daß die Gruppe selbst zum Ort ihres Rückhaltes und zum Ersatz ihres fehlenden Rückgrates wird. Das ungelöste Problem der individuellen Angst tritt jetzt als kollektiver Zwang auf und bildet eine Gruppenstruktur der Selbstunterdrückung, in welcher die Gruppe selber aus einem Mittel zum Zweck selbst wird. Der Kampf gegen die «Selbstsucht» des Einzelnen und die Ideologie einer elitären Gemeinde exklusiver Heilsbedeutsamkeit, wie R. Pesch und G. Lohfink sie vertreten, bilden psychologisch, wie man sieht, die beiden Seiten ein und derselben Medaille. Es duldet freilich keinen Zweifel, daß Jesus gewiß keine «Kirche» gewollt hat, die am Ende nur noch für sich selber da ist, indem sie lediglich auf kollektiver Ebene die Ängste ihrer neurotisierten Mitglieder beruhigt; er wollte vor allem nicht, daß man die Frage nach der Wahrheit des eigenen Lebens deligiert an die Frage nach der Mitgliedschaft in der vermeintlich richtigen Gruppe. Für die Persönlichkeit des Einzelnen gibt es keinen Ersatz.

Dann aber fällt wie von selbst das Hauptargument in sich zusammen, auf das all die Invektiven sich stützen, mit denen R. Pesch und G. Lohfink gegen meine «individualistische Jenseitsreligion» zu polemisieren trachten: «Die Gemeinde», erklären diese beiden «Zeugen», «gerät durch ihren Glauben und ihre Nachfolge in ‹Gleichzeitigkeit› mit den alten Texten, und deshalb tritt ihr der wahre Sinn der Schrift in einer ganz neuen Unmittelbarkeit und Tiefe entgegen. Erst die Jesus nachfolgende Gemeinde versteht die Schrift wirklich und kann das übrige Gottesvolk über den wahren

Sinn der Schrift belehren» (111). Ich stelle auch hier einmal beiseite, daß, wenn Worte einen Sinn machen, dieses «Argument»
darauf hinausläuft, das «übrige Gottesvolk», also den Rest der
Kirche, nach dem Vorbild und dem Schriftverständnis der Integrierten Gemeinde in München zu reformieren; wichtiger ist die
Feststellung, daß es im Kern so nicht stimmt, wenn R. Pesch und
G. Lohfink fortfahren: «Wenn... die Kirche an ihrem Maßstab
festhält, daß sie einmütige Versammlung (sic!, d. V.) sein kann,
... daß in ihr die Taten des Messias weitergehen müssen, dann hat
sie den richtigen Ort der Schriftauslegung wiedergefunden, dann
besteht Strukturkongruenz zwischen den Erfahrungen, welche
die biblischen Texte voraussetzen, und den Erfahrungen der heutigen Kirche – und dann braucht man um die rechte Schriftauslegung keine Angst zu haben.» (112) Es mag, ich leugne das nicht,
einen gewissen theologischen Sinn machen, in der Kirche den
«Leib Christi» zu sehen oder die «mystische Braut» Christi oder
«das wahre Israel» oder das (neue) «Volk Gottes», oder was immer für Sprachbilder des Neuen Testamentes man aufgreifen mag;
bei keiner dieser Sprechweisen indessen darf das Bewußtsein und
das Gespür dafür verlorengehen, welch ein Unterschied zwischen
einer essentiellen (oder tendentiellen) Betrachtung und der Erfahrungswirklichkeit dessen, was heute «Kirche» heißt, besteht. Man
folgt Christus gerade *nicht* nach, wenn man die prophetische
Schärfe seiner Herausforderung an jede Form von «verfaßter» Gemeinde theologisch durch eine simple Identifikation des Ideals mit
der Wirklichkeit zum Verschwinden bringt. Der entscheidende
Auftrag des Christen besteht nicht darin, «gleichzeitig» mit der
Gemeinde zu werden, sondern umgekehrt: jemand wird zu einem
Mitglied der «Gemeinde Christi», indem er «gleichzeitig» wird
mit der Gestalt des Jesus von Nazareth.
Es geht durchaus nicht anders zu als in der Geschichte von der
Frau am Jakobsbrunnen: was Menschen, die an Christus glauben,
zugunsten des Glaubens eines anderen tun können, besteht wesentlich darin, daß sie dem anderen zum *Anlaß* zu werden vermö-
gen, sich seinerseits auf Christus einzulassen, und das beste, was

sie dabei sagen können, ist diese «Botschaft» der Samariterin: «Er hat mir alles gesagt, was ich getan habe» (Joh 4,29,39). Dann aber gilt es, über das Zeugnis der Selbstfindung des anderen hinaus, «*selber* zu hören». Der *Grund* des Glaubens ist Christus selber. In der Terminologie KIERKEGAARDS: das Verhältnis der Glaubenden untereinander ist *sokratisch* bestimmt in dem Sinne, daß der «Lehrer» des Glaubens zum Anlaß und Hinweis einer Wahrheit wird, die er selber nicht schenken kann – das Verhältnis zur Gemeinde ist m. a. W. relativ; *absolut* aber ist das Verhältnis, das der Glaubende zu Christus selbst einnimmt, und so erst, von Christus her, findet der Glaubende *von* der Gemeinde, in die er *zufällig* (durch Geburt, Heirat, Bekanntschaft u. a.) hineingestellt wurde, wesentlich *zu* der Gemeinde.

Es geht folglich nicht an, aus der Gemeinde, die eine vermittelnde Größe ist, eine absolute Instanz zu machen. Der Ort jedoch, an dem diese Differenz existentiell zum Austrag kommt, ist immer wieder der Einzelne: in dem unableitbaren Risiko seiner Freiheit, in dem Wagemut seines Suchens, in dem mühsamen Ringen seiner Eigenständigkeit, in dem Glück seiner Herzensweite und vor allem in seiner unerhörten Fähigkeit zur Transzendenz der faktisch vorgegebenen Strukturen. Ohne sich immer wieder aus den freiheitlichen Entscheidungen der Einzelnen neu konstituieren und zu verlebendigen, würde die Kirche alsbald zu einem Gebilde entarten, das eher an HOBBES' «*Leviathan*» erinnerte als an die Gruppe derer, die Jesus um sich sammelte.

Noch einmal: die Leute, die Jesus um sich als «Gemeinde» sammelte, waren allesamt Menschen, die in der «Gemeinde» der Synagoge damals nicht mitzählten: Frauen und Kinder, Besessene und Aussätzige, Kranke und Schuldige – Menschen am Rande allemal, vom Schicksal Gezeichnete, die von den «Frommen» der «Gemeinde» durch Gesetz, Institution und schriftgelehrte Ideologie ausgestoßen und geächtet waren. Was, möchte ich gern wissen, hat *die heutige Kirche* mit *diesen* Menschen zu tun, die schon deshalb «einzelne» waren und sein müssen, weil nichts den Menschen mehr vereinsamt als das Elend? Eben weil die heutige Kirche für diese Menschen am allerwenigsten da ist, weil sie im Gegenteil immer wieder unübersteigbare Hindernisse an den Eingangstoren ihrer «Heiligtümer» aufrichtet, um ängstlich ihre Mitglieder vor den «Verführungen» der «bösen» Welt zu schützen: vor der Freiheit des Geistes, vor der Leidenschaft des Gefühls, vor der Stärke des Ichs, kurz: vor dem Mut, selber zu leben – deshalb fordere und verlange ich, daß man die «Theologie» der «Gemeinde» (und mehr noch die Praxis des Gemeindelebens) auf eine Weise neu bedenkt und neu gestaltet, die den kritischen Fragen der Psychoanalyse standhält und die Chancen der Selbsterneuerung nutzt, die diese aufgrund ihrer Erfahrungen im Umgang mit einzelnen und mit Gruppen bietet.

Insbesondere kann ich mich nur schärfstens gegen den theologischen *Monopolanspruch* verwahren, den R. Pesch und G. Lohfink *gegen* den Einzelnen zugunsten einer absolutgesetzten «Gemeinde» erheben. «Nach der Erfahrung des Gottesvolkes», so wissen diese beiden «Zeugen», «ist der Einzelne, falls er sich nicht immer neu am Glauben der Gemeinde ausrichtet und sich von dieser auf das Evangelium ausrichten läßt, ständig in sich selbst verkrümmt und auf falschem Weg. Er will viel zu sehr sich selbst, seine eigenen Götter und seinen eigenen Lebensplan, als daß er ohne Hilfe von außen den wahren Gott und dessen Plan mit der Welt wollen könnte» (109). Krasser kann man das psychologische Mißtrauen und die Angst gegenüber dem Einzelnen (und das heißt stets: gegenüber dem eigenen Ich) wohl nicht zur theologischen Ideologie erheben! Als ob die Psychoanalyse nicht sogar bevorzugt aus Erfahrung wüßte, wie «in sich verkrümmt» der Einzelne in seiner Angst und Not sein kann! Doch gerade deshalb versucht sie, oft auf Jahre hin, ihn zu begleiten, bis er endlich fähig wird, seine eigenen Augen, seine eigenen Füße, seine eigenen Hände *selber* zu gebrauchen, und beginnt, sich in seiner Haut wohlzufühlen; *dies*, denke ich, war die Art, wie Jesus den Blinden, Gelähmten, Verkrüppelten und Aussätzigen begegnete, und so müßten «die Taten des Messias» in der Gemeinde Christi «weitergehen» (112) – es bedarf heute *gerade* der Psychoanalyse, um in der Kirche den Einzelnen wieder als so entscheidend und so wichtig zu nehmen, wie Jesus es in den «Wundern» seiner Güte tat.

Was aber bieten die «Zeugen» des Verlags Katholisches Bibelwerk an? – Nicht «Tiefenpsychologie», das versteht sich; aber dann? Daß der Einzelne «sich ... immer neu am Glauben der Gemeinde ausrichten läßt»!

Es bleibt nicht mal dabei, wofür ich ein begrenztes Verständnis aufbrächte, daß der Einzelne sich an dem Glauben der Gemeinde ausrichtet (oder besser, wie ich sagen würde: aufrichtet); nein: er hat *sich ausrichten zu lassen,* denn für sich selber ist er stets im Unrecht! R. Pesch und G. Lohfink sind allem Anschein nach wie blind dafür, wie sehr sie mit einer solchen Theologie der Angst vor dem Einzelnen und der kollektiven Angstsicherung gegen den Einzelnen nicht nur das Grundanliegen, die Grundhaltung Jesu in all seinen Wundern der Heilung an einzelnen boykottieren, sondern wie sehr sie mit frommen Worten einer Kirche der gewaltsamen, autoritären Außenlenkung und neurotischen Abhängigkeit das Wort reden. Das Schlimmste aber ist, daß wir in einer Zeit leben, in der die beamtete, die sozusagen offizielle Kirche gerade eine solche Schrift wie die von R. Pesch und G. Lohfink selber herbeiwünscht und, sobald erschienen, begierig aufsaugt, um sich dadurch selber zu legitimieren. Diese beiden «Zeugen» des Verlags Katholisches Bibelwerk haben ihr Werk getan. Sie haben bezeugt, was man in den Kreisen der Entscheidungsträger der Kirche heute hören möchte: «sich ausrichten lassen»!

Ist im Ernst nur die Kirche als kollektive Größe nicht «auf dem falschen Weg»? War also REINHOLD SCHNEIDER «in sich verkrümmt» und hatte die Kirche 1956 in den Fragen von Krieg und Frieden recht? War TEILHARD DE CHARDIN im Unrecht und lehrte PIUS XII. wahr, als er in seiner Enzyklika über die Herkunft des Menschen den (biologisch absurden) Monogenismus zur verpflichtenden Lehre erhob? Ist ein Mann wie STEFAN ZWEIG noch heute «richtig» beurteilt, wenn man in ihm einen doppelten Ehebrecher und Konkubinisten sieht? Nein, wenn die Kirche etwas vom Geiste Jesu atmen soll, dann wird es durch Menschen ermöglicht werden, die sich als einzelne *weigern*, die kirchliche Variante der Maxime von der «Partei, die immer recht hat», nachzubeten und mitzumachen, und die sich *nicht* «ausrichten» lassen. Nötig sind heute mehr denn je die Menschen, die etwas von HERMANN HESSES *Mut zum Eigensinn* besitzen. Sie sind der Einstellung Jesu sehr nahe. Aus ihrem Holze schnitzt Gott seine Propheten.

Im übrigen besteht in unseren Tagen weit eher Grund, allen kollektiven Gebilden und ihren Vertretern gegenüber mißtrauisch zu sein als gegenüber dem mißtrauisch beäugten Einzelnen. Schon SIGMUND FREUD traf die richtige Feststellung, daß die private Moral des Einzelnen von der öffentlichen Moral z. B. des Staates sich sehr zu ihrem Vorteil unterscheide. Unter der Jahrtausende währenden Kontrolle des Einzelnen durch die Öffentlichkeit ist es in der Tat dahin gekommen, daß der Einzelne heute aus Überzeugung und persönlichem Ethos in seinem Leben viele Dinge als ein schweres Verbrechen empfinden wird, die offenbar nach wie vor als wohlgetan gelten, wenn sie zum Wohle aller (?) getan werden. Die Verantwortung für das Gemeinwesen, gleich ob für Staat, Partei, Kartell oder Kirche, rechtfertigt scheinbar immer noch die ungeheuerlichsten Machenschaften als heilige Pflicht, die auch nur zu denken dem Einzelnen, selbst gegenüber seinem ärgsten Feind, die Schamröte ins Gesicht treiben müßte. Nein, die Zeiten sind dahin, in denen die öffentliche Moral den Einzelnen dirigieren und drangsalieren konnte, vielleicht sogar mußte; die Zeit ist längst gekommen, da es *einzelner* bedarf, an deren Persönlichkeit und Größe sich das Ethos der Gemeinschaft messen lassen und notfalls «ausrichten» lassen muß. Man vergleiche z. B. den Mut RAOUL WALLENBERGS 1944 in Budapest, als er, für sich allein, Zehntausenden von Juden das Leben rettete, mit der diplomatisch womöglich klugen, existentiell jedoch fatalen Appeasementpolitik des Vatikans, und man wird mühelos verstehen, wie hoch überlegen die Moral eines einzelnen gegenüber jeder, auch kirchlichen Gruppenmoral ausfällt. Jedes Engagement für Freiheit und Menschlichkeit ist immer und wesentlich auch ein Eintreten für den Einzelnen, oder es wird über kurz oder lang zu einem Engagement für die Macht geraten.

Wie weit meine beiden Kontrahenten R. Pesch und G. Lohfink sich jedoch sogar von der «Objektivität» der historisch-kritischen Exegese entfernen können, sobald es um ihre «Theologie» von «Gemeinde» geht, zeigt das Finale ihrer Broschüre. Der Einzelne, so lautet ihr Axiom, «kann ... die Schrift ... niemals verstehen. Er wird den Sinn zentraler Texte der Bibel gar nicht erst wahrnehmen, weil er ihn von seinem eigenmächtigen Lebensentwurf her verdrängen muß» (109). Und um diese «Unfähigkeit des Einzelnen, die Schrift zu verstehen» (109), «paradigmatisch» zu entfalten, folgt eine Auslegung der Geschichte von den Emmausjüngern (Lk 24,13–35); es ist die einzige Passage, in der diese beiden «Zeugen» konstruktiv zu zeigen versuchen, wie sie sich, im Unterschied zu meiner unchristlichen, gnostischen und individualistischen Universalreligion eines bloßen Jenseitsglaubens, eine wahrhaft christliche, bibelgerechte, historisch-kritisch fundierte und vor allem: gemeindebezogene Textauslegung vorstellen (111–112). Man darf also gespannt sein.

Vor Augen hat man in Lk 24,13–35, in dieser frühesten Ostererzählung des Neuen Testamentes, nach meinem Verständnis zwei Menschen, die einer Stadt den Rücken kehren, in der man ihre Hoffnung selbst gekreuzigt hat. Ihr Weg nach Emmaus ist ein Weg ins Nirgendwo – es gibt für sie nichts zu erwarten, nichts zu glauben, nichts zu hoffen, und alles, was sie mit den Jüngern sonst verbunden hatte, ist seit dem Geschehen am Karfreitag nur allzu offensichtlich widerlegt, zerstört, als Illusion entlarvt. Es sind Gespräche purer Verzweiflung, die diese beiden Jünger miteinander führen, doch gerade so, mitten in ihre Traurigkeit und Hoffnungslosigkeit hinein, erscheint ihnen Christus. Sie erkennen ihn nicht – ein Motiv, das für die Erscheinungserzählungen des Neuen Testamentes *typisch* ist (vgl. *Tiefenpsychologie und Exegese*, II 317–318); denn niemals sehen Augen voller Tränen die Wirklichkeit von Heil und Auferstehung; und doch geht von dem Unbekannten und Unerkannten, der sie auf dem Weg nach Emmaus begleitet, eine erste Infragestellung aus: «Was sind das für Worte, die ihr unterwegs miteinander gewechselt habt» (Lk 24,17)? Immer in der Bibel, wenn Gott, der Engel Gottes oder Christus die Menschen etwas fragt, geschieht es, um ihnen die Augen zu öffnen für eine Wirklichkeit, die sich aus Angst oder Traurigkeit ihren Blicken entzieht und die sie doch entdecken müssen, um wieder zu leben. Allein schon, daß die Jünger auf ihrem Weg nach Emmaus *stehenbleiben* und innehalten, ist ein erstes wichtiges Moment ihrer «Trauerarbeit». Wenn *wir* einander zu trösten versuchen, so geschieht es gewöhnlich dadurch, daß wir die Schwere des erlittenen Schmerzes herunterzuspielen suchen; die Art *Gottes* ist es, alle Gründe der Traurigkeit bewußt zu machen und *aussprechen* zu lassen. Alle Verzweiflung hat so viele Ursachen, und keine darf unterdrückt oder verdrängt bleiben, wenn sie von innen her überwunden werden soll. So zählen die Jünger auf – alles, was man ihnen zugefügt hat, indem man Jesus tötete, der ein Prophet war, den die einfachen Leute liebten, den aber die Hohenpriester zur Hinrichtung auslieferten. Doch gerade indem sie so sagen, beginnen sie zu verstehen, daß die Kreuzigung Jesu alles andere war als nur ein unglückliches Geschehen oder ein unglückseliges Schicksal. Wo in der Geschichte Israels hätte es denn einen Propheten gegeben, den die «Hohenpriester» nicht verfolgt und verurteilt hätten? Was in Jesus geschah, war keineswegs ein zufälliges Ereignis, es *mußte* so kommen, denn so war es schon immer, wenn Menschen unverfälscht sich auf die Seite der Wahrheit stellten. Liest man die Texte des Alten Testamentes unter diesem Gesichtspunkt, so vertieft sich im Grunde die Wehmut und Traurigkeit, und doch gewinnt sie gerade so ihren Sinn und ihre Bedeutung: die Hinrichtung Jesu widerlegt gerade nicht den Glauben, daß Jesus von Gott war, sondern bestätigt ihn. Nichts ist zu Ende mit dem Ende des irdischen Lebens Jesu, im Gegenteil: gerade die Art, wie Jesus das Brot brach, wird jetzt zu dem Erkennungszeichen seiner lebendigen Nähe und Gegenwart, so daß sich den Jüngern die Augen auftun und sie Jesus erkennen als von den Toten auferstanden. In dem Glück dieser Erfahrung dann kehren sie zu den *ande-*

ren Jüngern zurück, die berichten, auch dem Petrus sei Jesus erschienen.

Soweit diese äußerst sensible neutestamentliche Erzählung von dem «Weg», der zwei Jünger Jesu von Verzweiflung zu Hoffnung, von Resignation zu Zuversicht, von Tod zu Leben führt. Es ist ein Text, den man Schritt für Schritt «mitgehen» muß, um am lebendigen Leib zu erfahren, was Auferstehung Jesu heißt. R. Pesch und G. Lohfink blieb es vorbehalten, aus dieser ergreifenden Erzählung ein Dokument zu machen, das die «Unfähigkeit des Einzelnen» unter Beweis stellt, «die Schrift zu verstehen».

Wie das? – Nun, indem die Emmausjünger von Jerusalem aus unterwegs sind, «entfernen sie sich beständig weiter von dem Ort, an dem die übrigen Jünger versammelt sind»; und: «Aus diesem immer weiter wegführenden Unverständnis können sie sich selbst nicht befreien» (109; 110). Der Weg nach Emmaus, soll man nach dieser Auslegung von R. Pesch und G. Lohfink also denken, ist nicht ein Weg der Begegnung mit dem Auferstandenen, es handelt sich vielmehr um eine Art Fahnenflucht, mindestens um einen an sich überflüssigen Umweg, der Jesus nur die zusätzliche Mühe macht, daß der «Auferstandene... auf dem Weg» auch noch «zu ihnen stoßen muß» (110), wo doch bereits in der Zwischenzeit in Jerusalem im Kreis der übrigen Jünger «Entscheidendes geschieht» (110).

In solcher Weise betrachten diese beiden «Zeugen» des katholischen Glaubens die verzweifelten Suchwanderungen der Menschen! – Während die Ostergeschichte selbst gerade den völlig haltlos Gewordenen den Trost vermittelt, daß Jesus uns auf allen Wegen begleitet, selbst wenn wir buchstäblich nicht mehr wissen, wohin, erklären diese beiden Exegeten den Text dahin, daß es überhaupt illegitim sei, sich allein auf den Weg zu machen! Lukas selbst schildert sehr eindringlich, daß die beiden Jünger selbst von der Auffindung des leeren Grabes durch die Frauen sowie der Botschaft des Engels nicht zum Glauben an die Auferstehung geführt werden konnten; was immer andere in der «Gemeinde» Jesu ihnen sagen, es gewinnt für sie allererst Glaubwürdigkeit, wenn sie mit den Augen des eigenen Herzens zu sehen vermögen, und erst vermöge der eigenen Vision finden sie zu den Jüngern in Jerusalem zurück. In allen Punkten beschreibt Lukas mithin das genaue Gegenteil dessen, was R. Pesch und G. Lohfink aus dem Text machen. Nicht daß der Einzelne zum Verständnis der Schrift unfähig sei, zeigt die Geschichte der Emmausjünger, sondern daß es wesentlich die eigene Vision des Auferstandenen ist, die eine Rückkehr auch zu der «Gemeinde» der anderen ermöglicht. Eine «neutestamentlich verfaßte Gemeinde, wie Lukas sie schildert», ist gerade im Sinne solcher Texte eine Gemeinde, in der die Worte des Propheten Joel (3,1–5) sich erfüllen, es werde niemand mehr den anderen über Gott «belehren» müssen, sondern es würden die jungen Leute Träume haben und die alten Leute Gesichte schauen (Apg 2,17 ff.). So eng gehört für Lukas die Aussendung des «Geistes» Gottes und die Fähigkeit zur Schau des eigenen Herzens zusammen. Keinerlei Recht, die «Gemeinde» gegen den Einzelnen und die Theologie gegen die Tiefenpsychologie auszuspielen, geht daraus hervor.

R. Pesch und G. Lohfink hingegen finden in der Geschichte von den Emmausjüngern noch ein anderes Aperçu für ihre Abneigung gegen die Psychotherapie: die beiden Jünger sprechen auf dem Weg nach Emmaus miteinander; daraus ergibt sich für diese beiden «Zeugen»: «auch daß sie (sc. die Emmausjünger, d. V.) . . . die jüngsten Ereignisse untereinander diskutieren, . . . also genau das tun, was unsere Sozialtechniker in solchen Fällen empfehlen, hilft ihnen nicht im geringsten weiter» (109).

Und was soll also «weiterhelfen»? – Daß man die Menschen inmitten ihrer Verzweiflung weiter mit der «Botschaft» der eigenen Heilsgewißheit traktiert und das Kerygma der frühchristlichen Gemeinde in der strukturkongruenten Kontextualität von «Gemeinde» fortsetzt?

Kann man eigentlich nicht sehen, daß das, was heute analytische Psychotherapie heißt, *de facto* ganz einfach einen Versuch darstellt, die geduldige Begleitung Gottes mit unserem Leben, wie auf dem Weg nach Emmaus, so gut es geht, unter Menschen erfahrbar zu machen, indem man, oft genug auf Jahre hin, immer von neuem fragt, wie die Engel im Grabe Maria von Magdala: «Warum weinst du?» (Joh 20,13) Ohne die Erlaubnis, ja, ohne die Aufforderung sogar, den Gründen der eigenen Traurigkeit und Verzweiflung so ausführlich wie nötig «nachzugehen», wird es niemals zu einer Erscheinung des Auferstandenen im Leben eines Menschen kommen können, und statt den Einzelnen im Namen einer fertigen Theologie von Gemeinde in seiner Ausweglosigkeit und Not einfachhin mundtot zu reden, käme alles darauf an, dieses behutsame Mitgehen und Nachgehen Jesu mit seinen Jüngern auf dem Weg nach Emmaus «therapeutisch» zu lernen, um den Ort wieder zu öffnen, an dem die Visionen eines unzerstörbaren Lebens möglich sind.

Wie viele Priester und Psychotherapeuten, Eheberater und Telefonseelsorger, Männer und Frauen, Väter und Mütter kenne ich, die es geradezu vermeiden, Gott zu «verkündigen», weil sie genau wissen, mit wieviel Zwang und Fremdbestimmung, mit wieviel voreiliger Besserwisserei und Unfreiheit, mit wieviel Psychoterror und Angst das Sprechen der Theologen von «Gott» verbunden ist! Sie nehmen den Namen «Christus» nur sehr selten in den Mund; und doch verkörpern sie so etwas wie die Gestalt des unbekannten Weggefährten unterwegs nach Emmaus, hoffend und darauf vertrauend, daß Christus selbst sich zu erkennen geben wird, wenn die Zeit im Leben des anderen dafür reif ist.

Wie viele Menschen gibt es, die an «Gott» dem Namen nach nicht glauben, die keine Kirche besuchen oder die vor Jahren schon von den Vertretern der Kirche tief verletzt, verwirrt, ja um ihre Selbstachtung und Würde gebracht wurden! Aber wenn es nicht möglich ist, in *ihrem* Leben Christus zu erkennen, wo denn in aller Welt will man die Gemeinde Christi finden? Es gibt Menschen, die von Jugend auf die Kirche hassen, der oberflächlichen Phrasen ihres geistlichen Religionslehrers wegen oder des bigotten Getues ihrer Großmutter wegen; aber dieselben Leute können mutig und stark sein, wenn es darum geht, sich auch nur für einen kranken Hund oder für einen obdachlosen Türken einzusetzen, und es ist die Art ihrer Menschlichkeit, von der man nur erzählen muß, um sie in den Geschichten der Bibel wiederzufinden.

«Unsere Sozialtechniker»! – Bitte, Herr Pesch und Herr Lohfink, machen Sie sich wenigstens einmal in Ihrem Leben die Mühe, zwei, drei Tonbänder eines Beratungsgespräches unvoreingenommen anzuhören! Ich bin mir sicher, Sie würden sehr bald merken, daß Psychoanalyse nichts anderes ist als das Bemühen, ein wenig von der Güte Gottes, wie sie in Jesus lebte, inmitten einer Zeit der religiösen Veräußerlichung und der therapeutischen Ohnmacht des kirchlichen Lebens zurückzugewinnen. Von den Erfahrungen her, die dort zu machen sind, die Bibel zu lesen, ist nach meiner festen Überzeugung der *heute* einzige Weg, um dem Sprechen von Gott seinen existentiellen Ernst zurückzugeben.

In summa ist zu sagen:

Aus dem vierfachen Dilemma der historisch-kritischen Exegese:
1. dem Dilemma der Entleerung des Existentiellen durch eine Lehre von außen,
2. dem Dilemma der Neurotisierung des Psychischen durch eine supranaturalistische Spiritualisierung des Religiösen,
3. dem Dilemma der Unglaubwürdigkeit des Historischen durch die bloße Tradierung veralteter Sprachspiele ohne Erfahrungsgrundlage in der Vergangenheit wie in der Gegenwart und
4. dem Dilemma der Unterdrückung des Individuellen durch die Etablierung einer Gemeinde von Erlösten, die nie erleben durften, wie sie erlöst wurden, weil sie immer schon Erlöste sind und zu sein haben,
vermag heute wesentlich die Psychoanalyse herauszuführen.

Ohne die Psychoanalyse hingegen bliebe die historisch-kritische Exegese –
in ihrer Intellektualisierung und Objektivierung des Glaubens,
in ihrer Verdrängung des Unbewußten, des Emotionalen und des Bildhaften,

171

in ihrer Haltlosigkeit gegenüber der wirklichen Geschichte
sowie in ihrer Moralisierung des Glaubens zugunsten einer
zwanghaften Opfermentalität –
geistlos bei allem Sprechen von «Geist»,
heillos bei allem Sprechen von Heil,
geschichtslos bei allem Sprechen von Geschichte und
asozial bei allem Sprechen von den sozialen «Bezügen».

Mit anderen Worten: Ohne die dialektische Antithese der Tiefenpsychologie zu akzeptieren, bleibt die historisch-kritische Exegese selber einer ständigen Dialektik von Ziel und Ergebnis in ihrem Bemühen um ein rechtes Verständnis des Gotteswortes ausgeliefert, und das Wort Jesu bliebe ihr eigenes Gericht: «An ihren Früchten sollt ihr sie erkennen.»

Nachwort

Vorherzusehen ist, daß es Rezensenten geben wird, die zwar an den «Argumenten», die R. Pesch und G. Lohfink in der «Streitschrift» des Verlags Katholisches Bibelwerk vortragen, wohl kaum noch werden anknüpfen können, doch um so mehr werden sie geneigt sein, die Diskussion um die Sache weiter zu personalisieren. Drewermann, so werden sie erklären, vertrage es offenbar nicht, wenn seine Thesen wissenschaftlich «hinterfragt» würden; und vor allem der Ton seiner Auseinandersetzung lasse die notwendige «Mitbrüderlichkeit» vermissen.

In der Tat: der Ton dieser Antwort ist nicht «mitbrüderlich». Wie sollte er? Einer wissenschaftlichen Diskussion meiner Ansichten mich zu stellen ist mir etwas Selbstverständliches, und ginge es nur darum, so ließe sich, wie angedeutet, ganz einfach auf die Leselükken hinweisen, die allein es R. Pesch und G. Lohfink ermöglichen, die Kernthesen meiner theologischen Auffassungen derart entstellt und sinnwidrig darzulegen. Aber es handelt sich eben nicht um eine wissenschaftliche «Diskussion», sondern um die übliche Form, in der die Glaubenskongregation die kirchliche Öffentlichkeit auf die geplante Verurteilung eines Autors vorzubereiten pflegt, und insofern erfüllt die Schrift von R. Pesch und G. Lohfink exakt die Erwartungen, die man in sie gesetzt hat: sie setzt Behauptungen in die Welt, die, so falsch im einzelnen auch immer, das gesamte Anliegen einer Integration der Tiefenpsychologie in die theologischen Zentraldisziplinen: in Moraltheologie, Exegese und Dogmatik, in Mißkredit bringen und boykottieren helfen. Wohlgemerkt: hätte ich einfach nur diese oder jene Bibelstelle tiefenpsychologisch interpretiert, ohne mich um die historisch-kritische Methode auch nur im geringsten zu kümmern, so hätte man mir gern meine Spielwiese gegönnt; da ich es aber wage, die gegenwärtige Form der Theologie in ihrer Verstandeseinseitigkeit als psychisch krankmachend und strukturell gewalttätig zu kritisieren, berühre ich notwendig auch gewisse Strukturen kirchlicher Macht. Von einem bestimmten Punkt an richtet sich das Ziel der Individuation notwendig gegen das System der Außenlenkung selbst, und wer psychoanalytisch die Herrschaft des Überichs im Einzelnen programmatisch zu zerstören trachtet, der muß irgendwann mit den Instanzen der äußeren Autorität selbst in Widerspruch geraten. Die Entfaltung des Individuums ist gewiß nicht das oberste Ziel dessen, was derzeit die «Ausrichtung» der katholischen Kirche bestimmt, und daher müssen Tendenzen, wie ich sie vertrete, 20 Jahre nach dem 2. Vaticanum offenbar schon wieder zunehmend unterdrückt, am besten eliminiert werden.

Deshalb wundert es mich nicht zu sehen, daß der Inhalt der Schrift von R. Pesch und G. Lohfink inzwischen in allen möglichen Presseorganen der katholischen Kirche hochoffiziell verbreitet wird. Ohne die angeblich gewünschte theologische Diskussion auch nur abzuwarten, übernehmen diese Blätter die (verzerrende!) Darstellung von R. Pesch und G. Lohfink als eine fertige Tatsache. Die *«Schulinformationen Paderborn»* (4. Nummer, 17. Jg., 4. Quartal 1987), herausgegeben von der Hauptabteilung Schule und Erziehung im Erzbischöflichen Generalvikariat Paderborn, bekamen es z. B. fertig, einfachhin den Wortlaut der Werbeanzeige des Verlags Katholisches Bibelwerk ohne Quellenangabe als «Information» abzudrucken. Hier wird also den Religionslehrern meiner eigenen Diözese, die augenscheinlich am meisten vor mir gewarnt werden müssen, als objektives Faktum mitgeteilt: Drewermann «löst die Bibel als Buch geschichtlich ergangener Offenbarung auf und verwandelt sie in eine Sammlung von Identifikationstexten für menschliche Reifungsvorgänge». «Die beiden Neutestamentler Gerhard Lohfink und Rudolf Pesch... weisen nach, daß er zentrale biblische Wirklichkeiten wie Heilsgeschichte, Volk Gottes und Gemeinde unterschlägt und aus dem Exodus-Glauben der Bibel eine Jenseitsreligion für Einzelne macht.»

Eindeutiger läßt sich wohl nicht dartun, daß es um eine offene Debatte um kontroverse theologische Standpunkte überhaupt nicht geht, sondern lediglich um das Startsignal dafür, eine KAFKAsche «Maschine» in Gang zu setzen. Wie sagte doch F. KAFKA: «Das Gesetz irrt sich nie. Das Gesetz *sucht* den Schuldigen.» Jetzt «sucht» das Gesetz, und egal was – es hat fündig zu werden, es wird fündig werden.

Schon hat die Glaubenskommission der Deutschen Bischofskonferenz, im Bewußtsein wohl, wie kläglich der erste Angriffsversuch der Schrift von R. Pesch und G. Lohfink an seiner eigenen Haltlosigkeit zusammenbrechen würde, acht weitere Professoren beauftragt, gegen meine «Psychotheologie» Widerspruch anzumelden. Offiziell ist eine solche Beauftragung indes natürlich auch in diesem Falle nicht erfolgt; offiziell handelt es sich bei der neuerlichen «Studie», wie der Herder-Verlag in Aussicht stellt, um «wichtige Gesichtspunkte und Argumente für eine eigenständige Auseinandersetzung mit den Werken von Eugen Drewermann». Als ob meine Leser bisher zu einem «eigenständigen» Urteil nicht imstande gewesen wären! Offiziell geht es überhaupt nur darum, zu zeigen, daß die Wissenschaft mit einem Fall wie mir auch allein fertig wird und mich also vor einer lehramtlichen Verurteilung zu bewahren vermag. Bei so viel spontaner Fürsorge frage ich mich, an wen ich die fällige Schutzgebühr entrichten soll.

Nein, in dieser Situation kann ich beim besten Willen nicht dabei behilflich sein, die offiziell gewünschte Fiktion aufrechtzuerhalten, als handelte es sich hier um ein sachliches Gespräch unter «Mitbrüdern». Mir selber ist bis heute nicht einmal das Faktum, geschweige denn die Art und der Inhalt der bischöflichen Beschlüsse mitgeteilt worden; gesprochen wird seit Jahr und Tag mit allen möglichen Leuten, mit mir selbst als dem Betroffenen in 20 Priesterjahren nicht ein einziges Wort. Dabei riskieren diejenigen, die im Moment weisungsgemäß zu beweisen versuchen, daß ich «den christlichen Glauben in ein vages unverbindliches Angebot» auflöse, «das zwischen Religion und Offenbarung nicht unterscheidet und mit neutestamentlicher Nachfolge nichts mehr zu tun hat», für ihre «Wahrheit» überhaupt nichts; für mich ist die Frage nach Christus immerhin «verbindlich» genug, um meine Existenz als Priester dabei aufs Spiel zu setzen. Nein, ich kann sehr wohl verstehen, daß es den Betreibern meiner «Hinrichtung» am liebsten wäre, es könnte so etwas geben wie einen Mord ohne Leiche, am besten sogar einen Mord ohne Täter, eine Exekution, die sich wie von selbst, als ein objektives Tribunal, vollzieht. Aber selbst WILLIAM SHAKESPEARES *Shylock* war es nicht möglich, dem Dogen *Antonio* das Herz ohne Blutvergießen herauszuschneiden. Dabei hätte doch gerade er es wissen müssen: «Wenn ihr uns stecht, bluten wir nicht? Wenn ihr uns kitzelt, lachen wir nicht? Wenn ihr uns vergiftet, sterben wir nicht?» Es ist die Unpersönlichkeit der heutigen Theologie selbst, die Menschen tötet, töten muß. Sie bekommt Angst, sobald man sie zwingt, sich dem Leben auszusetzen. Aber es gibt hier kein Zurück. Den Menschen, die leben wollen, muß die Kirche sich öffnen, oder sie würde die Wahrheit des Christus verleugnen, den wir gemeinsam jenseits aller Meinungsunterschiede als das Leben glauben – glauben möchten.

Stefan Schmitz

Weder Tiefenpsychologie noch Exegese

Eine Auseinandersetzung
mit Gerhard Lohfink und Rudolf Pesch

Zwei ganze Jahre sind vergangen, seit Eugen *Drewermann* den zweiten, abschließenden, drei Jahre, seit er den ersten Band seines Werkes «Tiefenpsychologie und Exegese» vorgelegt hat. Man sollte denken, von seinem aufrüttelnden Werk erschreckte historisch-kritische Exegeten hätten sich inzwischen vom Schreck erholt und ihre Empörung über die Polemik Drewermanns gegen sie wäre einer ruhigeren Betrachtungsweise gewichen, die es psychisch ermöglichte, sich einmal schlicht und selbstkritisch zu fragen, was denn vielleicht an dem wahr sein könnte, was Drewermann ihnen ins Stammbuch schrieb. Aber nichts davon ist der gerade erschienenen Streitschrift von *G. Lohfink* und *R. Pesch* «Tiefenpsychologie und keine Exegese» zu entnehmen. Daß eine Streitschrift erscheint gegen Drewermann, ist gut, denn mit ihm zu streiten, lohnt in der Tat. Aber, und dies sei einmal vorweggesagt: «Die wahrhafte Widerlegung geht in die Kraft des Gegners ein und sucht nicht da recht zu haben, wo dieser nicht ist» (Hegel). Eben das aber ist der besondere Charakter der «Streitschrift» von Pesch und Lohfink, daß sie da recht behalten wollen, wo Drewermann nicht ist, und kein Satz Peschs und Lohfinks ist objektiv unwahrer als der, mit dem sie ihre «Zwischenbilanz» (46), d. h. die Zusammenfassung dessen beginnen, was sie «Grundlinien der Schriftauslegung bei Eugen Drewermann» nennen (11): «Wir haben den auf 1426 Seiten ausgebreiteten Entwurf Eugen Drewermanns in Kürze... skizziert» (46). Ich möchte die sich so nennende Skizze im folgenden etwas näher unter die Lupe nehmen. Sie beginnt unter dem Titel «Verdammungsurteil über die historisch-kritische Exegese» sogleich mit der offenbar wahrheitswidrigen Unterstellung, Drewermann habe sich *nachträglich* gegen den Eindruck gewehrt, er hätte die historisch-kritische Methode «als illegitim oder als überflüssig hinstellen» wollen (Drewermann = D II 760; Pesch/Lohfink = PL 11). P. und L. finden die angeblich vorhandene Behauptung D.s als nachträgliches Wehren gegen die Reaktionen auf Band I verständlich. Wahr ist dagegen: D. hat weder die historisch-kritische Exegese und Methode als illegitim und überflüssig erklärt noch sich erst nachträglich gegen diesen Eindruck gewehrt. Wenn P. und L. auch nur S. 19 von Band I gelesen hätten, wäre eine solche Unterstellung gleich im ersten Satz (nach dem Vorwort) nicht möglich gewesen. Aber solche Passagen, die vom «unbestreitbaren Wert der historisch-kritischen Methode» reden dergestalt, daß «jede tiefenpsychologische Deutung biblischer Überlieferungen sich in der Tat dem verdienten Vorwurf der Willkür und Charlatanerie aussetzen» müßte, wenn sie die Ergebnisse jener Methode nicht beachten würde (D I 19), werden von P. und L. tunlichst nicht zur Kenntnis genommen, weil sonst das unberechtigte Vorurteil der von D. erklärten Illegitimität und Überflüssigkeit, ja die ganze sogenannte Grundlinie «Verdammungsurteil über die historisch-kritische Exegese» hinfällig würde.

Was D. allerdings sagt und, wie P. und L. richtig feststellen, betont, ist dies: «daß die historisch-kritische Methode keinesfalls eine *theologische* Methode ist noch sein kann» (II, 761 = PL 13).

Wer sich über solche Feststellungen ärgert und empört, hätte dies allerdings schon weit früher haben können: Rudolf Schnackenburg schrieb schon anno 1978: «Die heutige Exegese versteht sich zunächst als eine Wissenschaft, die die literarischen Dokumente der Bibel mit den gleichen Methoden wie die Literaturwissenschaft, auch mit Hilfe anderer Wissenschaften wie der historischen, archäologischen und linguistischen, untersucht», und fährt fort: «Sofern sie aber theologische Wissenschaft sein will» – im Klartext: wie oben beschrieben, ist sie es nicht! –, «arbeitet sie mit andern theologischen Disziplinen zusammen und bringt ihre Er-

gebnisse kritisch und positiv ein» (Die Funktion der Exegese in Theologie und Kirche, in: ders., Maßstab des Glaubens, Freiburg 1978, 11–36, hier 25). Daß es dazu in erster Linie anderer *Methoden* in der Exegese selbst bedürfte, gibt Schnackenburg wenigstens indirekt zu, indem er schreibt: «Man erkennt heute, daß die historisch-kritische Methode trotz ihrer unbestrittenen Verdienste, den Entstehungsprozeß der biblischen Schriften, die Entstehung der Überlieferungen, die Eigenart der einzelnen Bücher usw. aufzuhellen, *nicht ausreicht,* um ein volles Verstehen dieser aus dem Glauben kommenden und dem Glauben dienenden Literatur zu erlangen» (ebd. 26). Während Schnackenburg im Anschluß an Dei Verbum des II. Vaticanums über die Exegese «noch schwierige hermeneutische Fragen an(stehen)» sieht, «vor allem, wie der Exeget seine *Arbeitsweise, die vom Glauben methodisch absehen muß,* mit seinem Glaubensinteresse... verbinden kann und soll» (a. a. O. 26), halten P. und L. D.s Urteile, wie die, daß «die historisch-kritische Methode keinesfalls eine theologische Methode ist noch sein kann» oder «eine durchaus unreligiöse Methode» sei, (zit. bei PL 11.13), offenbar für nichts als ein unberechtigtes «Verdammungsurteil über die historisch-kritische Exegese». Man sieht aber, Schnackenburg sagt in der Sache gar nichts anderes als Drewermann. Wenn er zu Recht als Verdienst historisch-kritischer Exegese, «den Entstehungsprozeß der biblischen Schriften, die Entfaltung der Überlieferung... usw. aufzuhellen», aufzählt und *trotzdem* meint, daß dies nicht ausreicht, wird man D. nicht vorwerfen können, daß er die (bezeichnenderweise von PL nicht zitierte) Feststellung trifft, «die Bibelwissenschaft» habe «ein äußerstes getan, den historischen Werdegang der Text- und Geistesgeschichte der Bibel soweit als irgend möglich zu rekonstruieren» – eine Arbeit, die «den höchsten wissenschaftlichen Respekt» verdiene (D I 23) – und *trotzdem* meint, es zeige sich, «daß hier ein Weg eingeschlagen wurde, der (mindestens) hermeneutisch als äußerst verkürzt... bezeichnet werden muß», wenn nicht «theologisch als geradezu falsch» (D I 23 f.).
Pesch und Lohfink freilich scheinen im Gegensatz zu Schnacken-

burg (und natürlich Drewermann) keine «schwierigen hermeneutischen Fragen» zu sehen. Nichts ist jedenfalls von der *Begründung* zitiert, die D. zu harten, aber richtigen Urteilen führt, wie nämlich (in Kurzform gesagt) kulturell und sozial *bedingte* «Vorstellungen von Gott» («verstanden als Offenbarungen Gottes im menschlichen Bewußtsein») und ihre Wandlungen («je nach kulturellen und sozialen Bedingungen eines Volkes und einer Zeit bis zur Widersprüchlichkeit») in ihrer *unbedingten* Bedeutung erkannt werden könnten (vgl. D. I 24), oder auch, «unter welchen Voraussetzungen überhaupt eine historisch überlieferte Erzählung bzw. eine historisch einmalige Begebenheit eine überzeitliche Bedeutung erlangen kann» (ebd I 21). Wir werden sehen, daß solche Probleme, welche die historisch-kritische Exegese nicht lösen kann (!), von P. und L. nicht nur nicht zur Kenntnis genommen werden, sondern – man muß es paradox sagen – immer schon gelöst sind, indem sie, was dogmatisch natürlich unbestritten ist, die Bibel «Offenbarung Gottes» nennen.

«Wie läßt sich eine Methode der Schriftauslegung finden, die nach der zweifellos notwendigen historischen Absicherung» – nochmals: von «Illegitimität» historisch kritischer Forschung kann keine Rede sein! – «die eigentlich theologische Auslegung begründet und bestimmt?» (D I 27) Hätten P. und L. auch nur diesen einen Satz kommentarlos zitiert, es wäre mehr von den wahren «Grundlinien» der Schriftauslegung bei D. gesagt gewesen als bei dem ganzen pauschalen Gerede von «Verdammungsurteil» und «Illegitimität». Zweckdienlicher schien es P. und L., polemische «Spitzensätze» und «eine Fülle aggressiver Äußerungen» ohne Anführung des Begründungszusammenhangs zusammenzustoppeln (vgl. PL 11 f.).

Doch kommen wir nun zum Vorwurf in der Sache, die P. und L. gegen D. meinen anführen zu müssen. Gleich im Vorwort (PL 8) ist er formuliert: «Das Werk... löst die Bibel... als Buch geschichtlich ergangener Offenbarung auf und verwandelt sie in eine Sammlung von Identifikationstexten für menschliche Reifungsvorgänge.»

Sagen wir es gleich in aller Deutlichkeit: Dies ist nicht mehr ein bloßer Häresieverdacht, sondern eine klipp und klare Anklage wegen Häresie. D. ist ein Häretiker! Man sollte nun annehmen, ein solch schwerwiegender Vorwurf – was kann man einem katholischen Theologen Schlimmeres vorwerfen? – werde hieb- und stichfest und nach allen Regeln der Kunst *bewiesen*. Aber nichts davon geschieht – und ebendies soll und muß gezeigt werden.

Bleiben wir zu diesem Zweck noch einen Augenblick beim genannten Vorwurf in der Formulierung von P. und L. Daß «die Bibel... Buch geschichtlich ergangener Offenbarung (Gottes)» ist, ist in der Tat ein *dogmatisches* Urteil, ein Axiom, das der (katholische) Christ gewiß zu glauben verpflichtet ist. Es ist aber ein Glaube, von dem Schnackenburg mindestens meinte, daß historisch-kritische Exegese in ihrer Arbeitsweise von ihm methodisch absehe. *Als* historisch-kritische Exegeten kommen, so ist schon einmal festzuhalten, P. und L. nicht daher. Um so schärfer muß die Frage gestellt werden, «wer sie zum Richter» über Drewermann «bestellt hat» (Lk 12,14)!

Daß P. und L. Häresie wittern, kommt nach dem Vorwort erstmals in einem langen Satz (PL 14/15) zum Ausdruck. Er enthält gleich *vier* unterschiedliche Vorwürfe:

1. «Drewermann (läßt) die Gattungen nicht als Sprachformen (genera dicendi) gelten.»

2. D. sieht «die Offenbarung nicht in der konkreten Geschichte des Handelns und Redens Gottes durch Menschen vermittelt..., sondern (erklärt) den Traum zum Ausgangspunkt des Verständnisses religiöser Überlieferung (I 99).»

3. D. ordnet «ferner die Gattungen nicht mehr einem gesellschaftlichen ‹Sitz im Leben› (zu), sondern der Archetypik zeitloser Bilder der Seele».

4. Darum «kann er sich an die vom Vaticanum II formulierte kirchliche Hermeneutik... nicht binden».

Begründung von P. und L.: Nichts als ein langes Zitat aus «Dei Verbum»! Doch fragen wir genauer, zunächst ad 1: Was soll denn das überhaupt heißen: er «läßt die Gattungen nicht als Sprachformen gelten»? Es handelt sich doch wohl um die literarischen Gattungen der Bibel, also um Sprachformen? Das ganze Kapitel II von Drewermann, Band I handelt von der «Wahrheit der Formen» (Paradigma, Novelle, Legende, Mythos).

Ferner zunächst ad 3: er «ordnet die Gattungen nicht mehr einem gesellschaftlichen Sitz im Leben zu». – Dies getan zu haben, ist nach D. «der unbestreitbare Wert der *historisch-kritischen* Methode», daß sie die Entdeckung gemacht habe, «daß die mündlichen *und schriftlichen* Traditionen der Bibel... sich aus sehr unterschiedlichen Formen zusammensetzen, *die ihre Herkunft bestimmten Erzählanlässen und somit bestimmten gesellschaftlichen Gegebenheiten* (s. ‹Sitz im Leben›) *verdanken*» (D I, 19). Was wahr ist, ist allerdings dies, daß es für D. nicht damit *getan ist*, festzustellen, Bibeltext X ein Predigtbeispiel und Y eine Legende zu nennen, deren ‹Sitz im Leben› der Gottesdienst war; und zwar ist es *deshalb* nicht damit getan, weil der gesellschaftliche ‹Sitz im Leben› nichts über die *Wahrheit* des religiösen und theologischen *Inhalts* aussagt. – D. ordnet die Gattungen nicht mehr einem gesellschaftlichen Sitz im Leben zu, *sondern* der Archetypik zeitloser Bilder der Seele, so der Vorwurf; als ob dies eine *ausschließende* Alternative sei!

Dasselbe gilt ad 2: D. sehe «die Offenbarung nicht in der konkreten Geschichte des Handelns Gottes durch Menschen vermittelt», *sondern* erkläre «den Traum zum Ausgangspunkt des Verständnisses religiöser Überlieferung». Auch dies ist eine Scheinalternative –, als ob man nicht gerade, um dem biblischen Anspruch und dem christlichen Glaubenssatz, Gott habe sich in der konkreten Geschichte geoffenbart, gerecht zu werden, als Exeget und Theologe *fragen* müsse, wie denn eine solche religiöse Überlieferung *verständlich* zu machen sei; etwa dadurch, daß man wie D. darzulegen versucht, wie die vielfältigen *Ausdrucksformen* eines solchen Glaubens, die alles andere als historische Berichterstattung sind (wiewohl sie Geschichte *deuten*), sich vom Traum her verstehen lassen. Und was diesen «Ausgangspunkt des Verständnisses religiöser Überlieferung in sich selbst (abgesehen von der albernen

Alternative, die P. und L. aufstellen) angeht: Wenn D. (1 17) sagt, es komme «unter Anleitung psychoanalytischer Einsichten... darauf an, den Traum zur Grundlage aller weiteren Betrachtungen zu erheben», weil sich «aus ihm der Mythos... das Märchen und, an der Grenze zum Historischen, die Sage und Legende..., die Erscheinungs- und Berufungsgeschichten» zu verstehen gäben, so soll man dieses *psychologische* Urteil – zumal wenn man nichts von Psychologie versteht und verstehen will – als ein *solches* auch als Exeget und Theologe einmal gelten lassen, wenigstens als eine *Perspektive* der Wahrheit auch biblischer Mythen (keine Aufregung, Karl Hermann Schelkle etwa hat ganz unbefangen davon geredet), Sagen, Legenden, Novellen etc. anerkennen. Aber solches ist leider nicht zu erhoffen von Leuten, die immer schon mit der «*ganzen* Wahrheit» hantieren: «*der* Offenbarung... in der konkreten Geschichte des Handelns und Redens Gottes».

Heinrich Zimmermann definierte die historisch-kritische Exegese als «wissenschaftliche Erforschung der Bibel» unter Anwendung der «Grundsätze der historischen Kritik..., wie sie von der modernen Geschichtswissenschaft ausgebildet» wurde (Neutestamentliche Methodenlehre, Darstellung der historisch-kritischen Methode, Stuttgart 1967, S. 17), und kein historisch-kritischer Exeget wird persönlich dafür unter Häresieverdacht gestellt, *weil* er nach den Grundsätzen der historischen Kritik arbeitet, *obwohl* ein Exeget wie Jacob Cremer offen ausspricht (oder soll man sagen: zugibt?), daß «der Historiker... die Evangelien einer völlig fremden Fragestellung (unterwirft)» (Der Glaube an Jesus Christus und die neuere historisch-kritische Exegese, in: Lebendige Seelsorge 28, 1977, S. 3). Wie kommen P. und L. dazu, sich über die Anwendung von Prinzipien der *Psychologie* zum Verständnis biblischer Texte mit *dogmatischen* (Schein-)Argumenten zu mokieren (D. nehme den Traum zum Ausgangspunkt...), während sie selber nach den von Haus aus ebenso profanen «Grundsätzen der historischen Kritik» (Zimmermann) arbeiten? Woher nehmen sie das Recht zu der Behauptung, D. frage «nicht nach der *Glaubens*-erfahrung, die zur Formung der überlieferten Texte beitrug», er frage «nicht nach dem in vielerlei Textgattungen überlieferten Glauben», während sie selbst einer «Arbeitsweise» anhängen, die «methodisch vom Glauben absieht» (Schnackenburg), und D. sich in Wahrheit darum bemüht, mit allen Mitteln der modernen Tiefenpsychologie die Struktur menschlicher und religiöser Erfahrung konkret zu beschreiben, um die anthropologischen Bedingungen der Möglichkeit in der Psyche des Menschen dafür aufzudecken, daß man auch mitten im 20. Jh. «in seinem Herzen» *glauben* (vgl. Röm 10,1) kann, daß Gott sich den Propheten in *Visionen* (und *Auditionen*) *geoffenbart* und Jesus als der auferweckte Herr den Jüngern *erschienen* ist (und das natürlich nicht *außerhalb* der «konkreten Geschichte»)?

Gerade der Exeget P. hat keinerlei Anlaß, *dogmatisch* über D.s tiefenpsychologische Interpretation der (Oster-)Erscheinung Jesu am See (Joh 21,1–14) herzufallen, indem er – wiederum häresiewitternd – behauptet: «Die Wahrheit, die er (sc. D.) auf diesem Weg erreicht, ist keine geschichtliche Offenbarungswahrheit mehr» (PL 20). Denn just dieser Exeget P. vertritt (oder vertrat wenigstens) nach Ausweis von Walter Kasper (Jesus der Christus, Mainz ⁵1976) nicht nur «die schon von A. v. Harnack, neuerdings von U. Wilckens wieder herausgestellte These, die (österlichen) Erscheinungsberichte und -formeln seien Legitimationsformeln» – die «Nennung von Erscheinungen hat die Funktion, bestimmte Autoritätspersonen in der Kirche zu legitimieren» (ebd. 163) –, sondern versuche (so Kasper) «über W. Marxsen hinaus auch ohne das «Widerfahrnis des Sehens» auszukommen und den Auferstehungsglauben im eschatologischen Anspruch (des historischen) Jesu(s) begründet zu sehen», nach Kaspers Meinung «als Resultat bloßer Reflexion» (ebd. 159).

Wer die österlichen Erscheinungsberichte und -formeln auf die geschilderte Art und Weise mittels historisch-kritischer Exegese wegdisputiert – ich behaupte mangels eines in den Tiefenschichten der Psyche des Menschen verankerten *Erfahrungs*begriffs, der Erscheinungen gelten lassen kann, wegdisputieren *muß* –, ist wahrlich nicht berufen, bei D. die «geschichtliche Offenbarungswahrheit» anzumahnen. «Die Wahrheit, die (D.)... erreicht», selbst wenn man *nur* zum Teil zitiert, was P. und L. aus D.s Interpretation von Joh. 21 zitieren, nämlich «die Wahrheit von der ewigen Gültigkeit des wahren Wesens Jesu» (vgl. PL 20), ist wahrlich bedeutender als die gewiß auch nicht als solche falsche, aber doch recht einseitige Auskunft, in den Erscheinungsformeln und -berichten spiegele sich das Problem der Legitimation kirchlicher Autorität in den Anfängen des Christentums.

Ich kann hier nicht *alle* Vorwürfe von P. und L. darlegen, die an sich geeignet sind, D. in den Ruf der Häresie zu stellen – natürlich gehört auch der 4. Vorwurf in dem einen langen Satz, den wir anfangs zitierten, dazu; D. könne sich «an die vom Vaticanum II formulierte Hermeneutik, welche die historisch-kritische Methode zu integrieren sucht, nicht binden» (LP 15). Dazu wäre freilich mehr zu sagen als hier möglich, aber drei Punkte sollten doch wenigstens angedeutet werden:

1. Die vom Vaticanum II formulierte kirchliche Hermeneutik steht zwar der historisch-kritischen Exegese positiv gegenüber, ist aber keineswegs *identisch* mit historisch-kritischer Exegese und ihren Methoden, weshalb Schnackenburg eben die bereits zitierten *Probleme* sieht, während L. und P. offenbar ihren methodischen Alleinvertretungsanspruch damit begründen (vgl. PL 20 ff.).

2. Von einer Verurteilung tiefenpsychologischer Exegese seitens des Konzils kann keine Rede sein, weil sie gar nicht in dessen Blickfeld war und auch ein Konzil keine Antworten auf nicht gestellte Fragen geben kann.

3. sei dies insbesondere sich so nennenden «historischen» und «kritischen» Exegeten ins Stammbuch geschrieben, die sich anmaßen, D. mit langen Zitaten aus der *Dogmatischen* Konstitution «Dei Verbum» (vgl. PL 14) zu belehren: Haben sie eigentlich ganz vergessen, daß bis zur sogenannten «Befreiungsenzyklika» (1943) die Vertreter ihrer *eigenen* Methoden schwerstem lehramtlich-kirchlichem Druck (zu Recht oder Unrecht, sei dahingestellt) aus ganz ähnlichen *dogmatischen* Gründen ausgesetzt waren, die sie

jetzt D. vorhalten? Sie, die immer wieder die jahrtausendealte biblische *Historie* beschwören, sollten sie wirklich unfähig sein, sich des Elends der «Modernismus-Krise» und des «Bibel-Babel-Streits» zu erinnern, der kein Jahrhundert zurückliegt?

D. «hofft, ... aus der Überlieferung der Religionen der Menschheit und deren tiefenpsychologischer Analyse mehr zu erfahren als aus einer historisch-kritischen Exegese der Schriften des Alten und Neuen Testaments, obwohl diese gerade erheben will» – das ist wohl nicht mehr als eine *Absichtserklärung,* ob sie's (allein und zureichend) *kann,* ist doch die Frage –, «wie sich Gott durch Menschen nach Menschenart in deren zeitbedingten Denk- und Redeformen mitgeteilt hat» (PL 15). Daß sich D. nicht *statt dessen,* sondern *darüber hinaus* fragt, wie denn *gezeigt* werden könne, daß die als *zeit*bedingt qualifizierten Denk- und Redeformen der Bibel eine überzeitliche Bedeutung haben und auf welche Weise plausibel gemacht werden kann, daß sie die einen *jeden* Menschen aller Zeiten und Zonen angehende Wahrheit ist und also zu Recht der Glaube an sie, als an die Offenbarung Gottes, gefordert werden könne –, das haben L. und P. offenbar nicht begriffen, obwohl es nicht nur programmatisch am Anfang des zweibändigen Werks von D. steht, sondern *wirklich* als «Grundlinie der Schriftauslegung bei Eugen Drewermann» (vgl. LP 11) das ganze Werk durchzieht: Wer immer wieder die «bewußte Aussageabsicht» eines biblischen Schriftstellers zu eruieren sich einbildet, der sollte wirklich in der Lage sein, die wahrlich offenbar bewußte Aussageabsicht eines zeitgenössischen Autors zur Kenntnis zu nehmen: «Zwar ist es richtig, daß die Vorstellungen von Gott, *verstanden als Offenbarungen Gottes* im menschlichen Bewußtsein, sich je nach kulturellen und sozialen Bedingungen eines Volkes und einer Zeit bis zur Widersprüchlichkeit wandeln können und gewandelt haben, und es ist daher *unerläßlich,* diese Wandlungen und Abhängigkeiten *historisch zu erforschen.* Aber die Hervorhebung des historisch Einmaligen legt notgedrungen nur ein Zeugnis für die Vergangenheits-, nicht für die Gegenwartsbedeutung eines Textes ab, und vor allem betont sie lediglich die *Bedingtheit und Relativi-*

tät der jeweiligen Glaubensvorstellungen und führt gerade nicht zu einer theologischen Einsicht in die *bleibende Bedeutung* eines Textes» (D. I 24).

P. und L. hätten sich anläßlich auch dieses Befundes des falschen Eindrucks entledigen können, D. habe die historisch-kritische Methode als illegitim hinstellen wollen. Statt dessen aber bleiben sie nicht nur dabei, vermutlich weil ihre Wahrnehmung auf polemische Spitzensätze und aggressive Äußerungen fixiert ist, sondern stellen auch noch das «Seltsame» fest, «daß sich D. dann, wenn es ihm entgegenkommt, doch wieder auf Ergebnisse der historisch-kritischen Exegese stützt», und behaupten: «Solche Widersprüchlichkeit zeigt an, daß sein Verhältnis zur historisch-kritischen Methode letztlich ungeklärt ist» (PL 13). – Was ist denn angesichts des gerade zitierten Problembefundes ungeklärt? Was ist denn an dem Anliegen, die Texte der Bibel als Ausdruck «verbindlichen Glaubens» und nicht bloß zeitbedingter «Glaubensvorstellungen» zu interpretieren (vgl. D I 24), seltsam und widersprüchlich? Ich denke *mit* D., das wäre fast der *einzige* Sinn und Zweck der Exegese, wenn sie denn *theologische* Wissenschaft sein soll. Jedenfalls ist dies auch die erklärte Absicht D.s, wenn er sich in der Tat «der Überlieferung der Religionen der Menschheit» (PL 15) zuwendet. Darüber muß im folgenden noch intensiv gesprochen werden.

Man muß sich zunächst vor Augen halten, daß letzteres historisch-kritische Exegese selbst (allerdings gewöhnlich im beschränkten Rahmen der altorientalischen und hellenistischen Religionsgeschichte) seit jeher tut, um sogleich die von P. und L. aufgestellte Alternative: «Überlieferung der Religionen» *oder* historisch-kritische Exegese – woher «erfährt man mehr»? (vgl. PL 15) als Scheinalternative zu erkennen. Es kann also an sich nicht verkehrt sein, sich der Überlieferung der Religionen der Menschheit zuzuwenden, wenn es darum geht, *biblische* Texte zu verstehen. Überdies reden P. und L. selbst von «religionswissenschaftlichem (falsch! es muß heißen: religionsgeschichtlichem) Vergleichsmaterial» (PL 17), und sie geben sogar zu: «*Es ist richtig:* ‹die histori-

sche Forschung... kann auf Schritt und Tritt den Nachweis er-
bringen, daß es den gleichen Typus von Wundererzählungen, vor
allem von Heilungsgeschichten, mit den gleichen Topoi des Be-
richteten keinesfalls nur im Christentum, sondern so gut wie in
allen antiken Religionen gibt› (II 45)» – eine der Wahrheiten, die
auch nur nachzusprechen L. und P. zu Zeiten des «Bibel-Babel-
Streits» schlecht bekommen wäre.

Nun folgert D. auf der Basis solchen (sozusagen mit P. und L. *gemeinsamen*) Befundes der *historischen Forschung*, daß die Denk-
und Redeformen, in denen sich also *auch* der Gott der biblischen
Offenbarung mitteilt, nicht bloß zeitbedingt sind, sondern «die
ubiquitäre Wahrheit der menschlichen Seele» ausdrücken, zumal
dann, wenn diese Denk- und Redeformen nicht bloß im Umkreis
der biblischen Kultur, sondern weit darüber hinaus menschheit-
lich verbreitet sind (vgl. PL 20).

In einem *so* skizzierten Zusammenhang wäre Gelegenheit gewesen, etwas Vernünftiges über die Archetypen und die Psychologie
der Archetypen zu sagen und damit über den wirklichen Zusammenhang von Religionsgeschichte und Psychologie bei D.

Nun geht es hier nicht darum nachzuholen, was P. und L. trotz
gegenteiliger Behauptung, «Grundlinien der Schriftauslegung»
D.s zu skizzieren, man möchte fast sagen, systematisch verweigern. Nur so ist es ihnen allerdings schließlich möglich, wahrheits-
widrig als «Grundlinie 4» bei D. die «Gleichsetzung von Religion
und Offenbarung» (PL 26–36) zu behaupten und das kaum ver-
hüllte Ziel der ganzen sich so nennenden Auseinandersetzung mit
D. scheinbar zu erreichen: ihn der vollendeten Häresie anzukla-
gen. Näherhin «gelingt» dies durch eine Reihe von unglaublichen
Winkelzügen, die sogleich durch eine möglichst genaue Analyse
des Textes «Gleichsetzung von Religion und Offenbarung»
namhaft gemacht werden sollen.

Besagter Abschnitt von P. und L. beginnt mit einer ganz allgemeinen Behauptung: «In D's Verhältnis zu dem Thema Exegese und
Geschichte zeigt sich eine tiefe Störung an: nämlich zu an Geschichte gebundener Offenbarung» (PL 26). Dann folgt eine spe-

ziellere These, die wie eine Begründung aussieht, aber etwas ganz anderes zum Thema hat als die (von D. nirgends geleugnete) «an Geschichte gebundene Offenbarung», nämlich: «D. kann – offenbar ohne Schwierigkeiten – Erfahrungen von Schamanen und Erfahrungen des Apostels Paulus identifizieren.» Es folgt, offenbar als «Beweis» gedacht, ein langes Zitat aus D.s «Erörterung der Himmelsträume und Jenseitswanderungen der Schamanen» (PL 26). – Daß die allgemeine und spezielle These nichts miteinander zu tun hat, wurde bereits gesagt. Wichtiger aber ist jetzt, daß das Zitat keineswegs hergibt, was die spezielle These behauptet. D. *beschreibt religionspsychologisch* die «vom ‹Heimweh nach dem Paradies› beherrscht(e) Seele des Schamanen» – was verstehen P. und L. davon?! – und faßt dann, worum es bei der schamanischen Erfahrung geht, «mit den Worten des heiligen Paulus» unter Hinweis auf 2. Kor 12,2–4 zusammen. *Das,* sollte man meinen, ist wohl etwas anderes, als eine pure und plane *Identifikation* dieser und jener Erfahrungen. Eher, sollte man sagen, handelt es sich um eine christliche Deutung nichtchristlicher religiöser Erfahrung; jedenfalls ist es *nicht umgekehrt* eine nichtchristliche Deutung einer christlichen Erfahrung, und so kann man auch nicht den Schluß ziehen, den P. und L. nach eben solch oberflächlicher und irreführender Behandlung des Themas «Mythischer Kreislauf und wirkliche Geschichte» meinen ziehen zu sollen: «Drewermanns Konzeption liegt deutlich eine Einordnung des Christentums als ‹Religion› unter den Religionen zugrunde« (PL 27), sondern höchstens umgekehrt eine Einordnung der Religionen in das Christentum.

Für ihre unbewiesene Behauptung bringen P. und L. unmittelbar noch einen anderen Pseudobeweis: Anmerkung 6 (!) von D I 18 entnehmen Sie: «Ihm (D.) ‹ist das Christentum seit dem 3. Jh. eine durchaus synkretistische Religion›. Offenbar ist ihm das kein Problem» (es folgt ein Zitat D I 53, also 35 Seiten weiter) (PL 27). Nun kann man natürlich auf den durchweg pejorativen, herabsetzenden Gebrauchswert des Wortes «synkretistisch» setzen, und nur so gewinnt das Zitat auch seinen *propagandistischen* Wert (ohne

Beweiskraft für die These von P. und L.). Ehrlicherweise aber müßte man sagen: *Daß* das Christentum nicht erst seit dem 3. Jh. aus Judentum und Hellenismus zusammengewachsen und in diesem religionsgeschichtlichen Sinne «synkretistisch» ist, wer wollte das denn wohl leugnen außer «Historikern», wenn sie dogmatische Absichten hegen? Also beweisen soll das anmerkungsweise als «synkretistische Religion» bezeichnete Christentum, daß D. es als Religion unter den Religionen betrachtet, was es mitnichten tut; *«denn»*, so geht die «Begründung» seitens P. und L. zitatweise weiter, «die Betrachtung der Religion gewinnt so an Tiefe und Bedeutung, indem sie auf Fragen stößt, die dem Menschen zu allen Zeiten eigentümlich sind» (D I 53). – Man muß es als den bisher unübertroffenen Gipfel an Willkür im Zitieren von D. seitens P. und L. ansehen, wenn man feststellt, daß D I 53 nicht nur mit I 18 Anm. 6 («synkretistische Religion») absolut nichts zu tun hat, sondern darüber hinaus bemerkt, daß just diese Stelle I 53 bei D. unmittelbar weiter zitiert lautet: «*Aber* der Preis dafür ist offensichtlich zu hoch: die einzelnen Religionsformen erscheinen zwar nicht mehr als Beispielsammlungen zur Illustration soziologischer Theorien und Gesetze, aber sie werden abstrakt zu bloßen Erscheinungsweisen *des* Religiösen herabgesetzt...» – vielmehr geht es um «ein Auslegungsverfahren..., in dem eine Religion *in ihrer unvertauschbaren historischen Bedingtheit und Einmaligkeit* einen grundlegenden Sinn und eine die Zeit überdauernde Bedeutung für den Menschen aller Zeiten und Zonen erhält und behält». Mit anderen Worten: P. und L. erdreisten sich zum Beweis für ihre These «Einordnung (oder gar Identifikation) des Christentums als Religion unter (mit) den Religionen» und zum Beweis für ihre Behauptung «offenbar ist D. dies *kein* Problem», das Zitat just da abzubrechen, wo D. selbst das Problem mit aller Deutlichkeit nennt. Es ist, als nähme man aus dem Satz «du sollst nicht lügen» das «nicht» heraus.

Es folgen einige Zitate über «Die Allgemeinheit der Religion», die ebenfalls keinen begründenden Zusammenhang mit dem Thema «Gleichsetzung von Religion und Offenbarung» bzw. jener an-

geblichen «tiefen Störung... zu an Geschichte gebundener Offenbarung» erkennen lassen, bis PL27 unten: «Weil das Geschichtliche *nur* das Archetypische spiegelt...» Man kann getrost sagen:
«Unsinn!» und auf «Archetypus und Geschichte» (D I 250–364)
verweisen; kurz, man hat so gut wie nichts von D. verstanden,
wenn man so etwas daherredet. Schon wenn man nicht *mehr* verstanden hat, als daß Archetypen so etwas wie anthropologische
Konstanten, *«Strukturen des (menschlichen) Erlebens»* (vgl.
PL 27), sozusagen die Kategorien nicht des Bewußtseins oder Ver-
standes (Kant), sondern des kollektiven Unbewußten (C. G.
Jung), «Ausdrucksgestalten ubiquitärer Strebungen der menschlichen Psyche» (vgl. PL 27 unten) sind, müßte man schon rein logisch zu dem Schluß fähig sein, daß das Geschichtliche nicht nur
das Archetypische spiegeln *kann*.

Da ein unsinniger Begründungssatz in keinem Falle einen sinnvollen Folgesatz hervorbringen kann, könnte man sich eigentlich das
folgende lange Zitat PL 27/28 = D I 177 sparen. Wir müssen aber
doch darauf eingehen: Ist es denn nicht höchst bedenklich, wenn
D., wie P. und L. fortfahren, «Engel und menschliche Erlösergestalten als ‹Ausdrucksgestalten ubiquitärer Strebungen der
menschlichen Psyche› (vorstellt)»? Nun muß man sich bei dem
dies zeigen sollenden Zitat I 177 vor Augen halten, daß der Text
bei D. selbst im Zusammenhang des Abschnittes «Von der Tiefenpsychologie des Traumes zur Interpretation archetypischer *Erzählungen*», Unterabschnitt «c) Die Deutung auf der Subjektstufe» (D I 172 ff.) steht. Dabei zeigt sich nun, daß die «Personen
der biblischen Überlieferung», von denen die Rede ist: «menschliche Erlösergestalten wie Samson, Samuel, Elias, Eliseus u. a.», *als
literarische* Gestalten bzw. *in* ihrer literarischen Gestaltung gemeint sind. Ferner zeigt sich nochmals, daß es gar nicht darum
geht, wie «das Geschichtliche (im Sinne der historischen Fakten)
das Archetypische spiegelt». Wenn man also sieht, daß die Frage
der Historizität der genannten Personen bei D. an dieser Stelle gar
nicht zur Debatte steht, sondern die Deutung von Personen in
Texten auf der (psychologischen) Subjektstufe, wird man auch be-

greifen, daß etwa die dogmatische (metaphysische) Frage, was Engel (an sich) sind, mit der von D. an eben der zitierten Stelle aufgestellten Behauptung: «Engel ‹verkörpern *psychologisch* (!) innere Kräfte der menschlichen Psyche›...» überhaupt nicht berührt ist.

Die kaum zu verzeihende *Mißachtung der Ebenen,* auf denen D. redet, kommt auch an anderer Stelle bei P. und L. eindeutig zum Vorschein und muß zitiert werden, weil es sich um (neben den Auferstehungs- und Erscheinungsberichten der Evangelien) für den christlichen Glauben zentrale Texte handelt, die Erzählungen von der und um die Geburt Jesu. Nur auf *psychologischer Ebene,* und zwar in der eben genannten subjektalen Deutung, sind für D. «Maria, Josef und das Kind, die Magier, Herodes und der Engel, der Stern, die Stadt Jerusalem, Ägypten, Bethlehem und Nazareth alle gemeinsam die Gestalten und die Zonen *einer* Seele, *einer* Seelenlandschaft» (D I 527 = PL 18 f). Daß dieses und die Folgerungen, die P. und L. zitieren, die «neutestamentlichen Texte nicht sagen» – für «sie ist das Wunder durch Gottes Handeln konstituiert, und zwar durch sein Handeln in der Geschichte» –, wie P. und L. dagegenhalten, ist, um mit Hegel zu reden, «keine wahrhafte Widerlegung», sondern eine solche, die «da Recht behalten will, wo dieser (sc. der Autor) nicht ist» (Hegel).

Kommen wir zum Text «Gleichsetzung von Religion und Offenbarung» (PL 26 ff.) zurück. Nach dem oben verlassenen Zitat D I 177 behaupten P. und L: «Daß die Personen der biblischen Überlieferung durch die Offenbarungsgeschichte unverwechselbar geprägt sind, kann D. nicht mehr sehen. *Denn:*» Zitat D I 178, wo D. von der »archetypischen Betrachtungsweise antiker Mythen und religiöser Überlieferungen» redet und deren «methodischer Verknüpfung... mit den Verfahren tiefenpsychologischer Traumdeutung». Davon reden P. und L. allerdings nirgends vernünftig. Wahr ist aber, daß bestimmte Methoden auch bestimmte Fragestellungen implizieren und auch nur zu bestimmten, d. h. auch immer begrenzten Antworten führen. Deshalb muß man sagen: Daß die Personen der biblischen Überlieferung Personen der *Offen-*

barungsgeschichte sind, ist freilich nicht allein mit den von D. angegebenen Methoden zu erweisen, aber ebensowenig mit historisch-kritischen. Es handelt sich um ein dogmatisches Axiom,
einen Satz, den P. und L. ebenso als Christen *glauben* müssen, wie
sie kein Recht haben, diesen Glauben D. abzusprechen, bloß weil
er andere als ihre exegetischen Methoden ins Feld führt. Käme
doch auch nur einmal ein Satz wirklicher Begründung, hier: wieso
Textkritik, Literarkritik, Form- und Redaktionsgeschichte *zeigen*
kann, was P. und L. dogmatisch zu Recht voraussetzen: die unver-
wechselbare Prägung der biblischen Personen und *wie* diese per
«Offenbarungsgeschichte» zustande kommt! Nichts davon!
D. kommt es «auf das Ubiquitäre» (überall Vorhandene) an; denn,
so P. und L., er setzt Märchen mit der christlichen Erlösungslehre
gleich; die christliche Erlösungslehre ist ein Märchen (vgl. PL 28,
auch 41). Sollten P. und L. an dieser Stelle empört mit der Bemerkung reagieren: *Das* haben wir nicht behauptet, hier ist meine
Antwort: Ich habe nur eure per Satzfetzenzitat daherkommende
«Beweisführung» noch ein wenig gekürzt, und vor allem: Daß ihr
genau diesen Eindruck vielleicht nicht machen wollt, aber in der
Tat macht, beweist das Fazit, das ihr daraus und aus allem bisher
Zitierten zieht: «*Demgegenüber* ist festzuhalten: Offenbarung ist
an Geschichte gebunden» (sc. nicht an Märchen) (PL 29).
Sodann muß man euch fragen: Wem erzählt ihr das eigentlich?
Antwort: In der Tat einem Mann, der über Hunderte von Seiten
darlegt, in welch differenzierter Weise die Offenbarung in Gestalt
verschiedener biblischer Erzählformen an Geschichte gebunden
ist. Daß es Offenbarung ist, was da an Geschichte gebunden ist, ist
wohl nach unserem gemeinsamen *Glauben* wahr. Aber wenn ich
so argumentiere, wie ihr es gegen euren Glaubensgenossen D. tut,
müßte ich sagen: P. und L. kommt es nur auf das Historische an.
Sie leugnen häretischerweise die ubiquitäre Bedeutung der
Schriften des Alten und Neuen Bundes.
Und ihr zitiert zu allem Überfluß in diesem Zusammenhang unmittelbar auch noch einen Satz D's, der geradezu von dem ausgeht, was ihr ihm ins Angesicht ableugnet: «Eine *geschichtliche*

Begebenheit kann in sich selbst nur unter der Bedingung von überzeitlicher Bedeutung sein, daß sie über sich hinaus auf etwas Wesentliches, Typisches, Grundsätzliches im Menschen hinweist» (D I 375 – LP 29).

An dieser Stelle wird nun auch allerdings deutlich, worin sich P. und L. von D. unterscheiden: Während D. – übrigens der Sache nach ganz im Sinne von Karl Rahner – nach den anthropologischen Bedingungen der Möglichkeit des Ankommens von Offenbarung im Menschen fragt, weil von daher erst *gezeigt* werden kann, was ein Wort wie «Offenbarung» für den Menschen bedeutet und warum Offenbarung, obwohl an Geschichte gebunden, jeden Menschen verpflichtet, – *behaupten* P. und L. im Gegensatz dazu rein positivistisch: Die Offenbarung steht in der Bibel, und meinen als Theologen damit fertig zu sein. Und wenn man denkt, P. und L. kämen jetzt endlich zur versprochenen Sache: «Gleichsetzung von Religion und Offenbarung», wenn schon nicht zum Beweis dieses Vorwurfs, sieht man sich wiederum getäuscht.

Ich erlaube mir deshalb, bei diesem wichtigen Thema noch ein wenig zu bleiben, und lasse die ganz anderen Einwürfe, die bei L. und P. unmittelbar folgen, zunächst beiseite; ohnehin ist das Verfahren der beiden hierbei das inzwischen schon sattsam bekannte: Irgend etwas Häresieverdächtiges wird behauptet und irgendwoher ein Zitat gesucht, das zu passen scheint; bei gut 1400 Seiten D.-Text dürfte das wohl auch kein Kunststück sein; so gehen Sekten bekanntlich mit der Bibel um.

«Für D. zählt nur Religion», hörten wir P. und L. behaupten. Man wartet nun zwar nicht nur vergeblich auf einen Beweis, sondern auch vergeblich, wie von Wissenschaftlern wohl mit Recht zu erwarten wäre, auf die Andeutung wenigstens einer Definition von «Religion». Das einzige, was man allerdings deutlich heraushört, ist, daß P. und L. von Religion und Religionen ausschließlich in abwertendem bis verächtlichmachendem Sinne reden, in einem «Nur»-Ton, gegen den sich «die Offenbarung» dann um so strahlender abzuheben scheint. Ich denke, daß auf diese Weise auch nur zu verstehen ist, daß «die *religiöse* Interpretation offenbarungsgeschichtlicher Texte» bei D. von P. und L. angeprangert wird. Nur unter der dogmatisch höchst bedenklichen Voraussetzung, daß «Offenbarung» in einem ausschließlich *negativen* Verhältnis zur «Religion» steht, kann man den Inhalt dessen, was P. und L. aus D. (von S. 29 Mitte bis S. 31 Mitte) zitieren, mit dem Satz *angreifen:* «Der Gipfel solch religiöser Interpretation offenbarungsgeschichtlicher Texte ist wohl das Folgende» (PL 30). Oder ist etwa die in P's. und L's. Augen (bloß) «religiöse» Interpretation etwa «offenbarungsgeschichtlich» oder dogmatisch und theologisch *an sich* angreifbar, daß – um aus «dem Folgenden» zu zitieren – «ein jeder Mensch vor Gott die Berufung (trägt), in sich selber ein ‹Eingepflanzter› Gottes, ein ‹Mann aus Nazareth› zu werden» oder daß «Gott... uns die Stimme einer... absoluten Gnade (ist), von der wir selber akzeptiert und zugelassen sind» (D I 527 = PL 30)?

Was in Wahrheit von seiten D's. vorgeführt wird, scheint mir der gelungene Versuch, das Problem zu lösen, das R. *Schnackenburg* bedrängte, als er fragte, «wie der Exeget seine Arbeitsweise, die vom Glauben methodisch absehen muß, mit seinem Glaubensinteresse, das ihn zu tiefer gläubiger Interpretation drängt, verbinden kann und soll.»

Weil P. und L. das Verhältnis von Religion und Offenbarung ausschließlich negativ sehen und also eine positive theologische Wertung von «Religion» für sie identisch ist mit einer Ablehnung der Offenbarung, müssen sie natürlich auch jeden Versuch, zwischen den Überlieferungen der Bibel (= Offenbarung) und den Religionen der Menschheit zu vermitteln, als theologisch überholt betrachten. Karl Rahner schrieb dagegen: «das Religiöse ist überall der Sinn und die Wurzel der Geschichte, und dieses Religiöse ist nie nur die sublimste Blüte einer bloß menschlichen Kultur als Werk des Menschen, sondern innerlich schon getrieben durch die von Gott gewirkte Gnade.» Dieses theologische, christkatholische, dogmatisch völlig richtige Urteil zitiert *D.* just zu dem eigenen Satz, aus dem P. und L. (S. 31) ihm den Strick häretischer «Gleichsetzung von Religion und Offenbarung» drehen wollen, weil sie offenbar nicht (mit Rahner und D.) in den Religionen der

Menschheit «die Gnade Gottes» am Werk sehen – mindestens bis zum Beweis des Gegenteils. Wie hätte sonst der Papst jüngst in Assisi mit ihren Vertretern beten können?!

P. und L. haben aber damit offenbar, so kirchenbewußt sie sich sonst kontra D. gerieren – eine «Grundlinie» *ihrer* Theologie! –, eine Position *gegen* die Religionen eingenommen, die mit der des II. Vatikanischen Konzils kaum zu vereinbaren ist: Denn «(die Kirche) lehnt nichts von alledem ab, was in diesen Religionen wahr und heilig ist», da «sie (sc. diese Religionen) nicht selten einen Strahl jener Wahrheit erkennen (lassen), die alle Menschen erleuchtet (Christus)» (Nostra aetate Nr. 2). Wenn selbst von Atheisten theologisch zu präsupponieren ist, daß das, «was sich ... an Gutem und Wahrem bei ihnen findet, ... von der Kirche ... als Gabe dessen geschätzt (wird), der jeden Menschen erleuchtet, damit er schließlich das Leben habe» (Lumen Gentium Nr. 14), sollte das wohl auch von den Religionen gelten.

P. und L. dagegen, nichts wissend von «den indianischen Schamanen», jedenfalls kein Wissen zeigend (vgl. PL 31, aber auch die schon besprochene Stelle PL 26), *verbitten* sich jeden Vergleich «unserer eigenen Religiosität» nicht nur mit der genannten und klagen D. an, daß er diese und andere Religionen (den Buddhismus, PL 21; Ägypten und Griechenland, PL 33 f. etc.) zum Verständnis unserer eigenen Religiosität heranzieht, auf daß wir Christen von ihnen lernen; P. u. L. machen den Eindruck, nichts mehr lernen zu müssen, sie haben ja «die Offenbarung».

Doch nun zu dem Satz, den D. anmerkungsweise mit Rahner begründete. Ich denke, wenn man einmal mit dem II. Vaticanum begriffen hat, daß die Wahrheit, in welcher Religion sie sich auch finden mag, theologisch und dogmatisch als (implizite) Wahrheit Gottes, vermittelt durch Christus im Heiligen Geist, zu gelten hat, wird man nichts gegen den Satz D's. sagen dürfen, den P. und L. anklagend zitieren: «Alle Religionen haben ... ihre Wunder, und alle Religionen, *wofern sie wahr sind,* besitzen die Fähigkeit, einen Glauben zu erwecken, der auf wunderbare Weise die Angst besiegt» (D II 137 = PL 32); man wird nichts dagegen haben können, daß D. «den Erzählungen von heiligen Erscheinungen und göttlichen Gesichten näherkommen (will)», um den «Glauben an die Wahrheit derartiger Erfahrungen wiederherzustellen» (vgl. PL 32).

Sodann könnte und müßte man sich einmal wirklich damit auseinandersetzen, *wie* D. dies tut, nämlich: «indem (er) den eigentlichen Ursprungsort dieser Wahrnehmungen in den Tiefenschichten der menschlichen Psyche» aufsucht, und fortfährt, als hätte er die unqualifizierten Anschuldigungen von P. und L. schon geahnt: «Nichts in der menschlichen Psyche *ist* Gott, die Mutter Gottes oder der Erzengel Gabriel (an sich); aber es leben darin (sc. in der Psyche)... all die wunderbaren Bilder, die den Menschen, wenn er ihnen folgt, unfehlbar zurück in die andere Welt geleiten» (D II 319 = LP 32). Für P. und L. aber bedeutet gerade der zuletzt zitierte Text, daß D. «den archetypischen Bildern Unfehlbarkeit zu(spricht)» und «seine Konzeption... unweigerlich in die Nähe einer christlichen Gnosis» gerät (PL 32); und hier spätestens wird jedem Leser klar, was bis dahin vielleicht nur als Behauptung meinerseits empfunden wurde: Die ganze, wie gezeigt, beschämende «Leistung» von P. und L. dient dem einen, einzigen Ziel, D. mit allen unerlaubten Tricks zum Häretiker zu stempeln.

Vom Thema «Gleichsetzung von Religion und Offenbarung» ist in Wahrheit die ganze Zeit über keine Rede gewesen, und es kommt auch keine mehr, jedenfalls keine argumentativ beweisende, sooft die *Worte* auch kommen mögen.

Kaum hoffen könnend, daß P. und L. selbst eines andern zu belehren sind, denke ich doch, daß die vorgetragene Analyse der sich (auf der Banderole) so nennenden Streitschrift, insbesondere der Seiten 26–32, schon vollauf genügt, den Leser moralisch sicher gemacht zu haben, daß es mit den übrigen, ab S. 32 PL folgenden Behauptungen nicht besser bestellt ist als bis dahin. Es folgen Schlag auf Schlag:

«Drewermann (interpretiert) das Christentum wesentlich als Jenseitsreligion» (PL 32).

«In Drewermanns Sicht ist, genaugenommen, kein Platz mehr für die Heilsgeschichte; die Geschichte Israels ist überflüssig, letztlich auch Jesus, letztlich auch die Kirche» (PL 33) – man fragt sich, ob D. überhaupt noch einen Artikel des Glaubensbekenntnisses glaubt.

«Das Christentum ist bei Drewermann also individuelle Jenseitsreligion» (PL 34) – selbst wenn dies stimmte, was keineswegs von P. und L. bewiesen ist, müßte man es als eine Perspektive der christlichen Wahrheit ansehen, oder soll man, so kurzschlüssig wie P. und L. selber argumentieren, sagen: «Für P. und L. dagegen ist das Christentum eine kollektive Diesseitsreligion» – womit sich herausstellt, daß solche Behauptungen nichts anderes als hochgestochene Phrasen sind!

«Seine (D.s) Auslegung (von Joh 4) hat aus den Worten Jesu den Bezug zu seiner Person und zur Gemeinde seiner Nachfolger, der Kirche, getilgt» – *weil* D. das Motiv vom Wasser des Lebens auch im Buddhismus und in Märchen findet, eine abartige Begründung (PL 34).

»Drewermann bestreitet, daß sich die theologische Deutung der Heilsgeschichte im Alten und Neuen Testament auf das Handeln und Reden Gottes, auf seine Offenbarung in der Geschichte bezieht; er leugnet im Grunde, daß sich in der Geschichte Israels, der Geschichte Jesu und seiner Kirche von Gott her unerwartbar Neues ereignet hat und ereignet» (PL 35), und nochmals, aber durch Wiederholung nicht wahrer werdend:

«Mit dieser Auffassung reduziert Drewermann die christliche Offenbarung auf Religion, er macht das Christentum zur Gnosis» (PL 35), und am Schluß des Kapitels in höchster Steigerung, dasselbe wiederholt:

«Für Drewermann *gibt es* keine Offenbarung, keine Heilsgeschichte, keine Stiftung des Gottesvolkes mehr, und der Mensch ist nur noch von seiner Angst zu erlösen, aber nicht mehr von seiner Sünde – der Sünde des Unglaubens» (PL 36). Man bedenke: D. hat vor ca. 10 Jahren sein 3bändiges Werk «Strukturen des Bösen in exegetischer, psychoanalytischer, philosophischer Sicht» geschrieben!

Dies alles zu behaupten ist so unglaublich unverschämt, daß es nur noch gesteigert werden könnte durch die Anklage des vollendeten böswilligen Atheismus. P. und L. entblöden sich nicht, dies auf 10 Seiten mit Anspruch auf Glaubwürdigkeit darzulegen, ein Unternehmen, das an und für sich schier unmöglich ist. Rühmen können sie sich, den größten Ketzer der Kirchengeschichte *phantasiert* zu haben.

Es sollte der Leser nicht den Eindruck haben, daß ich *bloß* im Zorn rede, wiewohl ich denke, daß er höchst berechtigt ist. Ich möchte darum nun noch von einem wichtigen theologischen Problem reden, dessen Art der Beantwortung von P. und L. Drewermann natürlich äußerst übel genommen wird, das aber auch sonst viele Christen umtreibt. Es ist die immer wieder – oft penetrant – gestellte Frage nach dem «spezifisch Christlichen». Ich möchte zunächst selbst eine Antwort geben, die äußerst einfach, wenn man will, «primitiv» ist: Das spezifisch Christliche ist der Glaube, daß *Jesus* der Messias/Christus ist (und keiner sonst). Nun hat die historisch-kritische Exegese verdienstvollerweise «ein äußerstes getan, den historischen Werdegang der Text- und Geistesgeschichte der Bibel soweit als irgend möglich» auch hinsichtlich der Frage «zu rekonstruieren» (vgl. D I 23), woher denn der Titel und die Vorstellung «Messias/Christus» komme, was er ursprünglich bedeutet haben mag und welche Wandlungen er im Lauf der Geschichte mitgemacht hat. Dies gilt ebenso für die anderen Titel, und man braucht sich ja nur an die «Christologischen Hoheitstitel» von Ferdinand Hahn zu erinnern.

Das Einfachste und Offensichtlichste, was man daraus folgern kann, ist aber nun ebendies: Die Titel und die damit verbundenen Vorstellungen sind keine originellen (spezifisch christlichen) Erfindungen, etwa der neutestamentlichen Gemeinden. Die ebenfalls einfache Folgerung daraus ist, daß «das spezifisch Christliche» auch nicht darin liegen kann, obwohl natürlich in der Zuordnung der Titel auf Jesus von Nazareth diese selbst einem gewissen Bedeutungswandel unterliegen, wie dies bereits zu geschehen pflegt, wenn *ein* Prädikat auf verschiedene Subjekte angewandt wird. Trotzdem kann natürlich der zugegebene Bedeutungswandel des Titels, etwa Messias, nicht *der* Art sein, daß er die Bedeutung, die er im Hinblick auf Könige Israels (etwa «der Gesalbte Jahwes») hatte, völlig verliert, wenn spezifisch christlich *Jesus* der Messias ist. Das heißt aber, das spezifisch Christliche liegt nicht im Prädikat, Jesus ist der *Christus,* sondern im Subjekt: *Jesus* ist der Christus, und ihm allein kommt dieses Prädikat in Wahrheit zu und zwar endgültig, wie wir *glauben.*

Wenn man nun aber wissen will, was dieses Prädikat *bedeutet,* kann man nicht einfach beim (spezifisch christlichen) Neuen Testament stehenbleiben; und so wandern, im Bild gesprochen, die Exegeten zu Recht ins Alte Testament. Solange die Auswanderung nun nicht weiter geht, regt sich – wir sind wieder bei P. und L. – niemand auf. Nur wenn dann jemand wie D. das unleugbare Faktum feststellt, daß die Vorstellung des Königs als des «Gesalbten (eines) Gottes» oder gar als eines «Sohnes Gottes» auch nicht «spezifisch alttestamentlich» ist, sondern in Ägypten zur höchsten Blüte kam, bevor Israel auch nur so etwas denken konnte, erhebt sich ein großes Geschrei, und man verbittet sich solche Vergleiche, als könne es a priori nicht wahr sein, daß «die Einzigartigkeit des Christentums nicht in seinen Glaubenssymbolen *an sich* liegt», sondern, wie gesagt, in ihrem exklusiven Bezug auf die Person des Jesus von Nazareth, während die Glaubenssymbole an sich «vor allem im Alten Ägypten jahrtausendealte Parallelen zu den christlichen Vorstellungen aufweisen und im kollektiven Unbewußten der menschlichen Psyche verankert sind» (D II 777).

Nun muß man als Christ zwar sagen, Ramses II., oder wer immer der Pharaonen, war kein Gottessohn, dennoch ist es ein Kurzschluß zu sagen, wir Christen könnten nichts von der ägyptischen *Vorstellung* des Königs als Gottessohn lernen. P. und L. freilich meinen, mit solchen Auffassungen werde «die christliche Offenbarung auf Religion reduziert». Dieser Häresievorwurf ist aber nur dann berechtigt, wenn man unterstellt, daß die «Glaubenssymbole», sobald sie in der *Bibel* auftauchen, gegenüber ihren religionsgeschichtlichen Vorläufern reine Äquivokationen sind. Man müßte dann aber, um das Problem anschaulich zu machen, alle religionsgeschichtlichen Lesebücher zum Alten und Neuen Testament auf den «Index» der verbotenen Bücher setzen, weil sie in ja nichts anderem bestehen, als lehrreiche «Parallelen zu den christlichen Vorstellungen» aufzuweisen. Ein Buch, wie O. Keels «Altorientalische Bildsymbolik und das Alte Testament», das die Psalmen durch die Darstellungen vor allem ägyptischer Ikonographie kommentiert, wäre mit dem Schlachtruf «Reduktion der Offenbarung auf Religion» zu bekämpfen. Was wollen P. und L. in der *Sache* des «spezifisch Christlichen» von D. eigentlich mehr hören als das, was sie selbst zitieren, aber nicht ernst nehmen: «Nach Drewermann verfügt *nur das Christentum* ‹über eine Form der Erlösungslehre, die auf die *Angst der Personalität* mit dem Hinweis auf *die Person des Gottmenschen* (sc. Jesus Christus) antwortet, der in seiner eigenen Angst die Macht des Todes überwand›» (D II 778 = PL 37). Spricht so ein Erzketzer?

Ich kann es mir nicht verkneifen, gegen Schluß auf eine wahrlich entlarvende (Freudsche?!) Fehlleistung von P. und L. hinzuweisen. Ausgerechnet sie, die gegen D's. angeblich «individuelle Jenseitsreligion» zu Felde ziehen, zitieren gegen ihn auch die erste Frage des Katechismus, den sie als «Kinder in der Schule gelernt haben». Schlecht gelernt haben sie, denn sie zitieren ganz *individuell* «Wozu bin *ich* auf Erden?» (PL 37) statt kollektiv «Wozu sind *wir* auf Erden?» (wie's da steht), *und* sie vergessen die «jenseitsreligiöse» Antwort zu zitieren: «Gott zu erkennen, zu lieben..., und dadurch in den Himmel zu kommen.»

Da P. und L. sich im Vorwort zur Rechtfertigung ihrer «Streitschrift» auf die großen wissenschaftlichen Polemiken des 19. Jahrhunderts berufen, die sie gewiß mit ihrem Werk *nicht* fortsetzen, hier zum Schluß einen der großen Polemiker des 19. Jahrhunderts im Originalton: «Die *absolute Entstehungsweise* (der Religion) aus der Tiefe des Geistes und so die Notwendigkeit, Wahrheit dieser Lehren, die sie auch für *unseren* Geist haben, ist bei der historischen Behandlung auf die Seite geschoben: sie ist mit viel Eifer und Gelehrsamkeit mit diesen Lehren beschäftigt, aber nicht mit dem

Inhalt, sondern mit der Äußerlichkeit der Streitigkeiten darüber und mit den Leidenschaften, die sich an diese äußerliche Entstehungsweise angeknüpft haben. Da ist die Theologie durch sich selbst niedrig genug gestellt. Wird das *Erkennen der Religion* nur *historisch* gefaßt, so müssen wir die Theologen, die es bis zu dieser Fassung gebracht haben, wie Kontorbedienstete eines Handelshauses ansehen, die nur über fremden Reichtum Buch und Rechnung führen, und nur für andere handeln, ohne eigenes Vermögen zu bekommen; sie erhalten zwar Salär; ihr Verdienst ist aber nur, zu dienen und zu registrieren, was das Vermögen anderer ist. Solche Theologie befindet sich aber gar nicht mehr auf dem Felde des Gedankens...» – Ich breche das Zitat aus Hegels Vorlesungen über die Philosophie der Religion (WW 16, Frankfurt 1969, 48) ab, empfehle, selber weiterzulesen, und hoffe, den Leser davon überzeugt zu haben, daß wenigstens der letzte Satz auf das Werk von R. Pesch und G. Lohfink zutrifft.

Zum Autor dieses Beitrags:
Stefan Schmitz, Jahrgang 1943, hat Theologie und Germanistik an der Universität Bonn studiert, war dort von 1971–1977 Wissenschaftlicher Assistent am Seminar für Dogmatik und theologische Propädeutik und promovierte 1975 zum Dr. theol. 1973 hat er geheiratet und ist Vater von vier Kindern. Seit 1977 arbeitet er als Referent für die Weiterbildung von Seelsorgspersonal im Erzbischöflichen Generalvikariat Köln. Schwerpunkte seiner theologischen Arbeit sind fundamentaltheologisch-dogmatische Fragen, Theologie und Philosophie, Theologie und Tiefenpsychologie.

Die Buchpublikationen von Eugen Drewermann

Strukturen des Bösen
1. Band: Die jahwistische Urgeschichte in exegetischer Sicht,
3. erw. Auflage 1981; 6. Auflage 1987
2. Band: Die jahwistische Urgeschichte in psychoanalytischer
Sicht, 2. erw. Auflage 1980; 6. Auflage 1987
3. Band: Die jahwistische Urgeschichte in philosophischer Sicht,
2. erw. Auflage 1980; 6. Auflage 1987
Paderborn: Schöningh

Grimms Märchen tiefenpsychologisch gedeutet
1. Band: Das Mädchen ohne Hände, 7. Auflage 1987
2. Band: Der goldene Vogel, 5. Auflage 1986
3. Band: Frau Holle, 5. Auflage 1986
4. Band: Schneeweißchen und Rosenrot, 4. Auflage 1987
5. Band: Marienkind, 2. Auflage 1985
6. Band: Die Kristallkugel, 2. Auflage 1985
7. Band: Die kluge Else/Rapunzel, 2. Auflage 1987
8. Band: Der Trommler, 1. Auflage 1987
Olten und Freiburg: Walter

Psychoanalyse und Moraltheologie
1. Band: Angst und Schuld, 6. Auflage 1987
2. Band: Wege und Umwege der Liebe, 5. erg. Auflage 1987
3. Band: An den Grenzen des Lebens, 3. Auflage 1984
Mainz: Matthias Grünewald

Tiefenpsychologie und Exegese
1. Band: Die Wahrheit der Formen. Traum, Mythos, Märchen, Sage und Legende, 4. Auflage 1987
2. Band: Die Wahrheit der Werke und der Worte. Wunder, Vision, Weissagung, Apokalypse, Geschichte, Gleichnis, 3. Auflage 1987
Olten und Freiburg: Walter

Bilder von Erlösung
1. Band: Das Markusevangelium. Erster Teil, 1987
2. Band: Das Markusevangelium. Zweiter Teil, 1988
Olten und Freiburg: Walter

Einzeltitel
Der tödliche Fortschritt. Von der Zerstörung der Erde und des Menschen im Erbe des Christentums, Regensburg: Pustet, 4. erw. Auflage 1986
Der Krieg und das Christentum, Regensburg: Pustet, 2. Auflage 1984
Das Eigentliche ist unsichtbar. Der kleine Prinz tiefenpsychologisch gedeutet, Freiburg: Herder, 10. Auflage 1987
Voller Erbarmen rettet er uns. Die Tobit-Legende tiefenpsychologisch gedeutet, Freiburg: Herder, 3. Auflage 1985
Dein Name ist wie der Geschmack des Lebens. Tiefenpsychologische Deutung der Kindheitsgeschichte nach dem Lukasevangelium, Freiburg: Herder 1986